U0523604

第二次建国

内战与重建如何重铸了美国宪法

[美] 埃里克·方纳 著

于留振 译

Eric Foner
THE SECOND FOUNDING
How the Civil War and Reconstruction Remade the Constitution

Copyright © 2019 by Eric Foner
All rights reserved
Printed in the United States of America
First Edition
W. W. Norton & Company, Inc., 500 Fifth Avenue, New York

中译本根据诺顿出版公司 2019 年版译出

献给达莉亚和谢尔

目 录

中文版序 / i

重建宪法修正案 / v

前 言 / 1

导 论 第二次建国的起源 / 11

第一章 何谓自由？第十三条宪法修正案 / 30

第二章 走向平等：第十四条宪法修正案 / 62

第三章 投票权：第十五条宪法修正案 / 97

第四章 司法与司法判例 / 126

结 语 / 166

致 谢 / 173

注 释 / 175

索 引 / 207

译后记 / 233

中文版序

我很高兴有机会向中国读者介绍《第二次建国》这本书。我一直认为，两个世界大国的人民越了解彼此的历史，两国关系的指导原则就越有可能是理解和相互尊重而不是敌视。此外，这本书的出版恰逢一个举世瞩目的历史时刻。在美国，种族公正这个尚未完成的议程——也是本书的基本主题——最近变得更加迫切，这要归功于数百万美国人卷入其中的广泛示威，他们抗议警察虐待黑人公民，以及更广泛地抗议根深蒂固的种族不平等。这些不平等起源于美国的奴隶制，但一直持续到现在。

借此机会，我想对《第二次建国》做一些解释。这本书探讨了美国宪法第十三条、第十四条、第十五条修正案的起源、制定、目标以及随后围绕其意义的争论，这些修正案于1865年至1870年间获得批准，即紧随美国内战之后。这些修正案既改变了联邦宪法，也改变了美国社会。它们废除了奴隶制，将出生地公民资格和法律面前不分种族一律平等的原则奉为宪法权利，确立了黑人的选举权，并授权全国性政府保护所有这些规定。这些修正案从根本上改变了联邦宪法，使联邦宪法第一次成为保护个人权利不受各州侵犯的工具。它们使人们对平等的要求有可能以宪法的方式加以阐明。它们是我所称的"大众宪政主义"的广泛热潮的一部分。在这种热潮中，有关宪法权利的辩论远远超出了法院和国会的范围，进入了公众集会，甚至是人们的家中。本书对这些宪法修正案的起源的探寻，是基于美国内战前发展起来的对联邦宪法的反奴隶制解释，以及自由的美国黑人为获得"有色人种公民"的承认并获得白人享有的所有权利而进行的长期斗争。

我打算写作重建时期批准的宪法修正案的想法早于当前的危机，甚至早于 2016 年唐纳德·特朗普当选总统。多年来，我一直认为，联邦最高法院对第十三条、第十四条和第十五条宪法修正案的解释，是基于对起草和表决这些修正案的人的目的的狭隘理解。这在一定程度上是因为最高法院还没有完全放弃重建是一个重大错误的观点，这一观点如今被所有历史学家所抛弃，但在四分之三世纪的时间里，它在通俗和学术著作中占据着主导地位。换句话说，最高法院没有赶上历史学术研究的脚步——今天的历史研究著作认为，重建是在奴隶制的废墟上创建跨种族民主的值得称赞的努力。基于对那个时代的错误理解而做出的陈旧判决从未被推翻，仍然是当前司法判例的一部分。

与大多数著作一样，本书也有许多目的。首先，它是一部历史学术著作，突出强调了一个许多美国人并不熟悉的主题。它是对通常发表在法律期刊上的与美国的这些宪法修正案和权利史有关的文献的介入。它也是对当前政治和司法解释的评论，认为一种根植于历史记录，不同于今天盛行的解释可以而且应该被重新发现。与重建和这些宪法修正案有关的核心议题仍然是当今美国的突出议题——谁有权享有公民资格？谁应当享有投票权？联邦政府能否保护美国黑人免受暴力袭击？如何克服奴隶制的种族主义遗产？

我们当前的形势突出了这样一个事实，即我们的宪法权利比许多美国人认为的要脆弱得多，这也是本书的核心内容。权利可以获得，也可以被剥夺，正如美国黑人在重建结束后所经历的那样。诸如自由和平等这样的理想在本质上是有争议的，我们对这些宪法修正案的理解将永远是一项正在进行中的工作。我相信，这三条宪法修正案保留了未被使用的潜在权力，在不同的政治环境中，它们仍有可能以新的方式被用于促进所有人享有平等公民资格的重建愿景，并推动美国成为一个更加公正的社会。

埃里克·方纳
2020 年 7 月
纽约市

重建宪法修正案

第十三条宪法修正案

第一款 在合众国境内受合众国管辖的任何地方,奴隶制和强制劳役都不得存在,但作为对于依法判罪的人的犯罪的惩罚除外。

第二款 国会有权以适当立法实施本条。

第十四条宪法修正案

第一款 所有在合众国出生或归化合众国并受其管辖的人，都是合众国的和他们居住州的公民。任何一州，都不得制定或实施限制合众国公民的特权或豁免权的任何法律；不经正当法律程序，不得剥夺任何人的生命、自由或财产；在州管辖范围内，也不得拒绝给予任何人以平等法律保护。

第二款 众议员名额，应按各州人口比例进行分配，此人口数包括一州的全部人口数，但不包括未被征税的印第安人。但在选举合众国总统和副总统选举人、国会众议员、州行政和司法官员或州议会议员的任何选举中，一州的并且是合众国公民的任何男性居民，除因参加叛乱或其他犯罪外，如其选举权遭到拒绝或受到任何方式的限制，则该州代表权的基础，应按以上男性公民的人数同该州年满二十一岁男性公民总人数的比例予以削减。

第三款 无论何人，凡先前曾以国会议员、或合众国官员、或任何州议会议员、或任何州行政或司法官员的身份宣誓维护合众国宪法，以后又对合众国作乱或反叛，或给予合众国敌人帮助或鼓励，都不得担任国会参议员或众议员、或总统和副总统选举人，或担任合众国或任何州属下的任何文职或军职官员。但国会得以两院各三分之二的票数取消此种限制。

第四款 对于法律批准的合众国公共债务，包括因支付平定作乱或反叛有功人员的年金和奖金而产生的债务，其效力不得有所怀疑。但无论合众国或任何一州，都不得承担或偿付因援助对合众国的作乱或反叛而产生的任何债务或义务，或因丧失或解放任何奴隶而提出的任何赔偿要求；所有这类债务、义务和要求，都应被认为是非法和无效的。

第五款 国会有权以适当立法实施本条规定。

第十五条宪法修正案

第一款 合众国公民的选举权,不得因种族、肤色或以前是奴隶而被合众国或任何一州加以拒绝或限制。

第二款 国会有权以适当立法实施本条。

前　言

内战及随后的重建构成了美国历史上的关键时期。这场战争摧毁了奴隶制度，确保了联邦的生存，并引发了奠定现代国家基础的经济和政治变革。重建期间，在奴隶制的废墟上，美国进行了第一次建立一个平等主义社会的尝试，尽管有缺陷，但在当时确实意义非凡。这些年间的一些问题，今天仍然困扰着美国社会，譬如巨大的财富不平等和权力不平等、恐怖主义暴力、激烈的种族主义等。但是，或许这个时代最切实的遗产是对美国宪法所做的第十三条、第十四条和第十五条修正案。第十三条宪法修正案彻底废除了奴隶制。第十四条宪法修正案确立了出生地公民资格（citizenship）原则和法律面前人人平等的原则，并力图解决因战争而产生的关键问题，譬如南部同盟领导人的未来政治角色和南部同盟债务的偿付。第十五条宪法修正案的目标是在这个重新获得统一的国家确保黑人男性的选举权。

与旨在让前奴隶享有司法上的权利、投票权和自由出入公共场所，并保护他们免受暴力侵害的影响深远的国会立法一起，重建宪法修正案大大增强了联邦政府的权力，将定义公民权利的大部分权力从各州转移到了联邦（nation）。它们为每个个体美国人（individual Americans）和联邦国家之家构建了一种新型的宪法关系，并在缔造世界上第一个跨种族民主的过程中发挥了至关重要的作用，在这种民主下，仅仅在几年前才摆脱奴隶制的人便行使了重要的政治权力。这三条宪法修正案的最后一项条款,都授权国会可立法实施各条规定,确保重建将是一个持续的过程,而不是一个转瞬即逝的事件。这本身就是一个重大创新。《权利法案》没有提到它所列举的自由(liberties)将如何得到实施和保护。这些修正案则为联邦宪法引入了"平等的法律保护"和"选举权"(以及表示选举资格的"男性"一词,这让当时的女权活动家感到愤怒)等字眼,它们既反映出、也增强了所有种族和背景的美国人的个人权利意识的新时代。变化如此之大,所以这些宪法修正案不能仅简单地被看作是对既有结构的一种改变,而应当被认为是"第二次建国",是一场"宪法革命",用共和党领袖卡尔·舒尔茨(Carl Schurz)的话说,它们创造了一部全新的文献,对黑人的地位和所有美国人的权利都进行了全新的界定。[1]

本书以下各章将考察重建宪法修正案的起源、制定和目标,以及这些修正案被批准后围绕其含义所产生的争论。这本小书并不打算对重建进行全面阐释,我在其他书中已另有详解。[2] 不过,要理解这一宪法上的变化,就必须对内战之后的这段时期有所了解。

按照传统观点,重建时期被认为是从 1865 年战争结束至 1877 年,当时美国南部最后一个州回到了持白人至上主义观点的民主党的控制之下。最近,学者们书写的是"漫长的重建",即一直持续到 1880 年代甚或更远的时代。但是,无论怎样对它进行年代上的界定,重建都可以被理解为是一个没有确切终点的历史过程——在这个过程中,美国试图接受内战带来的重大后果,尤其是奴隶制度的摧毁。有人可能会说,我们仍在努力研究的乃是废除美国奴隶制之后所产生的后果问题。从这个意义上说,重建从未结束。

我的职业生涯的大部分时间都致力于研究重建,但我必须承认,我们历史的这一部分内容对许多人来说都是陌生的,也许对大多数美国人来说都是如此。因此,重建宪法修正案并没有像其他重要的历史文献一样,在公众意识中占据突出的地位,譬如《权利法案》和

《独立宣言》。但即使我们没有意识到,重建仍然是我们生活的一部分,或者换句话说,今天美国社会面临的关键问题,在某种程度上仍是重建时期的问题。谁有权享有公民资格?谁应当享有投票权?法律应当对外国人和公民的权利一视同仁吗?如何界定和确保"平等的法律保护"?联邦政府和各州之间的权力平衡应该是什么?如何保护美国人免受恐怖分子的伤害?所有这些问题在重建期间都进行过激烈的辩论。此外,每一届最高法院都通过其审理的案件对第十四条宪法修正案做出了自己的解读。从宣布学校种族隔离为非法的布朗诉教育委员会案,到确立同性恋者结婚的权利的奥贝尔格费尔诉霍奇斯案(*Obergefell v. Hodges*),现代一些最具变革意义的判决,都是基于这条宪法修正案。如果不了解一个半世纪前的重建时期,就不可能理解今天的美国社会。

重建也是我们有时所说的史学政治(politics of history)的一个绝佳例子,即历史解释的方式既反映、也帮助塑造了历史学家写作的时代。在20世纪的大部分时间里,一种被称为邓宁学派的重建解释范式主导了历史写作和大众意识,该学派以哥伦比亚大学教授威廉·邓宁(William A. Dunning)及其学生为代表。这些学者是美国第一代受过大学训练的历史学家,他们在1890年代和20世纪初出版了一些重要著作,他们发展出的洞见至今仍具价值,譬如,奴隶制是美国内战的根本原因,白人社会内部的区域差异和阶级差异帮助塑造了重建政治。这对近年来的许多研究大有启发,他们坚持认为,必须从全国性的语境下来理解重建,将其视作19世纪国族构建(nation building)的一个例子。邓宁学派还率先使用原始资料(至少是来自白人的原始资料)来讲述重建的故事。[3]

然而,根深蒂固的种族主义思想削弱了邓宁学派著作的价值。他们深信黑人缺乏明智地参与政治民主的能力,他们谴责重建,用邓宁在哥伦比亚大学的同事约翰·伯吉斯(John W. Burgess)的话说,这是将"未开化的黑人"的统治强加于南部白人头上，不可避免地导致了一场腐败和恶政的狂欢。对重建的这种描述成为20世纪上半叶弥漫于南部文化中的"失败的事业"意识形态的一部分，并反映在南部地区仍随处可见的南部同盟纪念碑上，这些纪念碑最近成为激烈争论的源头。除了对南部同盟的怀旧印象，"失败的事业"的思想还建立在这样一种观点之上，即认为奴隶制是一种仁慈的家长式制度，认为重建是一个"黑人至上"的时代，在这个时代，自封为救赎者的英雄行为恢复了白人至上，从而拯救了南部。这种历史观通过影片《一个国家的诞生》(The Birth of a Nation，它于1915年在伍德罗·威尔逊的白宫首映)以及1920年代克劳德·鲍尔斯(Claude Bowers)的畅销书《悲剧时代》，引起了全国人民的广泛关注。[4]

对重建的这种描述，意在证明他们所写作的时代是正确的。这种写作为吉姆·克罗制度提供了一种思想基础。吉姆·克罗制度是南部的一种种族歧视制度，在许多方面也是整个美国的一种种族歧视制度，这种制度从1890年代一直持续到1960年代的民权运动时期。事实上，作为对非白人进行殖民统治的一种合法形式，这种制度在从南非到澳大利亚等美国境外的遥远地方都产生了强大影响。[5] 它得出来的政治教训显而易见。首先，跨种族的民主是不可能的。由于给予黑人选举权一直都是一个重大错误，所以南部白人在20世纪初剥夺黑人的选举权是合理的。任何恢复非裔美国人政治权利的努力都会导致所谓恐怖的重建的重演。第二，重建是北部人强加给南部的。其中有些北部人可能是出于人道主义理想，但结果证明，局外人根本不了解南部各州的种族关系。因此，南部白人应该抵制外界要求改变其种族制度的呼声。这种历史观的第三个教训是，由于重建是由共和党发起的，所以南部白人应该仍然是坚定的民主党拥护者，它在今天看来似乎有些晦涩难懂。

1930年代和1940年代期间，随着南部地区内部与外部的种族自由派对吉姆·克罗制度的批评日益增多，邓宁学派提供的重建"记忆"在南部"塑造了白人至上主义政治的形态和含义"。1944年，冈纳尔·缪尔达尔（Gunnar Myrdal）在他颇具影响力的著作《美国的困境》中指出，当被问及黑人的处境时，南部白人"总会经常提起重建政府和'黑人统治'的恐怖行为"。[6]

多年来，邓宁学派的观点也被最高法院解释重建宪法修正案的判决吸收，由此产生的司法判例（jurisprudence）允许南部白人从根本上废除第二次建国的许多条款。1945年，在审理一桩一名黑人男子死于佐治亚州执法官员之手的案件时，欧文·罗伯茨（Owen Roberts）、菲利克斯·法兰克福特（Felix Frankfurter）和罗伯特·杰克逊（Robert H. Jackson）等大法官持异议，他们写道，人们"熟悉的历史"认为，重建时期的立法的动机是北部人表现出来的"复仇精神"。事实上，这些法官对那段历史如此熟悉，以至于他们觉得没有必要引用任何历史学术著作来为自己的主张辩护。八年后，杰克逊将南部的"种族问题"归咎于白人对重建的"历史记忆"，以及他们在那个"可悲的"时代采取"攻击性措施"来辨别黑人的做法。这种观点不太可能产生这样一种强有力的解释，即重建宪法修正案是推动种族正义的工具。[7]

而民权运动革命摧毁了邓宁学派的支柱，尤其是其公然的种族主义倾向，历史学家彻底修正了对重建的解释。我们现在认为，如果说重建是一个悲剧时代，那不是由于重建改变了种族问题，而是由于在许多重要方面重建未能改变美国的种族问题，从而将种族正义的难题留给了后代。如同 W. E. B. 杜波依斯在四分之三世纪前曾指出的一样，如今的大多数历史学家都将重建视为民主历史上的一个关键时刻，而推翻重建则是对美国乃至全世界民主原则的一次挫折。这种观点从一个不同的角度审视了第二次建国。[8]

对历史学家来说，力图理解重建宪法修正案的目的与作为一个司法判例问题，试图厘清起草和表决宪法修正案的人的"原始意图"或所使用的语言的原始含义是不同的。法院的判决是否应当以"原旨主义"为基础做出判定是一个政治问题，而不是一个历史学问题。但是，没有历史学家认为任何重要的文件都只具有一个意图或含义。激发制定重建宪法修正案的动机有许多，包括真正的理想主义、确保北部在内战中永久获胜的愿望，以及希望占据党派优势等。即使就其本身而言，追求原始含义也往往会导致失望。在内战和重建时期，国会议员们有一个令人恼火的习惯，那就是不对近年来有关这些宪法修正案的司法判例问题进行冗长辩论，甚至根本就不进行辩论，这些修正案的理念包括学校种族隔离、肯定性行动、婚姻平等和公司人格等。此外，就像在所有危机中一样，嵌入重建宪法修正案中的关键概念的含义，譬如公民资格、自由、平等、权利和政治权威的适当位置等也在不断变化之中，而这些概念本身就存在争议。换言之，重建宪法修正案的含义的创造是一个持续的过程。若将这些宪法修正案的含义冻结在其批准之时，就会错失它们的活力。

　　重建宪法修正案只能从其颁布的历史环境和意识形态语境来理解。这些背景包括，它们是如何被国会和各州批准的；那些制定、辩论和批准它们的人所希望实现的目标是什么；以及其他美国人是如何理解和尝试使用它们的。在接下来的章节中，我的目的与其说是厘清重建宪法修正案的一个"真实"意图，还不如说是厘清促成第二次建国的一系列理念；考察这些思想的快速演变，在这个过程中，以前不同的自然权利、公民权利、政治权利和社会权利被融合成为一个更为广泛、更加现代的公民权利理念，这些理念包括大部分或全部先前的权利理念；并且我认为，就历史记录方面而言，对这些宪法修正案进行更为有力的解释是可能的，而且比最高法院事实上对它们的解释更加合理——如果说不是更加丰富的话。

　　第十四条宪法修正案关键的第一款的写作使用的是普遍原则的语

言——正当程序、平等保护、公民资格的特权或豁免权，对这些原则迫切需要进行进一步的详细阐释，这产生一个不可避免的后果，即它们的具体应用情况将成为永无止境的争论主题。事实上，正如一位重要的国会议员乔治·布特维尔（George S. Boutwell）所说，对来自俄亥俄州的国会议员约翰·宾厄姆（John A. Bingham）而言，"含义的不确定性"恰恰是一种"魅力"，在对这个条款的措辞方面，宾厄姆比其他任何人的贡献都多。[9] 第十三条宪法修正案没有明确界定"强制劳役"，第十五条宪法修正案也没有解释如何判断一个州的选举限制是否"基于种族"而实施。

由国会确定未来的解释并实施同时纳入了这些宪法修正案。但这也冒有风险，即宪法修正案的目的可能会被狭隘的司法解释或国会的不作为挫败。事实上，这恰好就是重建和民权运动之间的几十年里所发生的事。与此同时，出乎意料的结果最终颠覆了这些宪法修正案的一些目的。[10] 第十三条宪法修正案允许将强制劳役作为对犯罪行为的一种惩罚继续存在，似乎为后来出现的庞大的罪犯劳动制度提供了宪法上的支持。第十四条宪法修正案可以被理解为保护公民权利不受各州侵犯，但不保护其不受私人个体的侵犯（尽管这不是对其措辞的唯一可能解释）。第十五条宪法修正案为各种形式的剥夺选举权行为打开了大门，虽然并不是明确基于种族的原因，但却将大多数黑人的投票权排斥在外。

这些宪法修正案是妥协的结果，这一事实意味着，它们本身就存在争议，从而开启了一位国会议员所说的"相互冲突的解释"。但是，我们不应该哀叹这种模棱两可，而是应该本着约翰·宾厄姆的精神，来支持它。模棱两可带来的是可能性。它为未来的斗争铺平了道路，同时为不同的群体提供了开展斗争的依据。谁来决定在一系列可能的含义中执行哪一种含义，在很大程度上就是一个政治权力的问题。

废奴主义者和许多共和党人将第二次建国视为更深层次的变革的

开端，即今天所谓的"政权更替"（regime change），以一个致力于实现平等理念的政权取代先前的亲奴隶制政权。然而，在这些宪法修正案获得批准以来的一个半世纪里，由于有各种各样的解释可供选择，最高法院过于频繁地选择对它们进行狭隘的解读，却几乎没有考虑过他们的判决的实际后果。这种做法从重建期间就开始了，当时最高法院（和整个国家都）放弃了平等公民资格的理想和赋予联邦政府的权力。这些早期的判决——将在第四章讨论——创造了一系列先例，后来又因为在司法上坚持邓宁学派的重建观而得到加强。历史解释已经发生了巨大的变化，但早期的判决在一定程度上依赖于对那个时代的一种如今已被否定的理解，这种理解仍然深植于既有的司法判例之中。关于这些宪法修正案的最新历史表明，它们正在不断扩大其范围，以保护新群体——最新近的群体是男女同性恋者和枪支拥有者——的权利，但在涉及种族的问题上却受到了限制。这在一定程度上反映了早先限制重建宪法修正案的范围和实施的判决所产生的持久影响。[11]

在随后的行文中，我对国会里的辩论——这些辩论直接集中于宪法修正案的语言和含义——和其后法院判决对新修订的宪法所作的解释给予了相当多的关注。但宪法的含义也来源于国会和法院之外的场所，包括大众集会、报纸和街头行动。其主角包括各种背景的普通美国人。譬如，第十四条宪法修正案之所以获得了足够数量的州的批准，是因为国会在整个南部强制实施了黑人男性选举权，从而在美国历史上选出的立法机构首次包括了黑人议员。如果南部的黑人没有选举权，就不会有第十四条宪法修正案。然而，由于该修正案获得通过时并没有任何黑人在国会任职，因此，当讨论该修正案的"意图"时，美国黑人对该修正案条款的理解方式几乎从未被考虑过，而且在重建期间和重建之后，最高法院始终无视这一点。再举一个例子，争取通过第十三条宪法修正案的运动最初是由伊丽莎白·斯坦顿

（Elizabeth Cady Stanton）和苏珊·安东尼（Susan B. Anthony）创立的"全国妇女忠诚联盟"（Women's Loyal National League）发起的，她们坚信，废除奴隶制是黑人和所有妇女实现公民平等和政治平等的途径。"一个真正的共和国，"她们坚持认为，"肯定会从这个支离破碎的联邦中崛起。"[12] 尽管她们会非常失望，但她们的意图，以及支持她们提议的广泛的废奴主义运动的意图，构成了该修正案原始目的的一个方面。

在斯坦顿1890年代写作的回忆录中，她说，重建"涉及的问题包括重新考虑我们政府的原则和人类的自然权利。在国会和各州立法机构中，在讲坛和公共刊物上，在每一家的炉边，围绕这些至关重要的问题进行的长期辩论，使全国人民激动不已"。这些辩论对公民资格、财产权、民主、州主权和国家主权，以及公共权力和个人自由之间的联系等传统概念提出了质疑；它们掀起了一股各种群体的美国人都要求赋予新权利的热潮。这一时代的"大众宪政主义"（popular constitutionalism）必须成为我们理解重建宪法修正案的内容的一部分。而且这种理解随着时间的推移发生了变化，因为美国人试图利用这些宪法修正案达到他们自己的目的，扩大其影响，而他们所使用的方式，往往是写作这些修正案的人所始料未及的。第二次建国使得各种争取平等的运动能够以宪法的形式表达出来。而一些未获成功的要求，不仅为基层政治观点提供了洞见，有时候还为后来那些最终获胜的努力奠定了基础，制定了议程。[13]

在第十五条宪法修正案通过之后不久，卡尔·舒尔茨就总结了第二次建国的意义。这场"宪法革命"，他宣称，"发现个体的权利在遭受各州的支配……并将他们置于国家保护之下。它使得每个州的每个公民的自由和权利都成为国家关注的问题。它从一个由专断的地方组织构成的共和国转变成了一个公民平等的共和国。"不幸的是，这种转变很快就撤退了，舒尔茨本人也参与了这个过程。到20世纪初，一个新的不平等制度取代了旧的不平等制度，公民权利的充分享有被无限期推迟。但并不是内战后取得的所有成就都化为乌有。重建期间建立并巩固的家庭、学校和教堂幸存了下来，成为未来斗争的跳板。当 20 世纪的黑人大迁移重新绘制美国的种族地图时，南部以外的非裔美国人保留投票权的事实将产生巨大的政治后果。这些宪法修正案依然有效，借用查尔斯·萨姆纳的话来说，就是这个"沉睡的巨人"继续激励那些指望宪法支持他们创建一个更加公正的社会秩序的努力的人。[14] 数十年后，它们将被唤醒，为民权革命提供宪法基础，这有时也被称为第二次重建。值得注意的是，在民权运动时代，宪法没有发生任何重大变化。这场运动并不需要一部新的宪法，它需要的是执行现行的宪法。

最近，我们经历了对种族平等理想的缓慢倒退。我们所处的时代，在某些方面与 1890 年代和 20 世纪初并没有什么不同，当时各州政府在最高法院的默许下剥夺了黑人的选举权，并有效地废除了宪法中关于平等的承诺。弗雷德里克·道格拉斯评论道："我们所有人都认为已经得到坚定和永久解决的那些原则，遭到了公然的攻击和颠覆。"[15] 历史表明，进步不一定是线性的或永久的。但倒退也不是。

从内战中产生的宪法修正案本身并不能解决奴隶制遗留下来的所有问题。萨姆纳在谈到第十三条宪法修正案时说，修改宪法本身并不是目的，而是"争取自由和平等的更伟大的斗争中的一个事件"。但是，用一家共和党报纸的话说，重建宪法修正案仍然是"一份人民权利的宣言"。它们保留着未被使用的潜力，在不同的政治环境中，这些潜力仍可以新的方式被用于贯彻所有人享有平等公民资格的重建理想。[16]

导论　第二次建国的起源

要理解美国社会在内战和重建期间经历的深刻变化，以及这些变化如何重塑了宪法和广泛的法律和政治文化，就必须注意战争开始时非裔美国人的地位。1860年，美国的奴隶人口不到400万，自由黑人有50万。奴隶制的政治影响力强大，在经济上繁荣旺盛。到当时为止，奴隶种植的棉花是美国最为重要的出口产品，奴隶制所带来的利润不仅使南部的种植园主富裕起来，而且使自由州的商人、制造商和银行家富裕了起来。

奴隶制的成长和力量在一定程度上依赖于宪法提供的保护。1787年召开制宪大会时，美国大约有70万奴隶。他们占据了从马里兰州到佐治亚州的各州人口总数的40%。在参加制宪会议的55名代表中，包括许多北部人在内的近一半代表都拥有奴隶。主持会议的乔治·华盛顿拥有200多名奴隶，其中3名奴隶陪伴他一起去费城参加制宪大会。宪法并没有提到奴隶制这个词，而是使用诸如"其他人"和"为他人服劳役或提供劳动"等委婉的措辞来明确指代奴隶。尽管如此，许多制宪者，包括来自上南部的奴隶主，都希望这一制度最终会消亡，而且他们成功地抵制了在这份文件中明确规定国家承认将人作为财产的努力。然而，其中确实包括一些条款，要求将逃亡的奴隶归还给他们的主人，允许各州至少在未来20年内从海外进口奴隶，而且通过将南部各州的奴隶人口按照五分之三的比例计算入他们的议员数,从而增加了南部各州在众议院的权力。这最后一项规定也加强了南部在选举人团选举总统时的权力。[1]

或许最为重要的是,几乎所有人都认为,联邦宪法将奴隶制置于全国性政府的管辖之外。州法律建立并维持奴隶制,各州可以废除或禁止建立奴隶制,就像北部各州在独立战争期间和独立战争之后所做的那样。但是,关于奴隶制的辩论几乎总是承认所谓的"联邦共识"(federal consensus),即全国性政府无权对各州的奴隶制度采取直接行动。随着这个国家的扩张,自由州和蓄奴州之间保持着大致的平衡。由于修改宪法需要三分之二的国会议员和四分之三的州的批准,所以通过宪法修正案的方式废除奴隶制显然是不可能的。历史学家琳达·科利(Linda Colley)注意到,成文宪法所起的作用往往是"控制的武器"(weapons of control),而不是作为"解放和权利的文件"。就奴隶问题而言,这当然适用于原始宪法。当然,没有任何黑人参加制宪大会;妇女、土著美国人或贫穷白人都没有参加。或许第二次建国可以被看作是朝着使宪法成为"我们人民"(该文件的开篇语)在费城得到更为充分代表的方向迈出的一步。[2]

[3] 内战前,奴隶制塑造了对美国公民资格的界定,赋予其强有力的种族维度。用本尼迪克特·安德森的名言来说,国家不仅仅是一个政治实体,它还是"一个想象的政治共同体",其边界既有地理上的界限,也有智识上的界限。奴隶制使得黑人几乎不为那些想象美国共同体的人所知晓。当来自法国的移民埃克托尔·圣约翰·克雷弗克(Hector St. John Crèvecoeur)因在革命时期传播有关这个新共和国的事实和神话而闻名时,他提出了一个著名的问题:"那么这个新的美利坚人是什么人呢?"他回答说:"美利坚人是英国人、苏格兰人、爱尔兰人、法国人、荷兰人、德国人和瑞典人的混合体……他不是欧洲人,就是欧洲人的后裔。"当时,非洲人及其后裔占美利坚总人口的五分之一(这是我国历史上的最高比例)。[3]

在英国法律中，美洲殖民者就像在大不列颠的人一样，是英王的"臣民"，他们有权得到保护并效忠于英王。独立战争使得这些英国臣民转变成为了美国公民。然而，尽管19世纪上半叶公民资格的理念在美国获得了巨大的"文化价值"（cultural currency），但直到重建时期的宪法革命，人们才对重建所涉及的权利或联邦政府在界定和保障这些权利方面所起的作用达成普遍一致的理解。正如一位国会议员在重建期间所指出的那样，在内战前，一个人要想寻找关于美国公民资格的启示，他"一定会为在法律书籍和我们法院的记录中寻找关于'合众国公民'这个短语的明确和令人满意的定义时毫无所获而感到痛苦"。在重建初期，国会议员要求著名律师、前国会议员霍勒斯·宾尼（Horace Binney）探究公民资格的含义。"公民这个词，"宾尼回答道，"在美国宪法中至少出现过十次，但在所有地方都没有给出任何定义。"[4]

联邦宪法的"礼让条款"规定，每个州的公民"都享有各州公民的一切特权和豁免权"，这种措辞似乎表明，公民的权利是由各州而不是联邦政府决定的。联邦宪法确实要求总统必须是"本土出生的公民"，也就是说，这个人必须出生在美国。这意味着，但没有明确说明，公民资格是源于出生在美国，还是说对于来自海外的移民而言，公民资格意味着是一个"归化"的过程。在有些情况下，联邦政府通过购买这些居民居住的土地来创造了美国公民，譬如从法国手中获得的路易斯安那领土，或者是通过征服获得的土地，就像在美墨战争中所做的那样。在这两种情况下，如果那些居民同意，他们可以选择成为美国公民。

公民资格当然并不意味着平等。出生在美国的白人，无论男女，通常被认为是美国公民，但白人女性缺乏男性享有的基本权利。奴隶不是美国公民，但美国自由黑人的地位仍然备受争议。1790年国会通过的第一部《归化法》将从外国人归化为美国公民的过程限制在白人范围内。那么在美国出生的自由黑人呢？在批准宪法的时候，包括南部一些州在内的大多数原始州，允许自由男性黑人投票，如果他们符合财产要求或其他条件的话。然而，随着时间的推移，蓄奴州对他们的生活施加了更加严格的限制，越来越拒绝承认他们为公民。但北部州确实承认他们为公民，而且所有北部州都给予了他们基本的权利，譬如财产所有权、陪审团审判的权利、以及举行公开会议、发行报纸和建立他们自己的教堂的权利等。但自由非裔美国人在任何地方都无法享有法律面前充分平等的权利。他们的处境很不正常——一位法学家把自由黑人称为"准公民"。[5]

在内战前的几十年里，联邦宪法的礼让条款似乎并不适用于非裔美国人。许多州，无论是南部还是北部，都禁止自由黑人进入它们的领土。在18世纪90年代和19世纪初，联邦政府向黑人水手颁发了公民资格证书，以防止他们被英国海军强行征用。但是，在南部的几个州，当自由黑人水手的船只停靠在该州时，他们却被这些州监禁了起来，尽管并没有被控犯有任何罪行。南卡罗来纳州实施的严苛法律引发了马萨诸塞州和英国的强烈抗议，马萨诸塞州承认黑人为公民，而这些法律也适用于英国的黑人海员，但他们的抗议无济于事。1820—1821年，在围绕接纳密苏里州加入联邦的辩论期间，礼让条款成为一个重要问题，因为该州的宪法不仅确立了奴隶制，而且禁止自由黑人进入该州。许多北部人反对后面这条规定。作为《密苏里妥协案》的一部分，该州被接纳加入联邦的条件是，其州宪法不应该被解释为拒绝给予任何公民他们有权享有的特权和豁免权，但没有列举这些特权和豁免权可能是什么，以及它们是否适用于自由黑人。[6]

在这个缺乏更为传统的建国基础——历史悠久的实体边界，历史上族裔、宗教和文化的统一，一个强大而有威胁性的邻国——的国家，美国的政治制度就成了团结和自我界定的重点。那些被剥夺了选举权的人，一位支持民主改革的人士写道，"就被置于了弗吉尼亚州的奴隶的境地"。从人们的普遍使用和理解上而不是从法律上（因为选举权的资格是由各州决定的）来说，选举权日益成为美国公民资格的象征。诺亚·韦伯斯特的《美国英语词典》(*American Dictionary*)指出，在美国，而不是在欧洲，到1820年代，"公民"这个词已经成为了投票权的同义词。当然，韦伯斯特所写的是男人；白人妇女当然是公民，尽管她们被拒绝享有选举权。但是，除了缅因州之外，从1800年到内战期间，每一个加入联邦的州都把选举权限制在白人男性范围内，而随着时间的推移，一些原始州也废除了黑人的选举权。内战冲突前夕，在34个州中，只有5个州的黑人享有与白人同等的投票权，而且这些州都在新英格兰地区。正如一位历史学家所说，将这种政体确定为白人男性驰骋的领域已经变得"如此自然和必要，以至于它不证自明"。[7]

正如亚历克西·德·托克维尔所言，追求平等的热情激发了美国民主的发展。但是，法律面前人人平等的概念——不分社会地位人人都享有的东西——在内战之前几乎不存在。平等的信念与许多二等公民资格的形式共存。个体的权利是由诸多因素决定的，包括种族、族裔、性别和职业等。不平等的身份关系被确立在地方法律、司法裁决和以普通法闻名的惯例等多种规定的组合之中。内战期间，来自密歇根州的参议员雅各布·霍华德（Jacob M. Howard）宣称，在"普通法院里"，法律面前人人平等的观念"闻所未闻"。根据普通法里的代理权（coverture）原则，已婚妇女的大部分权利是由她们的丈夫行使的。关于主人和仆人的普通法对雇主和雇员的权利和权力进行了严格的区分。这些权利通常包括对他人行使权威的能力，就像在奴隶主、雇主、父亲和丈夫的事例中那样。这就是为什么在重建期间将权利扩展给非裔美国人的做法被许多白人认为是从他们手中剥夺了某些东西的原因。[8]

内战前的政治和法律话语将权利划分为明显不同的范畴，并不是每个公民都享有所有这些权利。其中最根本的权利是自然权利，譬如托马斯·杰斐逊在《独立宣言》中列举的"不可剥夺"的权利。每个人根据他或她的人类身份都有享有生命、自由（尽管奴隶制的存在公然违反了这一原则）和追求幸福（通常被认为是享有自己的劳动果实和在社会地位方面提升的权利）的权利。第二个范畴是公民权利，它包括对于谋生和保护个人安全来说至关重要的法律权利，譬如拥有财产、在法院出庭、起诉和被诉、签订合同以及自由行动等方面的权利。这些是所有自由人都享有的根本权利，但它们可以受到州的管制。譬如，未经丈夫同意，已婚妇女不能从事大多数经济活动，而许多州都限制黑人在涉及白人的案件中出庭作证。然后是政治权利。尽管韦伯斯特的词典有其界定，但从法律上来说，前往投票箱是一种特权或"特许权"（franchise），而不是一种权利（right）。这种权利在所有地方都被限制在男性范围内，而且几乎在所有地方都被限制在白人男性范围内。最后一种权利范畴是社会权利，这是一种宽泛的权利范畴（amorphous category），包括许多种类的人际关系和业务关系。这些权利是不受政府监管的权利领域。每一次扩大黑人权利的努力都遭到反对者的攻击，他们认为这肯定会导致"社会平等"，这个短语能让人联想到黑人和白人之间的性亲密行为和跨种族的婚姻行为。[9]

在1850年代期间，随着共和党成为一个要求停止奴隶制向西部扩张的北部区域组织的出现，民主党人一直指责该党支持"黑人平等"。虽然这基本上是一个政治口号，但到1860年，大多数北部共和党人看起来已经得出结论说，自由黑人有权享有自然权利和公民权利；然而，支持政治平等的人要少得多，也几乎没有人支持社会权利平等。1861年，《纽约时报》在一篇关于亚伯拉罕·林肯的文章中阐明了该党内部的大致共识："他宣称反对黑人选举权，反对一切旨在使黑人在政治上和社会上与白人平等的事情——但他为他们主张说，宪法赋予了黑人完全平等的公民权利和个人权利。"[10]

在第二次建国期间，关于美国公民资格的一个全新定义被写入联邦宪法，其中包括不分种族的平等权利。事实上，一位学者最近提出，重建应当被重新定义为"公民资格的时代"。尽管如此，那些寻求实现美国黑人平等权利理念的人面临着巨大的障碍。种族主义就是其中一个障碍，它或许是奴隶制最强大的遗产之一。另一个障碍是历史悠久的地方自治传统，它体现在联邦体制内各州的权威和地方政府的"警察"权力之中。在内战前的美国法律文化中，所有种类的活动——经济的、政治的和个人的活动——都受到地方和各州的管制，其目的不是确保平等，而是确保公共秩序、健康、安全和道德。反对黑人的法律是一系列限制各种群体的权利的立法的一个组成部分，这些群体包括乞丐、妓女、流浪者和移民等。如前文所述，不平等已成为普通法的一部分。只要公民资格仍然由地方来界定和管制，那么公民们就会是明显的不平等的。[11]

在重建之前，联邦政府在界定或保护美国人的权利方面几乎没有发挥任何作用。第二次建国时处理的大多数问题传统上都是由各州和各市处理的。弗雷德里克·道格拉斯写道，"没有任何政治理念比每个州控制自己事务的权利更深深地根植于全国各地人民的心中"。道格拉斯是一名逃亡奴隶，后来成为或许是最著名的废奴主义演说家。但是，许多共和党人与道格拉斯一样，认为州权是仅次于奴隶制本身的导致战争的一个原因，并认为州权是任何"普遍主张人权"的一个障碍，他们希望大幅削减各州的权利。重建是这样一个关键时刻，在这个过程中，以地方为基础的、等级制度的法律文化，转变成为了一个至少在表面上致力于所有美国人的平等、并受到全国性政府保护的法律文化。"在我们所经历的革命中"，坚定的民主党报纸《纽约世界报》在1872年评论道，"人类的政治平等已经取代了各主权州的平等"。但是，一个以自治的地方社区为基础的法律体系，经过很长时间才被一个以公民个人与民族国家的关系为导向的法律体系所取代。

即使在第二次建国改变了联邦体制的同时，对各州权威的传统尊重的持续存在将阻碍联邦政府的执法努力，并为最高法院限制重建宪法修正案的效力的判决提供理由。[12]

* * *

只有在史无前例的内战和重建危机之下，才有可能修改宪法。但是，这些年来占据舞台核心的许多理念，都是在远离正式立法场所的几十年的辩论中产生的，包括反奴隶制改革运动和"有色人种代表大会"运动，在这些运动中，自由黑人明确宣称，他们要求被承认为共和国的平等公民。这并不是说反对奴隶制的人在宪法问题上意见一致。反奴隶制运动中存在着广泛的意见分歧。在波士顿出版的周刊《解放者》的主编威廉·劳埃德·加里森，谴责联邦宪法是一份亲奴隶制的文献，它"在上帝面前完全无效"。加里森坚持认为，在这样一种制度下，有原则的反对奴隶制人士无法凭良心投票。1850年的《逃奴法》通过4年之后，加里森公开焚烧了一份宪法，称其为"与死亡签订的契约和与地狱达成的协议"。然而，许多废奴主义者不赞成加里森及其追随者的做法。包括阿尔万·斯图尔特（Alvan Stewart）和莱桑德·斯波纳（Lysander Spooner）在内的少数人写作的论文认为，根据第五条宪法修正案——它宣称，不经正当法律程序，不得剥夺任何人的自由——奴隶制实际上不能合法存在。斯图尔特说，奴隶应该上法庭，要求获得下令将他们从奴役中释放的人身保护令状。弗雷德里克·道格拉斯在坚持追随加里森的立场数年之后，改变了主意，他宣称宪法是"一份光荣的自由文件"。"我支持严格地解释宪法"，他宣称，在这份文件中找不到"奴隶制"这个词。宪法中也不包含允许"支持或反对歧视任何阶层的人民"的语言。在1850年代中期，道格拉斯支持这样一种观点，即联邦政府拥有在不对宪法作任何修改的情况下废除全国范围内的奴隶制的权力。[13]

在反奴隶制运动的内部和外部，几乎没有人认为这最后一个论点是有说服力的。更为普遍的一种观点是后来以"自由是全国性的原则"闻名的观点。这种观点基于这样一种理念，即宪法既不明确支持奴隶制，也不是一个要求立即废除奴隶制的工具，但它确实使得一种反对奴隶制的政治成为可能——这不是一种废奴主义的政治，而是一种对南部构成严重威胁的政治。这个原则在关于接纳密苏里州加入联邦的辩论中已经有了明确表述。1840年代，俄亥俄州反对奴隶制的律师萨蒙·蔡斯也将它作为一种法律原则进行了充分发展，并在接下来的十年里被共和党的很大一部分人采纳。这个原则坚持认为，宪法认为奴隶制是一种地方性的制度，只存在于法律承认奴隶制的各州。联邦政府没有宪法权力来攻击这些州的奴隶制，但是，在联邦管辖范围内的所有人（逃亡奴隶除外）都必须被视为自由人。根据这种观点，奴隶制无权存在于哥伦比亚特区、西部领地或联邦要塞和军械库等地区。如果"自由是全国性的原则"成为法律，将会有一条"自由的警戒线"包围蓄奴州，并最终在那里废除奴隶制（尽管从没有任何确切的解释来说明这种情形将会如何发生）。[14]

自由是全国性的原则体现在1848年和1852年的自由土地党的纲领以及1856年和1860年共和党的纲领中，这些纲领呼吁联邦政府完全脱离奴隶制度。反对奴隶制的发言人从宪法的序言（其中说这份文件的目的是"确保自由的恩赐"）开始，在宪法中寻找对他们的观点有用的条款。其他类似的条款包括：保障共和政体，赋予国会对领土的管理权力，禁止未经正当法律程序而剥夺自由。在著名的库珀学院演讲中，亚伯拉罕·林肯研究了制宪会议上和国会早期的会议上的辩论，认为联邦宪法的意图是反对奴隶制的，但宪法的目的被连续几届国家行政当局首脑即南部总统和联邦法院的统治所扭曲。因此，共和党不仅可以在不违反宪法的情况下推行反对奴隶制的政治——尤其是禁止奴隶制向西部领土扩张，正是这个问题引发了内战——而且可以满怀信心地遵循建国者的原始政策。最高法院对这种反对奴隶制的宪法解释置若罔闻，多次断然拒绝。但它将对第二次建国产生重大影响。[15]

反对奴隶制的运动使人们对公民资格及其所包含的权利有了新的认识。安杰莉娜·格里姆克（Angelina Grimké）是南卡罗来纳州一位奴隶主的女儿，她在费城生活期间成为了一名贵格会教徒，并信奉废奴主义。她写道，这场反对奴隶制的运动是"调查研究……人权状况的学校"。早在内战之前，黑人和白人废奴主义者就提出了一种与种族概念相分离的对全国性公民资格的理解，这种理解认为，公民权利应由联邦政府强制实施。废奴主义者（但在内战前并不是大多数共和党人）不仅要求废除奴隶制，而且要求将自由民作为正式成员纳入这个政体和社会。用历史学家玛尼莎·辛哈（Manisha Sinha）的话说，废奴主义者"把他们的政治与黑人公民资格挂上了钩"。关于美国自由黑人权利的第一部法律论著是由白人废奴主义者威廉·耶茨（William Yates）于1838年撰写的。当废奴主义者在为争取北部黑人的选举权、接受公共教育的权利、在交通和公共设施方面获得平等待遇而战斗的时候，他们提出的理念将被纳入重建时期的法律和宪法：所有在美国出生的人都是美国公民，他们应该不分种族享有完全的平等。而废奴主义者对1850年《逃奴法》——该法规定，被控逃跑的人的身份将由联邦专员而不是陪审团来决定，而且被控逃跑的人不能代表自己作证——的批判，使"正当法律程序"成为了公平司法程序的基本要素。[16]

重建宪法修正案的一些措辞——正当程序、公民的特权或豁免权、投票权——已经存在于宪法之中，或者在政治话语中已经司空见惯。但第十四条宪法修正案第一款的核心内容"平等保护"并不是如此。然而，这是废奴主义话语的主要内容。早在1832年，加里森的《解放者》在谈到自由黑人时，就坚持认为，"他们和我们一样，都享有平等的法律保护的良好和真实的权利"。4年后，一次废奴主义集会宣称:"根据宪法,我们必须找回公民失去的权利,使其在每个州都得到平等保护和享有特权。"起草重建宪法修正案的关键人物,包括马萨诸塞州的亨利·威尔逊、宾夕法尼亚州的撒迪厄斯·斯蒂芬斯,以及俄亥俄州的詹姆斯·阿什利(James Ashley)和约翰·宾厄姆,都是反奴隶制政治的老手和内战前为自由黑人争取公民资格权利而斗争的老手。他们和其他一些人把在反对奴隶制运动中磨炼出来的理念带入了内战后修改宪法的过程。[17]

在推动平等主义宪政方面,最为坚持不懈的是自由黑人,他们的报纸、演说、各州和全国性的有色人种大会都主张在他们出生的土地上要实现完全的平等。美国海外殖民协会的兴起增强了黑人追求平等公民资格的主张。该协会成立于1816年,它主张将已经获得自由的黑人从这个国家驱逐出去,尽管协会的许多成员的长期目标是废除奴隶制并将所有黑人都驱逐到非洲或加勒比地区。这个想法得到了许多政治领袖的支持,包括亨利·克莱、安德鲁·杰克逊、首席大法官罗杰·坦尼,亚伯拉罕·林肯也一度支持这种想法,更不用说当时还健在的美国开国元勋托马斯·杰斐逊和詹姆斯·麦迪逊了。尽管少数黑人领袖——包括约翰·鲁斯沃姆(John Russwurm),他是《自由杂志》(*Freedom's Journal*)的编辑,该杂志是美国第一家黑人拥有的报纸——接受这种想法,但大多数黑人加倍努力地去争取获得承认,争取有朝一日成为与美国白人一样有权留在自己出生地的公民。威廉·劳埃德·加里森毫不留情地谴责将黑人殖民海外的做法,是他受到自由黑人社区高度敬佩的原因之一。1840年,《有色人种美国人》(*Colored American*)的一篇社论宣称:"这个国家是我们唯一的家园。""在美国人民中争取平等的地位是我们的责任和特权。"在内战前的几十年间,通常将自己描述为"有色公民"集会的黑人大会谴责将黑人殖民海外的思想,并提倡"出生地公民资格"(这是1852年黑人废奴主义者马丁·德拉尼所使用的语言)的原则。1843年的全国有色公民大会（National Convention of Colored Citizens）坚持认为，"土生土长的自由人必须成为公民，没有什么比这一点更为清楚的了。"自由黑人抓住宪法要求总统必须是"本土出生的公民"的规定，争论说美国人的公民资格源自出生地，而非血统或种族。[18]

平等——以平等的自由、平等的正义、平等的权利和平等的公民资格等语言表达出来的平等——是内战前黑人政治的标志。黑人领袖们对这些权利的界定，超越了先前细致地对自然权利、公民权利、政治权利和社会权利所做的鲜明区分，而是坚称，所有这些权利都是美国公民资格的"豁免权"。他们将"社会权利"这个令人担忧的权利范畴分解为私人性的亲密个人关系和一种新的权利范畴，即"公共权利"，前者认为这种权利是一种个人选择的问题，而不是法律，后者则包括平等地进入为公众提供服务的行业，譬如旅馆、剧院、有轨电车、蒸汽船和铁路等。在全国范围内，这些行业经常把黑人排斥在外。尽管印第安纳、伊利诺伊和俄勒冈等州公然禁止黑人进入它们的领土，但自由黑人坚持认为，流动乃是公民资格的一个关键因素。自由黑人和他们的白人盟友使用各种策略来争取公民资格的权利。他们发动了争取投票权的运动，起诉那些排斥黑人乘客的电车公司，并在地方、州和联邦法院挑战那些歧视性的法律。他们的努力通常是不成功的，但他们确实赢得了一些胜利，譬如1849年废除了俄亥俄州歧视性的《黑人法律》，1855年波士顿的公立学校实行了种族融合机制。这些内战前的运动有助于建立一种将在重建中大放异彩的权利话语。它们构成了第二次建国的重要背景。[19]

在内战之前，与大部分废奴主义者一样，黑人演说家更倾向于在《独立宣言》的序言中而不是在宪法中寻找自己主张的依据。早在美国革命时期，要求获得自由的奴隶就引用《独立宣言》关于自由和平等的言辞，认为这份文件是一份个人权利的宪章，而不是一种对国家主权的宣示。北卡罗来纳州的政治领袖詹姆斯·胡德（James Hood）

牧师在重建期间宣称："有色人种一直在阅读这份宣言，直到它成为他们本性的一部分。"但也有一些黑人认为宪法是为他们自己制定的，尽管宪法保护奴隶制。1851年印第安纳州黑人代表大会主席坚持认为："根据宪法的文字和精神，作为美国人，我们有权享有公民资格的一切权利、特权和豁免权……"[20]

一般而言，内战前的法官们并不同意黑人们的这些说法。从独立到内战之间的几十年里，联邦法院受理的有关奴隶制和公民个人权利的案件相对很少。大多数这类问题都是在地方和州一级解决的。然而，当最高法院的确要处理奴隶制问题时，它的判决几乎总是站在支持奴隶制度一方。内战前夕，在臭名昭著的德雷德·斯科特案判决中，首席大法官罗杰·坦尼宣称，宪法"明确"保护将奴隶作为财产的权利，任何黑人都不能成为美国公民或这个国家"政治共同体"的一部分。坦尼坚持认为，黑人永远都是外国人。各州如果愿意，可以让自由黑人成为公民，但联邦政府和其他州都不能承认这种身份（换言之，礼让条款并不适用于黑人）。具有讽刺意味的是，坦尼做出这个判决的原因之一，是他对公民资格意味着什么的宽泛理解。他宣称，作为一名公民，意味着不受法律歧视，并充分享有宪法规定的权利，其中包括在国内任何地方旅行的能力，以及"无论他们去哪里，都能持有和携带武器"的权利。他认为，无论是自由黑人还是奴隶，都不应该享有这些权利。[21]

德雷德·斯科特案判决在北部引起了轩然大波，并将黑人的公民资格问题提上了国家政治议程。黑人医生、作家和反对奴隶制的激进主义分子詹姆斯·麦丘恩·史密斯（James McCune Smith）仔细分析了坦尼的论证逻辑，并引用"崇高的罗马编年史"上的法律先例，证明所有在美国出生的自由人，无论是白人还是黑人，"都必须是公民"。许多共和党人也反对坦尼的推理。在一份强烈的歧见中，来自俄亥俄州的大法官约翰·麦克莱恩（John McLean）坚持认为，无论何种种族,"在一个国家的土地上出生,既创造了公民资格的义务,也赋予了公民资格的权利"。他所在州的立法机构通过了一项决议,宣布"每一个出生于合众国任何州范围内的自由人,都是合众国的公民"。在内战和重建期间,共和党人将采取措施承认自由黑人的公民资格。他们的行动将强有力地影响所有美国人的权利。[22]

内战大大增强了全国性政府的权力,对美国人提出了前所未有的强制要求(尤其是征兵),并导致国会制定了以前不属于联邦权威范围的措施,包括有关银行、货币和税收的法律。在共和党人当中,这场战争严重削弱了人们对州主权的信念。"有,也只能……有一个至高无上的主权权威",密歇根州长于1864年宣称。《解放奴隶宣言》比其他任何单个法案都更强有力地宣布了一种新的全国性国家的存在,这个国家有能力废除全国最为庞大的财产集合(按照1860年的货币计算,作为财产的奴隶价值近40亿美元),并以自由和人权的范围的扩大确定了这种国家的存在。甚至在林肯发布《解放奴隶宣言》之前,废奴主义者就坚持认为,这场战争应该产生一个新的国家,"产生一部对所有人都公正的法律"。随着联邦政府致力于摧毁奴隶制,并开始征召黑人加入联邦军队,战后非裔美国人的地位问题就不可避免地成为了政治辩论的焦点。"我们之间的一切,"加利福尼亚州的一位黑人写道,"都表明我们的处境发生了变化……我们与这个政府的关系每天都在发生变化。革命已经开始,只有时间才能决定革命的终点。"[23]

1862年末,时任林肯财政部长的萨蒙·蔡斯,要求司法部长爱德华·贝茨就自由黑人是否被授权在沿海航道上驾驶船只发表意见。答案取决于这些人是否是美国公民。包括坦尼本人在内的先前的司法部长都对此做出了否定裁决。但贝茨大胆地宣布,德雷德·斯科特案的判决是错误的,他确认了所有在美国出生的自由人的公民资格,无论他们是何种种族。不过,贝茨补充说,"根据宪法,八十年来公民资格的实际享有"这句话未能阐明"这个词的确切含义或其构成要素"。除了驾驶船只之外，他拒绝具体说明与公民资格相配套的权利。他确实指出，这种地位符合法律上的"降格"（degradation）的含义，并以被排除在投票权之外的女性公民为例来说明这个问题。[24]

对贝茨来说，公民资格本质上是一个象征性的范畴，而不是具体权利的保障。但是，非裔美国人及其盟友利用战前争取平等权利的运动，现在又援引黑人战时对国家的忠诚和在联邦军队中服役的经历，抓住机会迫切要求承认自己是美国公民，并要求对公民权利做出更为广泛的定义。1864年，著名的马萨诸塞第54军团——该军团是第一批由黑人组成的军队——写道："如果说我们是在为维持一个共和政府而战，那么我们想要的也是共和特权……我们所要求的只是适当享有公民资格的权利。"另一名黑人士兵宣称，他和他的同伴们正在为"行使我们的政治权利、自由权利、公民权利和公共权利"而战斗（尽管他急忙补充说，这并不意味着"黑人的儿子应该娶白人的女儿"）。新奥尔良自由黑人社区要求政治和公民平等的诉求得到了国会激进派共和党人的同情，并影响到了林肯于1865年4月在他的最后一次演讲中呼吁赋予部分黑人以投票权的决定。内战期间，国会第一次要求在这个国家的首都废除公共交道领域中的种族隔离，在联邦法院中废除禁止黑人作证的法令，并强制规定黑人士兵和白人士兵获得同等报酬。[25]

1869年，一名国会议员在关于第十五条宪法修正案的辩论中宣称："我们正在慢慢地对人的权利……有了更为清晰的理解。"在重建期间，关于权利的话语充斥着政治辩论：人们谈论着公民的权利、根本权利、自由人的权利、妇女的权利、自由劳动的权利等。此外，虽然第十五条宪法修正案将投票权直接与公民资格联系起来，但第十三条和第十四条宪法修正案反映出人们日益致力于这样一种理念，即某些权利超越了国家认同。第十三条宪法修正案之后，美国的任何人,无论他或她的公民资格身份是什么,都不能被当作奴隶。第十四条宪法修正案至关重要的第一款,将生命、自由和财产的享有以及平等的法律保护扩展到了所有"人",无论是公民还是外国人。与此同时,各种范畴的权利之间根深蒂固的区分开始瓦解。查尔斯·萨姆纳或许是国会中最坚持原则的平等主义者,他在1867年给英国改革家约翰·布赖特(John Bright)的一封信中解释了他的思想是如何演变的:"长期以来,我对经常出现的一种微妙现象都感到困惑,那就是认为选举权是一种'特权',而不是一种'权利',而作为一种'特权',它受到立法机构选择强制实施或善意执行等之类的限制。我越深入思考,就越觉得它在我看来是一项基本权利。"但并不是只有激进派萨姆纳关于权利的概念在重建期间得到了扩展。内战使北部人的内心中形成了这样一种思想,即强大的全国性国家是在保护公民的权利。第二次建国不光是将废除奴隶制、平等权利和黑人男性选举权写入宪法,而且在其条款中规定联邦国家有权实施这些内容而使得联邦政府第一次成为了萨姆纳所说的"自由的守护者"。[26]

* * *

内战期间,当国会通过第十三条宪法修正案时,第二次建国就开始了。但正是战争时期的废奴进展,凸显了未来面临的挑战。1863年的纽约市征兵骚乱就证明了这一点,当时黑人在美国最大的城市的街道上遭到谋杀,种族主义在北部与南部一样根深蒂固。1864年2月,弗雷德里克·道格拉斯在库珀学院发表了慷慨激昂的演讲"战争的使命",他在呼吁废除奴隶制的同时,要求实现法律面前的完全平等,并让黑人获得选举权。道格拉斯发表演讲之后,《纽约时报》(该报的编辑是共和党全国委员会主席亨利·J.雷蒙德)发表了一封信,坚持认为道格拉斯要求"让南部的奴隶立即享有与这个国家的白人公民平等的公民权利,这一要求不应该也不会得到满足"。纽约市的《商业杂志》(Journal of Commerce)宣称,道格拉斯的观点是一条"毁灭之路"。《商业杂志》代表的是纽约商人，他们对迅速恢复种植园经济的兴趣，远甚于提升废除了奴隶制之后的黑人的境况。[27]

当战争结束时，黑人仍然处于北部社会的边缘，几乎在所有地方都被剥夺了投票权，而且大部分都被降低到低工资、没有技能的劳工地位。此外，战争期间，一些蓄奴州的新政府废除了奴隶制，但很少考虑自由民的权利和前途。为路易斯安那州和马里兰州起草新宪法的大会，除了废除奴隶制之外，几乎没有向黑人提供任何东西，而且代表们竭力否认"给予黑人平等任何同情"。他们的行动强化了北部共和党人日益增长的信念，即对公民权利的保护不能留在各州手中。[28]

鉴于种族主义的根深蒂固和对州政府与地方政府传统权威的尊重，修改宪法是一项任务艰巨的挑战，更不用说批准宪法修正案所需要面临的无数障碍了。大多数美国人对这份文件的崇敬也是如此。早在内战之前，"对开国元勋的崇拜"就已深深植根于美国文化之中。汤姆·潘恩称宪法是美国的"政治圣经"。然而，事实上，制宪者并没有预见到这样一种形势，即南部11个州会对这个国家发动战争。宪法也没有明确规定，那些声称脱离联邦的州应该如何重新加入联邦，也没有规定作为战争措施的行动（譬如解放奴隶）在和平时期会发生什么状况。在冲突期间，林肯觉得有义务将宪法的权威延伸到极限，甚至超越这个极限。他在没有国会授权的情况下筹集资金，征召军队，暂停了人身保护令状，并在《解放奴隶宣言》中使用模糊定义的"军事必要性"解放了300多万奴隶，而且不向奴隶主支付任何补偿。"整个叛乱都超出了宪法的规定"，政治科学家弗朗西斯·利伯于1864年写道。但是，大多数美国人并没有得出结论认为，一份显然已经失败的文件应该被替换，而是试图通过重新解释或修改宪法，力图使政策倡议与宪法协调一致。[29]

一些激进派坚持认为，国会可以采取一切必要行动，而不必经过艰难的修宪程序。撒迪厄斯·斯蒂文斯宣称，南部各州实际上已经离开了联邦；它们是被征服的省份，不存在所谓的宪法权利。萨姆纳认为《独立宣言》应该与宪法享有平等的法律地位；因此，"任何有利于人权的行动都是合宪的"。在林肯及其继任者安德鲁·约翰逊政府中担任海军部长的吉迪恩·韦尔斯（Gideon Welles）评论道，这些激进派是"人道主义者，而不是宪政主义者"。崇尚法律的韦尔斯的这句话并不是对激进派的一种恭维。[30]

然而，引人注目的是宪政本身的持久力量，即为公共政策寻找一个安全的宪法基础的普遍愿望。重建时期的记者戈德金（E. L. Godkin）嘲笑他所谓的美国人是"宪法崇拜"。与潘恩一样，戈德金也是从没有成文宪法的大不列颠来到美国的。[31] 戈德金认为，在一场前所未有的危机面前，过分尊重一份已有近一个世纪历史的文件，将会对创造性思维构成严重障碍。然而，正是这种奉承表明了第二次建国的重要性。对宪法进行修改自动就赋予了它们一个强有力的主张，这种主张不仅是对法律体系而言，也是对公众想象力而言，这就是为什么重建宪法修正案引发了如此广泛的辩论和激烈的反对。

第二次建国是为了回应迅速变化的政治和社会需要，其时也是公民资格、权利和主权的定义处于不断变化的时刻。伴随这些宪法修正案而来的是史无前例的立法，这些立法需要界定和保障美国人的公民权利、政治权利和公共权利。"现在不是普通政治的时代"，废奴主义者温德尔·菲利普斯在1866年写信给萨姆纳说，敦促他要坚定地支持黑人选举权，尽管遭到了挫败。"它们是成形的时刻；这个国家的目标会在30天内成长成熟，就像在平常的岁月里带来的结果一样……您有机会等到这个结果。"[32]

正如菲利普斯所预测的那样，这些宪法修正案，以及实施这些修正案的立法，远远超出了大多数美国白人在1865年所认为的可能或希望的范围。进入内战时还是温和派的那些人，此时开始致力于重建南部的政治、经济和社会体制。1865年还在反对黑人选举权的人，几年后就开始支持这项政策了。那些在重建初期反对联邦政府禁止私人企业实施歧视黑人的人,却投票支持1875年《民权法案》,正是这部法案禁止私人企业歧视黑人。一些共和党人开始坚持认为,与其他权利一样,受教育的权利也是公民资格的根本权利。第二次建国只能被理解为关于权利、民主和平等的更为悠久的辩论的一部分,这场辩论一直持续至今。

第一章　何谓自由？第十三条宪法修正案

1865 年 3 月 4 日，美国内战即将结束，亚伯拉罕·林肯发表了他的第二次就职演说，其中他说，美国奴隶制的摧毁是"令人震惊的"结果。林肯总是小心谨慎地选择他的措辞，他使用这个如此引人注目和不同寻常的词是有道理的（在《林肯全集》中，这个词只出现过三次）。诚然，回顾历史，废除奴隶制似乎是不可避免的，是美国社会发展的必然结果，或者从某些方面而言，它是美国革命理想的合乎逻辑的产物。然而，重要的是要记住，尽管反对奴隶制的运动持续了几十年，但当战争开始时，美国的奴隶数量比美国历史上任何时候都要多。自这个共和国成立以来，在这几乎整个时期，奴隶主及其盟友一直控制着联邦政府。1858 年，《芝加哥论坛报》——一份主要表达反奴隶制情绪的声音的报纸——直截了当地宣称，"没有一个活着的人"能看到美国奴隶制的终结。[1]

然而废奴确实到来了。像所有伟大的历史变革一样，废奴是一个过程，而不是一个单一的事件。它随着时间的推移而发展，起源于许多原因，是许多人努力推动的结果。战争一开始，奴隶们就热切地抓住北部军队带来的机会，无视林肯坚持认为这场斗争只关乎国家统一的主张，开始在联邦战线内寻求庇护。1863 年 1 月 1 日发布的《解放奴隶宣言》是这个过程的至关重要的一步，它把废除奴隶制作为联邦战争努力的目标之一，但它本身并没有废除奴隶制。正如《纽约时报》所指出的，尽管《解放奴隶宣言》"解放了"它所适用地区的所有奴隶，但实际上许多奴隶并没有"获得自由"。奴隶的自由只能通过联邦军队的存在来实现。1865年4月9日，当罗伯特·E.李在阿波马托克斯县法院大楼投降的时候，大多数奴隶仍然处于被奴役状态。直到1865年12月，随着第十三条宪法修正案的批准，这个重新统一的国家才最终、不可挽回地废除了奴隶制。如果没有这条宪法修正案，奴隶制很可能在美国的一些地区还会苟延残喘很多年。[2]

早在1827年，《自由杂志》就呼吁通过一条宪法修正案来废除奴隶制。但是，通过宪法修正案废除奴隶制的道路既不平坦也不可预测。修改宪法是一个复杂而繁琐的过程。上一次完成修宪是在1804年。在1860年至1861年的严冬期间，为解决脱离联邦危机，美国大约提出了150条宪法修正案。其中一条修正案名为"柯温修正案"（Corwin Amendment），它是以俄亥俄州的政治领袖托马斯·柯温的名字命名的，该修正案禁止联邦政府未来干预各州的奴隶制。为了防止上南部各州脱离联邦，这项提议中的第十三条宪法修正案在林肯就职典礼的早上获得了国会的批准，当天晚些时候，这位总统还在他的演讲中善意地提到了它。但随着战争的爆发，它变得毫无意义。当林肯就职时，这个制度存在于美国34个州中的15个州，所以，如果有人假设需要所有州的四分之三的州——包括最终组成南部同盟的11个州——批准这条修正案，那么以宪法修正案的方式来废除奴隶制显然是不可能的。[3]

"我一直像任何废奴主义者一样痛恨奴隶制"，林肯在1858年宣称道。但林肯并不是废奴主义者，他也从来没有声称自己是废奴主义者。他不赞同废奴主义者要求立即废除奴隶制的承诺，也不赞同他们认为自由黑人和被解放的奴隶应该成为美国社会平等的成员的信念。尽管如此，在1850年代，林肯以新成立的共和党的主要发言人的代表出现，致力于阻止奴隶制向西部扩张。在雄辩有力的演讲中，他谴责奴隶制从根本上违背了《独立宣言》所阐明的建国原则。然而，林肯同时也是一名律师、政治家和宪政主义者。他认为，北部必须遵守宪法中保护奴隶制的条款，譬如诸如逃奴条款之类的令人讨厌的规定，以防止整座大厦倒塌。[4]

然而，林肯的确谈到，未来的美国应该不存在奴隶制。他坚持认为，共和党的目标是让这个制度走上"最终灭亡"的道路，"最终灭亡"这个短语是林肯从他的政治偶像亨利·克莱那里借用的。奴隶制的最终灭亡可能需要很长时间：林肯曾说奴隶制可能还会再存在一百年。对南部来说，林肯似乎和废奴主义者一样危险，因为他致力于最终废除奴隶制。他的当选为南部脱离联邦、内战和最终废除奴隶制提供了催化剂。[5]

奴隶制可以通过多种方式废除。其中一种方式就是由个人解放奴隶，其中有些事例发生在美国，但这远不足以威胁整个奴隶制度的生存。这种方式解放了部分奴隶，但除非它适用于所有人，那么这种方式仍然没有废除奴隶制度。第二种方式是通过法律手段解放奴隶。即使没有柯温修正案，人们也普遍认为，宪法禁止联邦国家干预各州的奴隶制。但奴隶制是由州法律创造的，而法律是可以改变的，就像美国革命后北部各州所发生的那样。通过法律方式解放奴隶在"带有奴隶的社会"——在此借用的是历史学家艾拉·伯林（Ira Berlin）的说法（在他之前，摩西·芬利也使用了这种表述）——中是可行的，在"带有奴隶的社会"中，奴隶制是其社会和经济秩序的一个要素，而不是其基础，奴隶主缺乏阻止通过废奴法律的政治权力。在"奴隶社会"中，奴隶制是其经济的核心，因此奴隶主拥有更强大的权力，"制定所有这些法律的人……，"正如亚当·斯密所说，"本身就是那些拥有奴隶的人。"旧南部是现代历史上最为庞大和最为强大的奴隶社会。林肯长期以来都认为，只有在奴隶主的配合下才能废除那里的奴隶制。为了确保以这种方式废奴，林肯提出了一个渐进解放奴隶的方案，同时对奴隶主损失的奴隶财产进行金钱补偿，并"将黑人殖民海外"，即鼓励黑人移民到非洲、海地或中美洲，因为奴隶主永远都不会同意创造大量新的自由非裔美国人群体。[5]

第三种攻击奴隶制的方式是军事解放奴隶。战争具有破坏作用；战争可以剥夺宪法的保护。斗争的双方都把奴隶制作为削弱对手的一个军事目标。他们敦促敌人的奴隶逃跑，并征召奴隶士兵，通常承诺给予他们自由。这种情况在西半球的战争中发生过很多次。譬如，在美国革命和1812年战争中，成千上万的奴隶通过逃到英国前线而获得了自由。但是，这些事件虽然解放了许多奴隶，却没有摧毁奴隶制，而奴隶制在共和国初期幸存了下来并得到扩张。此外，通过军事行动获得自由的奴隶，在战争的命运发生变化时，有时会再次遭受奴役。这种情况在海地革命后发生在一些奴隶身上，后来在美国也发生过，当时南部同盟军队把联邦士兵赶出了包括新获得自由的男女老少在内的地区。[7]内战期间，军事解放奴隶解放了许多奴隶。但它最终需要一条宪法修正案——一种法律解放奴隶的方式——来彻底摧毁这个制度。然而，战争击碎了奴隶主的权力，使他们无法阻止批准宪法修正案。

在内战的大部分时间里，宪法修正案并不是废除奴隶制最受欢迎的途径。当然，这场战争一开始并不是一场废除奴隶制的革命运动。然而，几乎从一开始，废奴主义者和激进派共和党人就强烈要求对奴隶制度采取行动，将其作为一项战争措施，而奴隶们开始逃往联邦战线。面对这种压力，林肯提出了自己的想法。他开始回到这样一种计划，即渐进地、有补偿地解放奴隶，同时将黑人殖民海外——这个计划将使奴隶主成为废奴的伙伴。1861年11月，战争刚开始几个月，他就向特拉华州的政治领导人提出了这个建议，次年春天，他又向国会和其他仍然留在联邦内的边界蓄奴州（马里兰州、肯塔基州和密苏里州）提出这种方案。该方案设想的是，各州在联邦政府的支持下废除奴隶制。那些想要保留奴隶制的边界州对此并不感兴趣。林肯的计划也未能赢得非裔美国人的支持。很少有人愿意离开他们出生的土地，这使得将黑人殖民海外成为不可能的事，因为林肯一直坚持认为，黑人殖民海外必须是自愿的。与此同时，军事解放奴隶和通过立法解放奴隶的做法也在进行。到 1862 年，联邦军队不再把逃亡的奴隶归还给他们的主人。在南部不再拥有代表的情况下，国会释放了所有来到联邦战线内的奴隶。它还废除了华盛顿特区以及美国西部领土上的奴隶制。这些措施解放了许多奴隶，但并没有废除奴隶制。[8]

一系列强有力的事件促使林肯采取了一项新的解决奴隶制的政策。这些事件包括：1862 年的国会法案；传统军事战略未能赢得战争；阻止欧洲干预美国内战的愿望；征召黑人士兵的需要；以及越来越多的奴隶逃到联邦战线。1862 年 9 月，在《初步解放奴隶宣言》中，林肯宣布他改变了解决奴隶制问题的政策。这实际上是对南部同盟的一个警告，如果他们还不放下武器，林肯将下令解放奴隶。然而，就在那年 12 月，在给国会的年度咨文中，他再次提出了他的由各州废除奴隶制的旧方案。他要求修改宪法，不是立即废除奴隶制，而是授权拨款给任何规定在 1900 年之前废除奴隶制的州提供资金。这笔钱将帮助补偿前奴隶主，并将获得解放的奴隶移出这个国家殖民海外。这是最后一次要求在奴隶主的合作下废除奴隶制的提议。国会、各边界州和南部同盟都无视这些提议。[9]

随着《解放奴隶宣言》的颁布，联邦政府对奴隶制的政策发生了巨大的变化。这份宣言是一项军事解放奴隶的措施，其基础是林肯作为总司令的宪法权威。尽管有流行的传说，但林肯并没有大笔一挥就解放了 400 万奴隶。这份宣言对边界州的奴隶没有任何影响（西弗吉尼亚州加入联邦后，边界州的数量现在达到了 5 个）。由于边界州没有与联邦交战，所以"军事需要"并不适用于它们。林肯的解放宣言豁免了南部同盟的某些地区，这些地区已经落入了联邦军事控制之下，包括弗吉尼亚州和路易斯安那州的部分地区，以及整个田纳西州。（这最后一项豁免是出于政治原因，而不是军事或宪法原因，应军事州长安德鲁·约翰逊的请求，以吸引奴隶主对他所领导的政权的支持。不过，要相信整个田纳西州都掌握在联邦手中，需要生动的想象力。）总而言之，在将近400万奴隶中，大约80万奴隶没有被这份宣言涵盖。但该宣言涵盖的有310万奴隶。尽管有其局限性，但这是世界历史上最为庞大的一次解放奴隶行动。从来没有这么多奴隶在一天之内被宣布获得了自由。

该宣言并没有立即终结奴隶制，但它敲响了这个制度的丧钟——假如联邦赢得这场战争的话。（如果南部同盟取得胜利，奴隶制无疑将持续很长一段时间。）那么，为什么还需要第十三条宪法修正案呢？作为一项总统命令，该宣言可能会被另一位总统推翻。此外，除了它豁免的地区之外，该宣言解放了奴隶；但它没有废除奴隶的法律地位，也没有废除建立奴隶制的州法。换言之，解放奴隶并不完全等同于废奴。要使这个国家彻底摆脱奴隶制，还需要采取更多的措施。正如弗雷德里克·道格拉斯所言，在呼吁提出一条宪法修正案的过程中，这份宣言"是朝着正确方向迈出的巨大而光荣的一步。但不幸的是，尽管这份文件非常精妙，但它解决不了任何问题。它仍然取决于法院、法规和国会的解释"。[10]

尽管如此，《解放奴隶宣言》与林肯之前关于奴隶制的论述和政策大相径庭。它是立即废奴，而不是渐进废奴，并且没有提到对奴隶主进行补偿，也没有提到将黑人殖民海外。由于解放奴隶不再需要奴隶主的同意，这些诱惑现在已经无关紧要了。同时，该宣言授权征召黑人士兵入伍，启动了20万黑人在联邦陆军和海军服役的进程。在联邦获取胜利和在战后的世界争取公民资格方面，他们发挥了至关重要的作用。让黑人男子加入武装部队的做法意味着美国即将开启一个不同的种族未来，而不是鼓励他们离开这个国家。换言之，《解放奴隶宣言》把被解放的奴隶的公民地位和政治地位问题提上了国家议程。[11]

总的来说，《解放奴隶宣言》把摧毁奴隶制作为联邦军队的一个目标，从根本上改变了内战的性质。但这并不意味着林肯要求由各州采取行动废除奴隶制的终结。军事解放奴隶和从法律上解放奴隶现在同时进行。联邦军队占领南部领土和释放奴隶的同时，林肯加倍努力在南部的部分地区创建支持联邦的州政府，因为将各州从南部同盟那里分离开来对联邦事业是有力的帮助，而且这也使得这些州政府能够废除建立奴隶制的法律。1863年12月林肯颁布的《大赦与重建宣言》设想的是通过各州采取行动来废除奴隶制。它要求希望重新加入联邦的南部各州采纳废除奴隶制的新宪法。

尽管《解放奴隶宣言》毫不含糊的语言明确指出，受到该宣言影响的奴隶"现在和以后将获得自由"，但林肯似乎认为，真正获得解放的奴隶是那些亲自来到联邦战线内的奴隶。这就是为什么在1864年8月，当他认为自己不会赢得连任时，林肯敦促弗雷德里克·道格拉斯组织一群"侦察兵"冒险进入敌人的战线，鼓励奴隶投奔联邦军队。此外，林肯还担心，该宣言的合宪性可能会在战争结束后受到质疑。事实上，他为那些希望重新效忠于联邦的南部同盟成员提出的赦免誓言，要求与奴隶制相关的国会法案和总统行政命令的支持，除非"遭到修改或被最高法院判决宣布无效"。民主党人仍然在最高法院占据多数席位，直到他于1864年末去世之前，罗杰·坦尼——一家共和党报纸称他为"德雷德·斯科特案的耻辱"——一直都担任首席大法官。战争结束后，对该宣言提出质疑的诉讼是不可避免的，而且肯定会给联邦政策制定者带来问题。[12]

* * *

所有这些考虑都导致人们增强了对废除奴隶制的宪法修正案的支持。1863年12月，第38届国会一召开，修改宪法的计划就开始流传。12月14日，在俄亥俄州长期参与反对奴隶制运动的活动家、众议员詹姆斯·阿什利首次提出了这方面的议案。哥伦比亚大学教授、美国最著名的政治科学家弗朗西斯·利伯起草了不少于七条的系列宪法修正案。为了与利伯强烈的民族主义保持一致，前四条修正案与全国性政府的首要地位和对叛国罪的惩罚有关。直到他提出第十七条宪法修正案，利伯才开始考虑"应该永远废除奴隶制"。他提出的第十八条宪法修正案确立了出生地公民资格和不分种族法律面前人人平等的原则。利伯的提案被忠诚出版协会（Loyal Publication Society）以小册子的形式广泛传播，它们似乎对第十三条和第十四条宪法修正案的讨论都产生了影响。[13]

与此同时，废奴主义者发起了一场旨在以宪法修正案的形式废除奴隶制为目标的"新的道德煽动"。这项运动是由创立于1863年的全国妇女忠诚联盟协调的。为了推动奴隶制的终结，这些妇女活动家第一次暂时停止了争取妇女选举权的运动，她们认为，这是黑人和白人妇女获得"作为一个共同共和国的自由和平等的公民的权利和特权"的途径。到1864年初，大约有2000名男人、妇女和儿童在分发请愿书。起初，她们呼吁国会通过立法来彻底废除奴隶制，大多数议员认为这超出了他们的宪法权威。后来，在威廉·劳埃德·加里森的建议下，"他们在恳求中加入了这条宪法修正案"。[14]

1864年2月，两名高大的黑人把一份有10万人签名的"庞大"请愿书带到参议院大厅，并把它放在查尔斯·萨姆纳的办公桌上。于是，根据1791年的法国《人权和公民权宣言》，萨姆纳提出了一条宪法修正案："在合众国境内的任何地方……法律面前人人平等，因此，任何人都不能把其他人当作奴隶。"该提案还赋予国会"制定所有法律"的权力，以在必要的时候使这项禁令生效。诸如萨姆纳这样的废奴主义者和激进派共和党人已经开始考虑，在终结奴隶制之后，要清除带有种族偏见的歧视性法律的成文法。譬如，温德尔·菲利普斯呼吁通过两条宪法修正案，一条废除奴隶制，另一条禁止任何州"基于种族和肤色的原因而对公民做出任何区分"。那年春天的晚些时候，萨姆纳再次敦促他的同事们将"法律面前人人平等"的原则纳入第十三条宪法修正案。"这种语言在我们国家或许是新的，"他承认，"但它在历史上已经广为人知。"这导致他就法国大革命的历史教训发表了一通演讲——这是典型的萨姆纳式演讲，惹恼了他的许多参议院同僚。[15]

这条修正案最终的措辞模仿了 1787 年《西北土地法令》，该法令禁止在俄亥俄河以北的领土上实行奴隶制，并由来自伊利诺伊州的参议员莱曼·特朗布尔领导的参议院司法委员会敲定："在合众国境内受合众国管辖的任何地方，奴隶制和强制劳役都不得存在，但作为对于依法判罪的人的犯罪的惩罚除外。"因此，在废除奴隶制的行动中，该修正案第一次将"奴隶制"一词写入了宪法。特朗布尔还根据萨姆纳和来自艾奥瓦州的国会议员詹姆斯·威尔逊提出的语言，加入了第二个条款："国会有权以适当立法实施本条。"这一措辞受到约翰·马歇尔在麦卡洛克诉马里兰州案（*McCulloch v. Maryland*）中的著名判决的影响，该判决认为，国会有权通过"一切适当的手段"追求宪法的目标。[16]

特朗布尔在向参议院提交该修正案时指出，尽管国会的各项法案和《解放奴隶宣言》解放了许多奴隶，但它们并没有摧毁奴隶制的法律基础。特朗布尔反对萨姆纳和其他激进派所支持的观点，即认为战争权力本身，或宪法中保证每个州都是共和形式的政府的条款，赋予了国会通过法令废除奴隶制的权力，而且国会应该立即废除奴隶制，而不是经过繁琐的修宪程序。特朗布尔宣称："我和任何人一样渴望废除奴隶制，但自这个政府成立之日起，所有党派都承认这样一条公理，那就是国会无权干涉各州存在的奴隶制。"他还反对从法国的经验中寻找"宪法的恰当措辞"的想法："我们都知道，他们的宪法是失败的。"来自密歇根的参议员雅各布·霍华德也敦促萨姆纳"摈弃一切援引法国宪法或法国法典的想法，而是要回到……我们的国父们在1787年的法令中所使用的优秀的古老盎格鲁-撒克逊话语"。他补充说，《西北土地法令》的措辞为美国人民所熟悉和"充分理解"。这对共和党人尤其有吸引力，因为在1850年代期间，他们经常引用旧西北部地区禁止实行奴隶制的例子，作为开国元勋们对奴隶制怀有敌意的证据。[17]

并非所有共和党人最初都支持这条宪法修正案。有些人，包括林肯本人，更倾向于通过各州的行动废除奴隶制。但是，共和党很快就团结起来对第十三条宪法修正案表示支持。国会讨论的大部分内容都是大家熟悉的。几乎所有共和党人都认为，是奴隶制导致了这场战争；参议员亨利·威尔逊说，它要为"每一美元的牺牲、每一滴流血"负责。它不仅侵犯了受害者的根本权利，而且使白人的自由处于危险之中。废除奴隶制将确保自建国以来一直困扰这个国家的地区冲突不会在战争结束后重新出现。这条宪法修正案将摧毁常常塑造美国国家政策的奴隶主权势（Slave Power）。然而，有一个因素是新的，它反映了战争所引起的意识形态变化。共和党人谴责奴隶制不光是对基本人权的侵犯，而且是对这个国家的侮辱。萨姆纳宣称："奴隶主公然妄自尊大，声称对奴隶拥有控制权，这与这个全国性政府的最高权利直接冲突。"[18]

该修正案的第二款赋予国会实施该修正案的权力，正体现了这种新的国家权力的意识。《纽约先驱报》评论说，这一条款的"重要性并不亚于"废除奴隶制的条款。这份报纸继续写道："这句话在宪法中记录了一场大战的结果……它们是宪法的保障，即国会拥有安排南部新出现的社会状况的权力，尤其是就黑人种族的情况而言。"传统上，联邦政府被视为对个人自由的最大威胁。但是，正如《芝加哥论坛报》所说："事实证明，对……自由的威胁来自各州，而不是联邦政府。"第二款赋予国会似乎无限的权力，阻止各州、地方、企业和私人个体采取行动试图维持或恢复奴隶制。[19]

第十四条宪法修正案通常被认为对联邦体制进行了重大改革，并实质性地加强了中央政府的权威。但正是第十三条宪法修正案，即美国历史上第一条扩大联邦政府的权力而不是限制联邦政府权力的修正案，引发了对联邦制的重新定义。[20] 当然，在1864年，没有人可以预见到未来：林肯之死，与安德鲁·约翰逊的冲突，战争结束后南部白人的不妥协态度，全国性公民权利立法，以及为保护自由民的基本权利而对宪法进行的进一步修改。但是，该修正案的第二款肯定设想到了未来为确保奴隶制的终结和自由的到来而采取的行动，不管这些目标是如何界定的。"通过这条宪法修正案，"詹姆斯·布莱恩（James G. Blaine）后来写道，"在事关人类自由的问题上，全国性政府和州政府之间的关系发生了根本性的变化……个人自由从此成为了联邦国家关注的问题。"[21]

与《解放奴隶宣言》一样，该修正案是立即，而不是渐进废奴，没有为废除奴隶主的奴隶财产提供任何金钱补偿，也没有提到将前奴隶移出美国殖民海外。（事实上，在某种程度上，它向前奴隶保证了自由美国人的基本权利，这可以被看作是禁止将他们强制移出美国殖民海外。）与《解放奴隶宣言》不同的是，它适用于整个国家，并首次使废除奴隶制成为这个国家的法律秩序的重要组成部分。很少有国家——当然也没有一个国家的奴隶人口像美国这样如此之多——经历过如此激进的废奴形式。原始宪法只规定了三件州政府和联邦政府都不能做的事情，即授予贵族头衔，通过剥夺公权法案，以及执行追溯既往的法律。第十三条宪法修正案则增加了第四件，即允许奴隶制的存在。该修正案创造了一项新的个人自由的根本权利，适用于合众国境内的所有人，不论种族、性别、阶级或公民身份如何。[22]

事后看来，鉴于不可撤销地废除奴隶制似乎是内战不可避免的结果，民主党人反对该修正案的激烈程度和仇恨之情似乎令人吃惊。1864年初，该修正案似乎可以获得北部民主党人的一些支持，这些民主党人急于切断该党与奴隶制的联系。但随着选举年政治的展开，民主党人对该修正案的支持力度开始下降。由于南部在国会中没有代表，几乎没有议员直接为奴隶制进行辩护。相反，民主党的国会议员们又回到了人们熟悉的反对废除奴隶制的论点上，尤其是断然宣称黑人能力低下。来自肯塔基州的参议员拉扎勒斯·鲍威尔（Lazarus Powell）宣称："那个头脑糊涂的黑人是个下等人……任何狂热都不能把他提升到白人种族的水平。"有些民主党人警告说，未来的国会将行使该修正案第二款的"革命性权力"，强迫各州承认黑人的公民资格、黑人选举权、种族"融合"以及黑人拥有土地的权利等。另一人则声称，废除奴隶制从总体上威胁到了私有财产。如果说可以通过修改宪法废除一种形式的财产而不给予金钱补偿，那为什么不能废除其他形式的财产？来自特拉华州的参议员威拉德·沙斯贝里（Willard Saulsbury）问道，未来国会会没收新英格兰的工厂吗？前纽约市市长、现众议院议员费尔南多·伍德（Fernando Wood）对该修正案的后果描绘了一幅耸人听闻的画面："它可能会消灭南部各州的白人，没收属于他们的所有土地和其他财产。"[23]

这场辩论的主要焦点是国会权力的范围问题。在参众两院，民主党人都认为这条修正案推翻了自建国以来一直统治美国的基本原则，正是这些原则使得宪法的批准成为可能。他们谴责该修正案是一场联邦与州关系的革命，违反了人们关于它们之间关系的原始理解，即各州应该自行决定是否建立奴隶制。事实上，尽管宪法规定了修宪程序，但一些反对者还是谴责第十三条宪法修正案违宪。纽约州的安东·赫里克（Anton Herrick）宣称，这个问题不是奴隶制的问题，而是"各州控制他们州内事务的权利"问题。"如果放弃我们拥有奴隶的权利"，肯塔基州的罗伯特·马洛里（Robert Mallory）声称，"我们还能保障哪些权利？我们的权利会一个接一个地被篡夺……直到州的所有权利都被剥夺"，以及白人沦落到"悲惨的屈服和奴隶制境地"。"它打击了各州所有制度的根基"，宾夕法尼亚州的塞缪尔·兰德尔（Samuel J. Randall）宣称。民主党人仍然在谈论"按照原样"恢复联邦，即保留奴隶制完整无缺。[24]

1864 年 4 月 8 日，参议院以 33 比 6 的票数通过了第十三条宪法修正案。来自边界蓄奴州肯塔基州和特拉华州的 4 名参议员和 2 名北部民主党人投了反对票。但来自北部的 3 名民主党人和来自边界州的 5 名联邦支持者（Unionists）和共和党人投了赞成票。由于该修正案设想的是立即在全国范围内废除奴隶制，所以《纽约先驱报》称，这次投票是对林肯倾向于由州采取行动废奴的做法的否决，表明国会开始宣称"他那小修小补的解放奴隶计划是行不通的"。《纽约论坛报》的编辑詹姆斯·贝内特（James Gordon Bennett）是个机智善变的人，他在早些时候曾强烈批评共和党人主导的国会，现在他支持通过这条修正案，认为它是"这个奴隶制问题可以通过普遍解放奴隶得到决定性和牢固地解决的唯一途径"，尽管他又补充说，"我们和蔼可亲的总统以其朴素的纯真，可能仍然会认为他的解决方式更好"。但在 6 月，在几乎完全按照党派路线进行的投票中，该修正案在众议院只获得了 93 票，距离必要的三分之二多数票还差 13 票。[25]

随着这些事件的展开，林肯的态度仍不明朗。就在总统于 1863 年 12 月向国会送去他的年度咨文之前不久，来自伊利诺伊州的国会议员艾萨克·阿诺德（Isaac N. Arnold）曾敦促他，在年度咨文中加入一条建议修改宪法以废除这个国家的奴隶制的内容。林肯没有这么做。最终促使他公开支持这条修正案的事件，是 1864 年 5 月末在克利夫兰召开的共和党代表大会提名约翰·弗里蒙特竞选总统，这次大会汇集了来自左翼的批评林肯政府的人士，包括激进派共和党人、废奴主义者和少数民主党人。他们的纲领呼吁通过一条宪法修正案，不仅要废除奴隶制,而且要建立"法律面前的绝对平等"(尽管它避免在黑人选举权问题上采取立场)。作为回应的一部分,林肯指示共和党全国委员会主席埃德温·摩根(Edwin D. Morgan)将这份悬而未决的第十三条宪法修正案作为他在共和党全国代表大会上开场演讲的"重点",此次大会于 7 月份在巴尔的摩召开。共和党的纲领要求通过宪法修正案的方式"无条件地彻底根除"奴隶制。它根本就没有提到法律面前的平等问题——"在巴尔的摩召开的大会不敢提升到克利夫兰大会的水平",温德尔·菲利普斯抱怨道。2 月,《纽约时报》曾谴责那些"鲁莽的人"要求推动一条被它认为早熟的宪法修正案,如今却欣喜地认为,"战争本身的逻辑,悄无声息但不可抗拒地"已将公众情绪转到了支持彻底废除奴隶制。[26]

在 1864 年竞选期间,一些共和党人认为第十三条宪法修正案是一个可以获胜的议题,他们坚持认为废除奴隶制是赢得战争和防止另一场战争的必要条件,但其他人却回避了这个问题,担心这会"吓走一些选民",而这些选民在其他方面倾向于支持总统。然而,在林肯再次当选之后,他宣称"人民的声音"已被听到,并呼吁众议院再次就该修正案进行投票。林肯倾其全力支持确保通过这条修正案,此时比他总统任期的任何时候都更加直接地干预国会立法进程。他向边界州的联邦支持者和跛脚鸭民主党人施压,要求他们改变投票。他们中的大多数人在 6 月份反对这条修正案。林肯还授权众议院议长斯凯勒·科尔法克斯(Schuyler Colfax)宣布,如果这次再不通过这条修正案,那么当前的会议一到期,他就将在 3 月份的下一届国会上要求召开一次特别会议。新当选的第 39 届国会中的共和党多数席位大大增加,足以确保该修正案获得通过。[27]

直到会议结束,投票结果一直都悬而未决。1865 年 1 月 12 日,《纽约时报》驻华盛顿记者报道说,在众议院,"没有希望"通过这条修正案。尽管如此,两周多一点之后的 1 月 31 日,众议院以 119 比

56 的票数通过了第十三条宪法修正案，略高于所要求的三分之二多数票。每一位共和党人都投了赞成票，另有 16 位民主党人投了赞成票，除了其中 2 名之外，这些民主党人都是在最近的选举中被击败或决定不再参选的"跛脚鸭"。在这些辩论中，曾反对通过该修正案的边界州国会议员解释了他们改变主意的原因。马里兰州的约翰·克雷斯韦尔（John A. Creswell）说，黑人在战争期间的行为，包括他们的军事服役，都驳斥了"黑人种族"不适合享有自由的观点。密苏里州的詹姆斯·罗林斯（James S. Rollins）称自己曾经是"一位大奴隶主"，此时宣称："只要奴隶制度还存在，我们就永远无法在这个国家实现完全的和平。" 5 个边界州共有 19 票赞成该修正案，只有 8 票反对。当然，批准该修正案还取决于未来。但是，南部的一场古老噩梦终于成真了：位于上南部的几个蓄奴州加入了北部的行列，促成了奴隶制的废除。[28]

这一结果引发了人们对千禧年变革的疯狂庆祝和憧憬。众议院走廊里响起了欢呼声，大厅里的议员们把帽子扔向空中。有些国会议员相互拥抱，其他人则"像孩子一样哭泣"。"这一幕，"一位北部记者写道，"在我们国家的历史上，完全没有先例可言。"在远处，三座炮台点燃的一连串烟火宣布了这个结果。印第安纳州的乔治·朱利安（George W. Julian）写道："对于那些饱受战争创伤的废奴主义者来说，这是多么盛大的庆典啊！……从投票开始直到现在，我就觉得自己仿佛置身于一个新的国家。"始终充满乐观情绪的《纽约先驱报》写道："这条宪法修正案的通过，是这个或任何其他现代或古代国家的历史上最为引人注目、最重要、最令人向往、最具决定性和意义最为重大的事件之一。"更为保守的《波士顿每日广告报》（*Boston Daily Advertiser*）宣称，第十三条宪法修正案的批准，将是"这场战争至高无上的事件，实际上也是本世纪至高无上的事件"。《纽约时报》写道，这次投票最终使美国成为"迄今为止从未有过的完全民主的国家，即一个建立在人权基础上的国家"。[29]

林肯向前来白宫庆祝的一群人发表了即兴演讲。他宣称，作为"根除奴隶制"的一种方式，第十三条宪法修正案远远超越了《解放奴隶宣言》。他解释说，《解放奴隶宣言》对那些没有来到联邦战线以内的奴隶是"无效的"，而且可能对他们的子女没有影响。（这是他对自己所写的这份文件的一种奇怪的解释，这份文件宣布要解放南部大部分地区的所有奴隶，无论他们的年龄，也不论他们是否继续留在种植园里。这似乎反映了他的担忧，即一旦和平到来，法院可能会裁定，基于"战争权力"的《解放奴隶宣言》已经失效，那些已经充分利用了该宣言的奴隶除外。）"但这条修正案，"林肯继续说，"是治愈万恶之王的灵丹妙药。"尽管宪法没有设想总统会在制定宪法修正案中发挥任何作用，但林肯还是在这份官方文件上签了名。接着，考虑到国会所拥有的特权，参议院通过了一项决议，宣称总统的批准是不必要的。[30]

* * *

要成为宪法的一部分，第十三条宪法修正案需要四分之三的州的批准。1864年大选前夕，内华达州被接纳加入联邦（当时一些共和党人认为，可能需要该州的3张选举人票才能使林肯以微弱多数票获胜），这使得美国的州数达到了36个，其中包括南部同盟的11个州。因此，如果脱离联邦的各州也被计算在内，那么批准该修正案就需要27个州。肯塔基、特拉华和新泽西等3个北部和边界州似乎不大可能批准该修正案，1864年，这些州被林肯的民主党对手乔治·麦克莱伦（George B. McClellan）斩获了。另一方面，到1865年初，7个前蓄奴州已经以法令、宪法修正案或人民代表大会的方式废除了奴隶制。其中3个州是边界州马里兰、密苏里和西弗吉尼亚；4个南部同盟州，即田纳西、阿肯色、路易斯安那和弗吉尼亚，在战时重建期间已经产生了支持联邦的州政府。假设所有其他北部州都批准该修正案，这些边界州和南部州也批准，那么批准该修正案的州数恰好是 27 个。其他前南部同盟州是否会批准，则取决于重建的进展。

很容易理解的是，林肯的家乡州伊利诺伊州是第一个批准该修正案的州。特拉华州是第一个反对该修正案的州，1861 年，林肯曾在这个边界州开启其解放奴隶的倡议；直到 1901 年，在该修正案成为宪法的一部分之后很久，特拉华州才批准这条废除奴隶制的宪法修正案。肯塔基州也拒绝批准。林肯的出生地将是唯一一个拒绝接受第十三条、第十四条和第十五条宪法修正案的州。它最终在 1976 年决定批准这些修正案。

1865 年 4 月，当林肯遇刺时，在所需要的 27 个州中，已有 21 个州批准了该修正案。他的副总统和继任者安德鲁·约翰逊确保了该修正案最终获得批准。约翰逊曾经是几个奴隶的主人，在战前的政治生涯中，他是田纳西州东部自耕农的代言人，也是该州"奴隶主集团"的激烈批评者。在内战期间，他说服林肯使他的整个州都不受《解放奴隶宣言》的约束。但约翰逊很快就接受了解放奴隶，承诺要成为田纳西州黑人的摩西，带领他们前往自由的应许之地。

然而，约翰逊几乎不具备林肯的伟大品质。他是一个不可救药的种族主义者，他 1865 年 5 月宣布的重建计划，没有为那些前奴隶提供任何保护他们赢得自由的措施，也没有让他们在南部建立新政府方面发出任何声音。根据他的重建条件，由已经宣誓未来效忠于联邦的南部白人选举和组成的代表大会将为南部各州制定新宪法。约翰逊坚持要求这些代表大会在他们自己的州废除奴隶制，并强烈敦促新的立法机构批准第十三条宪法修正案。他还补充说，任何想要寻求单独赦免的南部同盟成员——他要求富裕的南部人都要寻求单独赦免——必须宣誓，不仅要捍卫宪法，还要支持"所有与解放奴隶有关的……法律和公告"。与林肯不同的是，约翰逊在他的重建计划中没有提出一条警告，因为他没有预料最高法院可能会做出推翻《解放奴隶宣言》

的判决。随着战争的结束，反对奴隶制的激进派萨蒙·蔡斯此时已经担任首席大法官，而且南部大部分地区的奴隶制实际上已经消亡，所以此类裁决是不可想象的。[31]

约翰逊的要求引起了不得体的争吵。该修正案的第二款，赋予了国会实施立法的权力，在南部引起了相当大的恐慌。由于黑人举行群众集会和代表大会要求获得公民平等和政治平等，以及围绕土地和劳动的冲突席卷了被击败的南部同盟地区，白人坚持认为，确保社会稳定和具有生产力的劳动的唯一途径，就是把各州恢复到联邦，"以我们自己的方式管理我们的人民的权利和权力……就像旧宪法所规定的那样"，用佐治亚州一位种植园代理人的话说。奴隶制已经死亡，纽约州民主党人塞缪尔·巴洛（Samuel L. M. Barlow）评论道，如果不是因为担心该修正案的第二款将"控制黑人问题的权力交给国会"，南部就不会反对这条修正案。密西西比州修改了战前的州宪法，以废除该州的奴隶制，但它也完全拒绝了第十三条宪法修正案。在一份正式声明中，其联邦和州关系立法委员会解释了原因：第二款将来可能被解释为授权国会"为本州的自由民进行立法，我们很难想象还有比这更危险的权力授予"。直到1995年，密西西比州才开始考虑批准第十三条宪法修正案。几个批准了该修正案的前南部同盟州的"理解"是，该修正案没有授权国会决定前奴隶的未来，也没有排除对前奴隶主进行金钱补偿。当然，这种附带条件没有任何法律地位。1865年12月初，当佐治亚州批准该修正案时，批准修正案所需要的27个州已经够了。[32]

1865年12月18日，国务卿威廉·西沃德（William H. Seward）发文宣布，第十三条宪法修正案已成为宪法的一部分。《纽约时报》宣称，整个合众国的奴隶制最终终结的那天，"将永远彪炳这个共和国的史册"。事实上，黑人社区长期以来庆祝的都是1月1日，也就是《解放奴隶宣言》颁布的日子。有些人仍在纪念"六月庆典"

(Juneteenth），即纪念1865年6月19日，当时，前一天刚抵达得克萨斯州的联邦将军戈登·格兰杰（Gordon Granger）宣布，那里的奴隶制被废除了。1948年，在哈里·杜鲁门总统的敦促下，国会将2月1日（即林肯签署第十三条宪法修正案文本的纪念日）确定为"全国自由日"（National Freedom Day），而且有些社区仍在继续庆祝这个节日。但长期以来人们都遗忘了12月18日。[33]

"这个时代的一个问题已经解决了"，来自加利福尼亚州的国会议员科尼利厄斯·科尔（Cornelius Cole）宣称。但是，如果说第十三条宪法修正案解决了一个问题，即奴隶制的命运，那么它也开启了许多其他问题。参议员亨利·威尔逊说，该修正案将"消除……一切与［奴隶制］相联系或与之有关的东西"。这是可能的吗？种植园奴隶制是一个整体制度（total institution），它是劳动、政治和种族关系这个综合体制的基础。在众议院，詹姆斯·威尔逊（James F. Wilson）将奴隶制描述为一种"暴行的集合体"。哪一种暴行会随着将人作为财产的权利的崩溃而倒塌？与奴隶制不可分割的种族不平等？建立在奴隶制基础上的政治权力和经济权力结构？在后奴隶制时代的美国，成为一个自由人意味着什么？该修正案不可避免地提出了这些问题，但国会的辩论并没有给出明确的答案。"解放奴隶的后果问题"，伊利诺伊州的约翰·法恩斯沃思（John F. Farnsworth）说，将在未来"通过司法和权宜之计得到解决"。[34]

尽管如此，民主党在1864年春和1865年初的两次攻击，迫使共和党人试图勾勒出属于所有美国人的基本权利，奴隶制否认了这些权利，而解放奴隶将恢复这些权利，这一讨论一直持续到战后的重建时期。所有人都同意，必须用契约关系取代鞭子下的纪律，必须结束奴隶主对前奴隶的个人生活和家庭生活的权威。许多人坚持认为，公民权利——诉诸法院的权利、财产所有权的安全、自由行动的权利等等——是享有自由的必要条件。在这一早期阶段，几乎所有共和党人都否认民主党的指控,即自由将不可阻挡地带来投票权;他们坚持认为,这是由各州管制的问题。

第十三条宪法修正案看似直白的语言,对美国社会提出了意义深远的问题。自由的实质含义问题在 1864 年和 1865 年初国会审议该修正案时得到了广泛的讨论。边界州的联邦支持者约翰·亨德森(John Henderson)宣称,废除奴隶制毫无意义,至少就联邦政府而言是这样:"除了他的自由,我们没有给他任何权利,其余的都留给各州来决定。"但是,就连印第安纳州的民主党国会议员威廉·霍尔曼(William Holman)——几乎没有人知道他是一个主张解放奴隶的人——也指出,"仅仅免除奴役是一种可悲的自由观念"。(不过,他的观点并不是说黑人的权利应该得到保护,而是他强烈反对将黑人选举权作为废除奴隶制的一个必然结果。)"在美国的语言中",霍尔曼说,自由意味着"参与政府的权利"。[35]

大多数共和党人都认为,自由不仅仅意味着不受束缚,废除奴隶制将扩大白人和黑人的权利。特朗布尔指出,"由于奴隶制的存在",言论自由和媒体在美国的部分地区长期以来都受到压制。对自由民来说,"一个新的国家"从这场战争中诞生,艾萨克·阿诺德宣称,其中"自由、法律面前的平等是其伟大基石"。艾奥瓦州的詹姆斯·哈兰列举了一长串"奴隶制带来的限制",包括剥夺结婚、拥有财产、出庭作证和接受教育等权利。想必废除奴隶制将带来这些基本权利。大多数共和党人认为,该修正案的实施条款授权国会保护前奴隶的这些和其他基本权利。[36]

这些演讲借鉴了战前反对奴隶制的宪政主义思想,这种思想设想的是建立一个统一的民族国家,这种国家拥有单一的全国性公民资格,确立不分种族在法律面前享有平等权利的原则。但是,它们仍然还在自然权利、公民权利、政治权利和社会权利之间的传统区分的框架之内。共和党人倾向于含糊地谈论"根本权利"、人类不可剥夺的权利、"人性神圣的权利"和自由劳动的权利。很少有人讨论废除奴隶制是否赋予了黑人公民资格。该修正案的支持者使用的语言是权利、而不是公民资格（这部分地是由于，在内战前，公民资格并没有附带许多明确界定的权利）。另一方面，很明显的是，前奴隶将成为美国社会的一部分。没有人说要把他们赶出这个国家——把黑人殖民海外的想法已经消亡了。[37]

到 1865 年，这场战争已经证明，自共和党成立以来，自由劳动的社会愿景是该党世界观必不可少的内容。在对这条修正案的讨论中，没有哪句话比林肯本人长期强调的那句话重复得更为频繁了：一个人的劳动果实的权利，这是奴隶制和自由之间的本质区别。林肯在他的第二次就职演说中提到了这一点，其时他尖锐地提到奴隶们"250 年毫无回报的劳作"。早在 1862 年，哈兰就坚持认为，虽然废除奴隶制并不一定意味着社会平等或政治平等，但它确实意味着黑人"在享有他们自己的权利和享受他们自己劳动所得方面……在他们享有正义的权利和……在将自己的劳动所得用于促进他们自己和依赖他们的家庭的福利方面将与白人种族是平等的"。伊利诺伊州的伊波恩·英格索尔（Ebon C. Ingersoll）曾谈到"一种耕耘土地的权利，一种通过辛勤劳动挣得面包的权利，和一种享有自己劳动成果的权利……不论何种肤色或种族"。共和党人认为，第十三条宪法修正案阻止了各州或个人剥夺被解放的奴隶的这些机会。[38]

正在进行重建的南部的自由劳动愿景，想象的是一场巨大的社会变革。获得解放的奴隶，与北部工人一样享有同样的晋升机会，并受到同样的追求自我改善的激励，他们的劳动效率将比作为奴隶的劳动效率更高。北部的资本将有助于该地区的复兴。南部最终会成为北部那样的自由社会，其中拥有公立学校、小城镇和独立的生产者。"废除了奴隶制，"英格索尔宣布，"校舍将在奴隶市场的废墟上拔地而起，智慧将取代无知，财富将取代贫穷。"第十三条宪法修正案本身不能实现所有这些目标，但它是朝着这个方向迈出的重要的第一步。[39]

* * *

这条修正案的语言源自《西北土地法令》，人们可能都很熟悉，但它并不是完全不言自明的。毫无疑问，大多数共和党人认为他们理解奴隶制是什么。但"强制劳役"呢？这个短语涵盖了多重关系和制度。在殖民地时期的美国，许多移民以契约奴的身份来到北美，他们同意为雇主工作一定年限，从而获得进入新世界的通行证。在18世纪末，北部的渐进解放奴隶法律要求奴隶所生的孩子在获得自由之前，必须为其父母的主人劳动长达28年，服役时间远远长于白人学徒。

到美国内战时，这些形式的奴役几乎已经绝迹。但尤其是在西部，多种半自由的劳动制度继续蓬勃发展。其中包括劳役偿债制度（peonage，即强迫劳动以偿还债务），这种制度尤其存在于西南部地区；土著美国人、墨西哥人和中国移民的长期合同工；以及法院指定的"被监护者"群体，即印第安人妇女和儿童，必须为白人家庭劳动。国会几乎没有讨论该修正案对这些形式的奴役的影响，尽管该修正案的措辞无疑为国会对这些形式的奴役采取行动打开了大门。事实上，在该修正案被批准不到两年，国会就通过了1867年《反劳役偿债法案》（Anti-Peonage Act of 1867），根据第十三条宪法修正案的授权，这项法案禁止"自愿"劳役偿债和非自愿劳役偿债。在加利福尼亚州，反对中国移民的运动自相矛盾地融合了种族主义和反对奴隶制的言辞，将中国合同工定义为非自由的"苦力"，认为他们奴性十足，而无法成为正直的自由劳动者。从一定程度上来说，排斥华人——1882年将其写入联邦法律——是为了实现第十三条宪法修正案而推动的。[40]

第十三条宪法修正案最初是由一群女权主义废奴主义者提出的，

她们希望该修正案能为美国妇女争取更大的权利铺平道路。该修正案本身没有提到性别；享有自由的权利对男性和女性是同等适用的。然而，当时的一些人提出了这样一个问题：强制劳役的终结是否影响了获得解放的黑人妇女的家庭地位。在 19 世纪的美国法律结构中，其中一个支柱是普通法中的"代理权"原则，即成年白人男性是"典型的法律个体"(paradigmatic legal individuals)。奴隶制的终结意味着黑人妇女进入了这样一个社会和法律世界，在这个世界里，男人被认为是家庭的主人，妻子和孩子从属于他们。这并不一定是所有黑人妇女心目中所想要的那种自由。与在联邦军队中服役的男性黑人一样，黑人妇女也找到了支持联邦事业的途径，她们在军队中充当厨师、洗熨衣服的女工和护士，传递关于南部军队的信息，通过到联邦战线之内寻求庇护来逃脱南部同盟占有她们的劳动，并成立旨在"减轻我们的有色人种士兵在争取自由的斗争中所遭受的痛苦"的组织，正如北卡罗来纳州的一个团体所说。与她们的男性同胞一样，她们也声称自己得到了这个战后国家的承认。大多数人都很享受这样的机会，即巩固稳定的婚姻，不受白人主人的监督和破坏，把更多的时间花在家庭上，这在奴隶制情况下几乎是不可能的。但许多人也希望在家庭生活中享有一定程度的自主权。代理权的持续存在意味着，重建时期的宪法革命并没有结束黑人妇女的从属地位，尽管它确实使她们在处理丈夫、父亲和前主人的权威时拥有了更大的砝码。在重建期间，她们将会参加大规模的政治集会，自己签署劳动合同，并在自由民储蓄银行开立个人账户。自由民储蓄银行是国会在战争即将结束时为鼓励前奴隶节俭而特许成立的一个机构。然而，黑人妇女的声音在国会或全国媒体上很少被听到。[41]

45　　一些反对该修正案的人指责说，废除"强制劳役"使人们对丈夫和妻子发生性关系以及妻子在家庭中无偿劳动的普通法权利的合法性产生了质疑。然而，大多数共和党人并不把废除奴隶制看作是对传统家庭关系的重新定位,而是把它看作是恢复黑人家庭生活的自然权利,这种权利受到奴隶制的严重破坏。在这些自由的家庭中,男人会在家庭中占据应有的户主地位,而女人会在家庭领域中占据自己应有的地位,而奴隶制故意将她们从这些家庭的地位中驱逐了出去。恢复自由民的"男性气概"(manhood)和妇女在没有白人干涉的情况下抚养孩子的权利正是解放奴隶的许多概念的核心。在这种语境下,家庭中无偿的妇女劳动是自然的,而不是具有压迫性的,当然也不是一种强制劳役形式。"丈夫对妻子的服务的财产拥有所有权",一位共和党国会议员说,废除奴隶制并不是要摧毁这种权利。另一位共和党国会议员说,除了"个人自由"的权利之外,"丈夫对妻子拥有的权利"和"父亲对孩子拥有的权利"构成了"人类社会的三项根本自然权利"。该修正案的目的是恢复这些权利,而不是削弱它们。[42]

有一种强制劳动形式是被第十三条宪法修正案明确授权的。与《西北土地法令》一样,该修正案允许强制劳役的存在,或许还允许奴隶制本身继续成为对那些被判有罪的人处以惩罚,这取决于人们如何解读该修正案第一款的内容。在1864年和1865年的辩论中,几乎没有提到过刑事豁免,但后来,在为剥削罪犯的劳动提供宪法依据时,它将具有极为恶劣的意义。

这条指代被控有罪的人的条款,是这句格言的绝佳例证,即历史学家在写作时,(至少)有一只眼睛在盯着现在。数十年来,研究第十三条宪法修正案的学者对这一款的内容从未给予过任何关注。但随着大规模监禁和监狱劳工的广泛使用突然成为全国性问题,这一条款引起了大量讨论。譬如,好莱坞推出的纪录片《第十三条宪法修正案》,就把今天剥削囚犯追求盈利的做法与第十三条宪法修正案直接联系了起来。可以肯定的是,在内战和重建之前很长一段时间,囚犯就被安排进行工作。在美国革命之前的几十年里,有大量的罪犯——3万名或更多——被从大不列颠群岛运到殖民地,他们一到达北美,就因犯罪而受到惩罚,被卖劳役许多年。(在失去它的美利坚殖民地后,英国找到了另一个输送罪犯的目的地,即澳大利亚。在美国革命到内战的期间,澳大利亚接收了 15 万名英国罪犯。)"强制性的、艰苦的生产性劳动",部分地是为了支付维持监狱的费用,它与监禁有关。然而,尽管从 19 世纪初开始,监狱就开始大量增加,但被关在监狱里的人数仍然很少。[43]

第十三条宪法修正案中排除罪犯的条款源自托马斯·杰斐逊提出的 1784 年《土地法令》,该法令禁止在这个新国家的所有领土上实行奴隶制。从那里,它被转移到了 1787 年《西北土地法令》,该法令将禁止实行奴隶制的领土范围限制在俄亥俄河以北的地区。学者们没有精确地解释为什么杰斐逊选择使用这种措辞。在杰斐逊制定《土地法令》之前就通过制定宪法或法律废除奴隶制的 4 个州,即佛蒙特、宾夕法尼亚、康涅狄格和罗得岛等州,都没有提到将强制劳动作为对犯罪的惩罚(尽管佛蒙特州允许欠债的人这么做)。正如杰斐逊在《弗吉尼亚纪事》中所解释的那样,他可能担心被释放的奴隶会变得无所事事,并采取非法行为,而监狱劳动的前景可能会起到威慑作用。此外,作为一名启蒙运动监狱改革的信徒,杰斐逊认为劳动对性格培养有好处。强制劳动将有助于改造罪犯,并提供一种替代不那么人道的惩罚,如烙印、长期单独监禁和死刑。[44]

到第十三条宪法修正案批准时,禁止奴隶制与排除罪犯的结合已经变得如此普遍,几乎可以被称为"样板"语言。在威尔默特附文(它试图禁止在美墨战争期间获得的土地上实行奴隶制),1862 年在所有领土上废除奴隶制的国会法律,以及在几乎所有加入联邦的自由州的宪法中(从 1803 年的俄亥俄州到 1864 年该宪法修正案批准之前的最后一个州内华达州),都可以找到这种措辞。撒迪厄斯·斯蒂文斯在他自己起草的废奴修正案中也加入了同样的条款,他或许是众议院最激进的议员。[45]

第十三条宪法修正案使这个国家的历史发生了根本性的变化，波士顿一家报纸称其为"在一部伟大的历史文献中使用了恰如其分的语言"。但正是由于其措辞对人们来说非常熟悉，因此没有经过必要的深究。新闻媒体或敦促批准该修正案的反对奴隶制的会议和黑人代表大会，几乎没有讨论过排除囚犯的问题。只有少数评论家意识到这可能会带来问题。早在1864年2月，废奴主义杂志《原理》(The Principia) 就指责说，这种措辞把宪法"往更坏的方面"修改，似乎承认，"如果理由充分"，奴隶制是被允许的。查尔斯·萨姆纳坚持认为，尽管《西北土地法令》"在当时表现出色"，但它的措辞"完全不适用于我们这个时代"，因为它暗示，人可以"由于被惩罚犯罪而被奴役"。萨姆纳后来写道，他曾希望提议取消有关罪犯的条款，但由于他的同事们急于"去吃晚饭"而未能采取行动。"我现在很后悔我当时的克制"，他补充说。[46]

南部白人并没有忽视这项排除罪犯条款。1865年11月，前南部同盟将领约翰·摩根（John T. Morgan）在佐治亚州的一次演讲中指出，第十三条宪法修正案并没有阻止各州颁布法律，使"司法当局"有权将被判有罪的黑人奴役。根据安德鲁·约翰逊的重建方案建立的南部政府，继续制定一系列被称为《黑人法典》的法律，来界定和限制非裔美国人现在所享有的自由，并清楚地表明——正如亚拉巴马州的新州长罗伯特·巴顿（Robert M. Patton）所言——"从政治上和社会上来说，我们的政府是一个白人男性的政府"。密西西比州制定的《黑人法典》赋予了黑人某些权利，其他州很快也紧随其后，譬如法律承认他们可以结婚，但也强加给了他们各种各样的困难，包括限制他们的行动自由、禁止他们从事某些职业、拥有枪支、担任陪审员、在涉及白人的案件中出庭作证以及投票等。

尽管有第十三条宪法修正案，但强制性的黑人劳动——以排除罪犯的条款为依据——则是这些法律的核心内容。它们要求所有成年黑人男性在每年年初签署劳动合同，为白人雇主工作，否则将因流浪或其他定义模糊的罪行而面临起诉。这些被定罪的人将被罚款，他们如果无力支付，将被迫为白人雇主劳动。佛罗里达州的法典允许对违反劳动合同的自由人进行为期一年的出售。学徒法授权法官可以判决黑人儿童向种植园主提供无偿劳动，借口是他们的父母无法养活他们。诚然，流浪法可以追溯到前现代时期，并在内战之前的全国范围内广泛使用，以惩罚那些看起来不愿意工作的身体健全的人。但早期的流浪法并没有被设想会成为整个劳动制度的基础。学徒制度也有着悠久的历史。但《黑人法典》中的规定与年轻人学一门手艺的传统规定几乎没有相似之处。当然，这一切并不是前奴隶和他们的北部盟友所认为的那种自由劳动。"如果这些法典付诸实施，"一位当地黑人领袖在写给总统的信中说，"我们实际上将再次回到奴隶制。""正义何在？"密西西比州的一次黑人大会问道，"自由何在？"[47]

纽黑文一家报纸宣称，除了其他内容外，这些《黑人法典》证实了第十三条宪法修正案第二款的"必要性"，即授权国会采取进一步行动保护黑人最近获得的自由。"正是这种立法，"北卡罗来纳州著名的联邦支持者丹尼尔·古德洛（Daniel R. Goodloe）后来回忆说，"让北部人相信，南部人并没有真诚的意愿默认前奴隶获得的自由。"[48]

然而，这些法律也揭示了排除罪犯条款的内在危险。由于在北部流传的一些报道称，被判犯有偷窃或流浪罪的黑人"由于激起公愤"而被"出售"了数年，所以，在反对奴隶制的圈子里，人们对"该修正案非常不幸的措辞"感到不安。有些议员在国会提出了这个问题。一位国会议员抱怨说，"狡诈的叛乱者"利用"这项特殊条款"将获得自由的人重新沦为奴隶。"上帝知道，我希望我们在这个时候能有这样的修正案"，来自加利福尼亚州的激进派共和党人威廉·海格比（William Higby）说。"我们思考数月……然而我们并没有考虑到所有方面……将一个犯了罪的人被卖为奴隶，这在天底下是没有正当理由的。"1867年,《全国反奴隶制规范》呼吁通过一条新的宪法修正案,删除"作为对于依法判罪的人的犯罪的惩罚除外"等字眼。[49]

同年,艾奥瓦州的约翰·卡森(John A. Kasson)提出一项决议,明确了排除罪犯条款的含义。他宣称,当该修正案批准时,没有人会认为"在废除奴隶制这句话里……他们还以另一种形式并通过法院的行动为奴隶制的生存做出了规定"。他的决议宣称,该修正案的"真正意图和含义",是禁止一切形式的奴隶制和强制劳役,"除非在法律官员的直接控制下……直接对罪犯执行刑事判决",而不是"出售或以其他方式处置回到奴隶制"。卡森的决议在众议院以绝对多数票(122比25)获得通过,但没有在参议院进行表决。许多参议员认为,1866年《民权法案》除了有其他内容之外,还规定了进入法院和接受司法惩罚等方面的种族平等权利,这使得没有必要增加这项决议。时间将会证明他们错了。[50]

在重建初期,北部人经常提到对罪犯的惩罚,但一般都与对前南部同盟成员的惩罚有关。第十三条宪法修正案并不是唯一一个设想以刑事定罪作为剥夺广泛承认的权利的理由的重建措施。在1866年《民权法案》中,这种排除罪犯的条款被重复了三次。撒迪厄斯·斯蒂文斯确实在1866年延长自由民局期限的议案中删除了这一措辞。[50] "我知道,那些人被判犯有攻击和殴打罪,并被判回到奴隶制中",他对众议院说。但从1867年开始,在激进重建的推动下,南部各州起草了新的、平等主义的宪法,每部宪法都包含了废除奴隶制的不同措辞,但"对于依法判罪的人的犯罪的惩罚除外"。直到今天,被判有罪的人在被监禁期间经常遭受强制劳役,即使在服刑之后,也仍然经常受到其他形式的歧视,包括在就业、住房和投票权等方面的歧视,而这些歧视都是被明令禁止的。[51]

第十三条宪法修正案无意中创造了一个漏洞,这个漏洞后来允许将罪犯劳工广泛出租给南部的种植园、矿山和工厂。它还允许私人承包商在监狱围墙内使用它们，以及在建造道路、清理土地和从事其他公共工程中被铁链锁住的一群囚犯工人身上使用它们。在重建期间，租赁罪犯作为一项节约成本的措施开始出现，但直到白人至上主义的民主党人重新控制了南部政府、并颁布法律大大增加了构成重罪的犯罪数量之后，租赁罪犯才迅速发展起来。监狱人口急剧增加，而这些法律虽然表面上与种族无关，但被监禁的人中绝大多数都是黑人。"如果一个人偷了一只鸡，他们就会把他送入监狱"，一位黑人领袖抱怨道。在不违反第十三条宪法修正案的情况下，得克萨斯州的共和党人发表的一篇抨击文章宣称，"法院被用来重新奴役有色人种……像从前一样，种植园是由奴隶以罪犯的名义经营的。"诚然，严格地说，囚犯的劳动不是动产奴隶制，也不是像战前那样存在的整个社会制度。但是到19世纪末，成千上万的罪犯在南部各地工作。即使在今天，强制囚犯劳动的使用仍然很普遍，私立的营利性监狱也是如此，那里的被收容者也要求参加劳动。法院已经裁定，监狱劳动不违反第十三条宪法修正案。迟至1980年代，美国司法部就得出结论说，该修正案赋予囚犯"某些奴隶制的特征"，包括不适用于最低工资法的规定——或者说他们实际上不能有任何获得补偿的要求。[52]

* * *

国会中并没有非裔美国人批准第十三条宪法修正案。尽管如此，在关于该修正案的通过和批准的辩论中，黑人在更为广泛的公共领域中提出了他们自己的观点，即废除奴隶制意味着什么，以及从奴隶制的废墟上应该出现什么样的社会。他们对伴随自由而来的各项权利提出了全面的要求，并力图根据这些权利采取行动。南部获得解放的奴隶开始"扔掉被奴役的标记"。他们重建了在奴隶制下被迫分离的家庭，建立教堂和学校，要求享有自由劳动的权利，要求公民平等和选举权，并要求获得土地。1865年，南部举行了大量地方和州范围内的黑人群众集会和政治代表大会。他们对平等的要求利用了作为"这个共和国的公民"的权利主张来要求获得"平等自由的恩赐",这体现了基层政治化(grass-roots politicization)的迅速蔓延。1864 年的黑人报纸开始在他们的要求中加入第十三条宪法修正案,但他们已经在超越这一点,他们的注意力集中在自由民未来的权利问题上。[53]

在战争即将结束的几个月里,由黑人拥有的《新奥尔良论坛报》(New Orleans Tribune)制定了一项连贯的激进计划,包括黑人男性选举权、法律面前人人平等、不分种族一律平等进入公立学校和使用公共交通的权利,以及在自由民中间分配种植园土地。1865 年秋,该报力推制定一条新的宪法修正案,禁止各州因种族原因对公民在"公民权利和特权方面做出任何区分"。许多人认为第十三条宪法修正案是不够的,因为它没有提到这些原则。与此同时,北部黑人继续开展他们长期以来争取公民权利和政治权利的运动。1865 年 9 月,在密歇根州举行的一次黑人代表大会上,一位发言人说:"我们要为平等权利的问题而战斗,我们已经为之战斗了许多年。"[54]

几乎所有黑人代表大会,无论是南部的还是北部的,都要求将选举权作为"自治必不可少和不可分割的一部分"。他们一如既往地援引《独立宣言》,但甚至在被批准之前,第十三条宪法修正案就已经微妙地改变了黑人对宪法的态度。诚然,战前的黑人代表大会在提出他们的出生地公民资格要求时已经援引了宪法。但随着宪法现在已经去除了奴隶制的特征,宪法语言在黑人政治文化中占据了更加突出的地位。1865 年 8 月,莫比尔的一场黑人代表大会发表声明称:"在我们的天父身边,我们尊敬美国优秀的古老宪法,因为它承认我们的存在。"此外,该修正案表明,这部宪法是有可塑性的:它鼓励人们认识到它是可以被再次修改的。1865 年 9 月,黑人领袖成立了全国平等权利联盟(National Equal Rights League),要求"充分享有我们的自由""完全获得选举权",并要求通过一条宪法修正案,禁止"以种族或肤色为由,立法反对这些居民的任何文明群体,无论是本土出生的还是被归化的居民"。其他人则坚持认为，一旦获得批准，第十三条宪法修正案的第二款就授权国会采取行动保护前奴隶"作为自由民的所有权利"。一份黑人报纸指出，"之前的蓄奴州的那些最近反叛者极其厌恶"这一条款。[55]

与此同时，有组织的废奴运动无法决定第十三条宪法修正案是标志着他们数十年斗争的结束，还是标志着一场新的斗争的开始。1865年初，当众议院通过该修正案时，威廉·劳埃德·加里森呼吁解散美国反奴隶制协会。该修正案已经将"一份与死亡签订的契约"（即原始宪法）转变成为"一份与生命签订的契约"；因此，"我作为废奴主义者的使命"已经结束了。但对许多废奴主义者来说，第十三条宪法修正案只是奴隶制问题的安息之所，并不是奴隶制问题的最终解决方案。"任何解放奴隶都不是有效的，任何自由都不是真实的"，资深废奴主义者亨利·赖特（Henry C. Wright）说，"除非黑人拥有选票，并禁止各州制定法律以种族或肤色为由来区分他们的公民"：这些原则如果得到执行，将改写北部各州以及南部各州的法律法规。温德尔·菲利普斯坚持认为，有必要采取进一步的措施来保护自由民不被各州剥夺他们的权利，否则他们将被"州主权的权力碾成粉末"。[56]

1865年5月，当美国反奴隶制协会召开年会时，它拒绝了加里森要求解散该协会的动议。加里森辞去了主席职务，由菲利普斯接替。该组织的官方周刊《全国反奴隶制规范》已经在呼吁制定另一条宪法修正案，禁止任何州"因其居民的肤色而对他们区别对待"。现在，该报的报头上出现了一句新的格言：没有黑人选举权就没有重建。在这一点上，大多数共和党人都不愿意走那么远。但是，当国会在1865年12月召开会议时，他们达成了一项共识，即第十三条宪法修正案将黑人纳入全国性公民资格的范围，其中所有人在法律面前享有平等权利，并受到联邦政府的保护。问题是，如何将这些原则写入法律和宪法，并确保它们得到执行。1865年，弗雷德里克·道格拉斯宣称，

"一项比废除奴隶制更加艰巨的任务,现在已经浮现在废奴主义者面前",或许他还可以加上一句,也浮现在这个国家面前。[57]

1865年1月,就在众议院就第十三条宪法修正案进行辩论的时候,也就是南部颁布《黑人法典》之前的几个月,美国重要的民主党报纸《纽约世界报》就有先见之明地预测说,尽管废除了奴隶制,但各州很可能依靠其传统权力制定法律,使自由民的状况变得"令人无法忍受"。为了防止这种情况发生,将需要制定"各种各样的附加修正案",最终结果将使各州政府失去"所有……他们目前的权力"。[58]

《纽约世界报》的语言是夸张的。但它指出了共和党政策制定者面临的问题。一群田纳西州的自由民在详细描述了最近歧视性的州法律后说,"除了合众国当局,我们没有任何地方可以寻求保护"。[59]但传统上,联邦的管辖范围并不包括有种族偏见的法律和法律实施问题,也不包括限制黑人机会的私人阴谋行为,这些阴谋往往伴随着暴力。目前还不清楚,国会将在多大程度上通过建立联邦对美国人权利的监管机制来改变现有的法律秩序。但有一件事是清楚的。第十三条宪法修正案并不是自由问题的最终答案。事实证明,这是一个持续多年的充满活力的进程中不可缺少的一部分,并产生了第十四条和第十五条宪法修正案、进一步的公民权利立法,以及在南部进行的前所未有的跨种族民主试验。"我们已经赢得自由",查尔斯·萨姆纳宣称,但"争取平等的斗争仍然悬而未决"。[60]

第二章　走向平等：第十四条宪法修正案

1865年12月4日，美国历史上影响最为深远的一届国会——第39届国会在华盛顿召开。在接下来的15个月里，国会议员们围绕美国内战和奴隶制的毁灭所带来的深刻而艰难的问题争吵不休：谁应该统治南部？南部各州应该如何重新加入联邦？前奴隶应该享有哪些权利？谁应该实施这些权利？这些辩论发生在安德鲁·约翰逊和国会多数派共和党人就重建政策产生激烈分歧之际，同时约翰逊在南部建立的州政府不愿公正地对待前奴隶，针对自由民激烈的暴行的证据也越来越多。正是在这种背景下，国会开始了自己的重建政策，其核心是第十四条宪法修正案。

作为有史以来加入宪法中的最长的修正案，第十四条宪法修正案，就像范围更为广泛的重建一样，有许多目的。其动机包括理想主义的、地区性的、党派性的和经济方面的考虑。经过数月的深思熟虑，其最终措辞才出台。该修正案不是任何个人或党派的产物，也不是预先确定的解放奴隶的逻辑的产物，而是从辩论、谈判和妥协中产生的，这些辩论、谈判和妥协几乎一直持续到它获得通过的那一刻。其目的是为了解决战争中产生的具体问题；确立关于自由民和所有美国人的权利的一般性原则；创建统一的公民资格定义；为脱离联邦的各州勾勒出重返联邦的途径；限制南部同盟重要人物的政治影响力；促进内战带来的国族构建进程；并作为一个政治平台，使共和党能够保持其对权力的掌控。其中有些目标实现了，有的没有实现，有的则留给了子孙后代去实现。但是，尽管有其明显的局限性，但自《权利法案》以来，没有任何一条对宪法的更改像第十四条宪法修正案那样对美国人的生活产生了如此深远的影响。

虽然战争早在几个月前就已经停止了，但国会采取的行动就好像这个国家仍然处于战争状态一样。在这次会议开始时，参众两院的工作人员事先与共和党多数派领袖达成协议，省略了约翰逊在南部制定的重建计划中选出的议员的名字。其中许多当选参议员和众议员是前南部同盟政治和军事领导人。他们的当选，加上约翰逊建立的州政府不愿承认前奴隶的基本权利，共和党人把这些当作南部白人没有完全接受联邦胜利结果的证据。

如果南部没有被许多共和党人所谓的"战争掌控"（grasp of war）所控制，共和党就不会在国会参众两院获得通过第十四条宪法修正案所必需的三分之二多数。但共和党分裂成了两派，他们在这个国家面临的问题上并不总是意见一致。激进派——其中最为著名的是众议院共和党领袖撒迪厄斯·斯蒂文斯和与黑人社区关系最密切的政治家、参议员查尔斯·萨姆纳——认为，重建是一个千载难逢的机会，在一个强大而仁慈的全国性政府的保障下，它可以清除这个共和国的奴隶制遗产，并确保所有美国人都享有同样的权利和机会。数十年来，那些后来成为激进派共和党人的人，一直在为黑人选举权和平等公民资格这一不受欢迎的事业进行辩护。在他们看来，重建意味着完成"伟大的反奴隶制革命"，并结束斯蒂文斯所说的"政治亵渎"现象，即美国过去是、现在应该仍然是一个"白人的政府"。[1]

平等是这些激进派的口号——用参议员亨利·威尔逊所说，即"在最广泛和最包罗万象的民主意义上的平等"——尽管激进派和其他共和党人在平等的确切定义问题上存在内部分歧。（斯蒂文斯认为，这需要将土地分配给前奴隶，但这一提议在国会几乎没有获得多少支持。）从一个更为实际的层面来说，这些激进派不信任约翰逊总统或他的南部州政府，并坚持认为，确保美国黑人权利、将共和党人扩展到南部（该党在那里仍然没有真正的存在）、并保障该党继续统治全国的唯一途径，就是赋予黑人选举权。他们的观点在南部的自由民中间引起反响，加强了他们自己对平等权利的要求。"他们很清楚像萨姆纳及这类人的存在和地位的意义"，北卡罗来纳州的一位白人牧师在 1866 年谈到这些前奴隶时说。[2]

激进派在国会占有相当大的席位，但他们并不占据多数。国会中更多的是温和派，其中包括一些有影响力的参议员，譬如参议院司法委员会主席莱曼·特朗布尔和缅因州的威廉·皮特·费森登。内战前，书呆子气的特朗布尔在伊利诺伊州政坛取得了成功，他是一名广受尊敬的律师，也是一名"保守的激进派"，他曾在法庭上为逃奴辩护，但同时又远离该州的废奴运动，而且有时候还迎合种族偏见。与其他温和派一样，费森登虽然强烈反对奴隶制，但他认为自己是一个务实的人，来对当前形势做出反应，而不是一个道德改革者。他经常与萨姆纳发生冲突，费森登认为萨姆纳冗长的哲学式演讲是在浪费参议院的时间。

国会开会时，温和派并没有放弃与约翰逊总统合作的希望。他们愿意保持约翰逊的南部政府的完整，只要保证自由民的权利得到落实。他们认为黑人选举权在结果上是不可预测的（一些人担心前奴隶会按照他们的前主人的指示投票），而且在北部太不受欢迎，不能作为成功的重建政策的基础。斯蒂文斯长期以来都认为所有自由的人都应该有投票权，他在 1866 年秋指出，他所在的州的共和党人认为这是一个"繁重且为时过早"的问题。1865 年至 1869 年间，北部各州至少举行了 11 次全民公决，目的是将选举权扩大到极少数黑人人口；但只有艾奥瓦和明尼苏达两个州成功了。温和派问道，北部能要求南部做它自己不愿意做的事情吗？但这个问题显然具有政治危险性。约翰逊根深蒂固的种族主义，最终导致温和派不可能与他合作，以及他在南部建立的州政府的行为，将最终导致温和派共和党人接受黑人选举权——在1865年12月，他们之中几乎没有人预料到这一点。[3]

原始宪法对投票权问题几乎只字未提，而是把选举权的管理权交给了各州。尽管如此，激进派坚持认为，投票权是废除奴隶制的必然结果。用印第安纳州的乔治·朱利安的话说，如果没有"分享统治权力的权利，任何人都不是真正自由的"。这个政府，来自伊利诺伊州的参议员理查德·耶茨（Richard Yates）宣称，从未打算"解放400万奴隶……而同时让他们失去属于自由公民的公民权利和政治权利"。激进派坚持认为，宪法确保每个州都是"共和形式的政府"的条款和第十三条宪法修正案，都授权国会立即扩大选举权。令人惊讶的是，一种意义甚至更为深远的观点是由《纽约先驱报》的编辑詹姆斯·贝内特强有力地表达出来的，他正处于观点激进的阶段。1866年1月，《纽约先驱报》宣称，第十三条宪法修正案是"现代最伟大的政治革命……随着奴隶制的废除，各州所有基于种族和肤色的公民和政治差别都被废除了；因为宪法不区分肤色"。到是年春天，贝内特将在安德鲁·约翰逊与国会的斗争中支持他，但目前他同意激进派的观点："按照现在的宪法……没有什么……认为将黑人排除在白人的公民权利和政治权利之外是合理的。"然而，温和派认为联邦政府没有"干预各州选举权"的权力。此外，来自内华达州的参议员威廉·斯图尔特（William M. Stewart）说，任何这样做的尝试，都会"遭到美国绝大多数白人居民的偏见，不管这些偏见是公正的还是不公正的"。[4]

1866年1月，斯图尔特评论道，"如果不是因为南部的黑人选举权问题……"，共和党人就重建政策达成一致不会有什么困难，"如果这个问题解决了，我们可以在两周内解决其他一切问题"。正如斯图尔特所说，共和党内确实存在广泛的共识。几乎所有的共和党人都认为，联邦政府必须赋予解放奴隶以实质性的意义，明确并保障自由人的人身自由、进入法院的权利以及作为自由劳动者参与竞争的能力。"保护所有人不可剥夺的权利",众议院议长斯凯勒·科尔法克斯宣称,是国会面临的关键任务。此外,与约翰逊的决裂——意味着这条立法不得不推翻他的否决——将很快刺激共和党团结起来。[5]

几乎所有人似乎都预料到宪法会有进一步的修改。国会开幕时,议员们提出了大量宪法修正案。斯蒂文斯本人提出的宪法修正案认为,要根据选民而不是人口来分配众议院的席位(因此,如果不赋予黑人选举权,南部的代表席位就会大大减少);废除宪法禁止对出口商品征收关税的规定(这是制宪会议时对南部各州做出的让步,这些州的经济依赖于向欧洲出口农产品);使全国和各州的所有法律不分种族平等地适用于所有公民;并禁止支付南部同盟的任何债务。到1月份,据来自宾夕法尼亚州的参议员埃德加·考恩(Edgar Cowan)说,"现在"有70条宪法修正案"悬而未决"。这些措施包括,废除选举人团制度,总统直接由普选产生;宣布联邦"不可解体";禁止向获得解放的奴隶的主人进行赔偿;要求每个州规定不分种族所有居民都有"追求幸福"的权利;并将这个国家的官方名称从合众国改为更加统一的"美国"。宪法修正案的泛滥成了新闻记者们常开的一个玩笑。《纽约时报》指责那些未能提出一条宪法修正案的国会议员"严重忽视了一个议员的首要职责"。关于修宪的提案也从"四面八方"涌入华盛顿。艾奥瓦州的一个群体呼吁修改宪法,承认"全能的上帝"是"公民政府所有权威和权力的源泉"。[6]

* * *

筛选这些提案并起草提交给国会的宪法修正案的任务,落到了重建联合委员会(Joint Committee on Reconstruction)的肩上。该委员会由15名成员组成,在会议一开始时即被任命。在接下来的几个月里,该委员会不仅敲定了第十四条宪法修正案的内容和语言,而且就南部的情况举行了广泛的听证会(不少于144名证人)。该委员会前的证词表明，前奴隶的基本权利受到了令人震惊的侵犯，南部对战时白人联邦支持者和北部人普遍怀有敌意，这强化了人们的信念，即联邦有必要采取进一步的行动。该委员会的设立是为了反映共和党内部的各种意见。其主席费森登是一个重要的温和派，但激进派由斯蒂文斯和其他人代表。然而，这种分类并不精确。一些成员似乎在每个阵营都能站住脚，而且无论如何，该委员会并不总是按照意识形态界限划分。此外还有3名民主党成员，但他们对这些审议没有什么影响。这个联合委员会的记录员写作的日志记录了投票的结果，但没有记录辩论的内容，这让任何想在其页面上找出第十四条宪法修正案演变过程中措辞变化的原因的人感到失望。[7]

该委员会提出的第十四条宪法修正案的第一个版本，试图巧妙处理黑人选举权问题，同时处理废除奴隶制所带来的具有讽刺意味的政治后果问题。既然所有黑人都获得了自由，那么宪法的五分之三条款就失去了效力。在下一次重新分配众议院席位和选举人团票数时，所有黑人都将被计入每个州的人口基数中。因此，正如一位国会议员所言，南部各州将享有"在政府中过多的和不公平的政治权力"。[8]

17项要求重组国会代表席位的提案提交给了联合委员会。激进派坚持认为，解决这个问题最简单的方法，就是要求各州赋予黑人选举权。这将确保奴隶主权势不再能够控制南部政治。然而，温和派认为，这样的宪法修正案将永远无法获得批准。另一种选择是根据选民数而不是总人口数来确定代表人数的基础，正如斯蒂文斯所提议的那样。这就把对选举权的资格要求留到各州手中。这将鼓励约翰逊的南部政府赋予其黑人人口选举权，要么就减少这些州在华盛顿的权力（据估计，这些州将失去三分之一的国会议员数）。但正如缅因州众议员詹姆斯·布莱恩在1866年1月初指出的那样，西部移民倾向于支持男性，因此，基于选民数的代表权席位分配将导致权力从东部各州转移，因为东部各州的女性人口比例更高。布莱恩警告说，这个提议还可能引发"不体面地争夺选民"的做法，包括赋予妇女选举权，这将使一个州在国会中的代表人数增加一倍。[9]

鉴于这些反对意见，联合委员会经过数天的审议之后，确定了这样一条修正案，它以居民人数而不是选民人数为分配代表席位的基础，但要惩罚那些因为"种族或肤色"而限制投票的州，在计算分配席位数时剔除所有被排除的人口数。由于北部各州黑人人口较少，这种做法对于将选举限制在白人男性范围内的北部各州没有什么影响，尽管加利福尼亚州由于剥夺了大量亚裔人口的选举权将失去一名众议员。朱利安后来写道，这一提案试图在选举权问题上"团结共和党内的激进派和保守派两翼"。1月22日，斯蒂文斯向众议院提交了这条修正案。它很快就遭到了批评，批评除了来自朱利安这样的激进派，他们认为这是对黑人人口的背叛，还来自其他共和党人，他们指出了一个严重缺陷。通过非种族原因的选举限制，譬如文化程度和财产资格，南部各州可以将投票权几乎全部限制在白人范围内，而不会减少他们的代表席位。这将成为每个南部州的"明显政策"，弗吉尼亚州的一位律师在联合委员会作证时指出。[10]

尽管如此，1866年1月31日，第十四条宪法修正案的第一个版本，处理的只是代表人数问题，在众议院获得了所需的三分之二多数。然而，在参议院，它遭到了查尔斯·萨姆纳的强烈反对。萨姆纳在国会发表了长达整整两天的演讲，其内容用极小的字体都占据了《国会议事录》（*Congressional Globe*）40多栏，而几周后，萨姆纳再次抨击这项提议是"对人权的妥协"，因为它承认各州有权基于种族原因限制选举权——在"一场以州权为名义对我们发动的可怕战争"之后，这是一个不可接受的让步。萨姆纳提交了一份来自弗雷德里克·道格拉斯和其他著名黑人的请愿书，谴责该修正案是诱引南部白人永远剥夺黑人的选举权。美国反奴隶制协会回应了他们的抱怨，警告说"这让黑人只能听天由命"。在回应布莱恩所说的萨姆纳关于人权的"详尽而又精辟的论述"时,费森登代表联合委员会回答说,国会的作用是制定法律,而不是阐述哲学。费森登认为,黑人还没有为选举权做好准备,但面对政治权力的丧失,南部各州将为前奴隶提供教育,并"在不远的将来"赋予他们选举权。但在1866年3月9日,萨姆纳和其他4名激进派加入民主党参议员和少数保守派共和党人与约翰逊总统的结盟投了反对票,阻止该修正案获得三分之二多数票。斯蒂文斯被激怒了,因为他总是想着有点收获总比没有好。"在得到该委员会的仔细审查和批准,以及……联合起来的共和党人在众议院投票后,"他后来抱怨说,"它被幼稚而迂腐的批评扼杀了。"11

就在这场辩论进行的时候,国会正在考虑参议员莱曼·特朗布尔在1月份提出的两项议案。其中一项议案旨在延长自由民局的期限。自由民局是国会于1865年3月成立的一个机构,负责监督从奴隶制向自由的过渡。更为重要的是第二项议案,它后来成了1866年《民权法案》,它是第一部宣布谁是合众国公民并规定了所有公民享有的权利的法律。内战之前,"公民权利"就是一个被广泛讨论但界定不清的概念。现在它将被赋予一个精确的法律含义——从本质上来说,这些权利是作为一个自由人的根本权利。国会议员们在关于第十三条宪法修正案的辩论中已经提到了这些权利。现在他们开始明确这些权利是什么,以及如何实施这些权利。

该议案宣布,所有在合众国出生的人,除了"未被课税的印第安人"(他们被认为是他们自己部落主权的成员,而不是这个国家的成员)和"受外国势力支配"的个人,都是合众国公民。这是第一次将出生地公民资格的原则写入全国性法律的议案,这一原则后来被写入了第十四条宪法修正案,只是在措辞上有些许不同。换言之,正如废奴主义者长期以来所要求的那样,这部《民权法案》将公民资格从种族中分离了出来,并废除了德雷德·斯科特案判决。然而,它不仅适用于黑人,而且几乎适用于所有在美国出生的人。它接着还第一次列举了所有"种族和肤色"的公民应该享有的权利:"签订和执行"合同、拥有财产、出庭作证、起诉和被诉,以及"享有为保护人身和财产的法律所规定的完全和平等的利益"。它们本质上就是自由劳动的权利,是在经济市场竞争中所必需的权利。该法案宣称,任何法律或"习俗",都不能剥夺任何公民的这些基本权利,"除非是作为对犯罪的罪犯的惩罚"。特朗布尔坚持认为,这项措施得到了第十三条宪法修正案的充分授权——"这些权利是这条宪法修正案的第一款旨在保障所有人应该享有的权利……随着奴隶制的摧毁,随之而来的必然是对奴隶制的破坏"。[12]

特朗布尔指出,《民权法案》"与政治权利无关"。大多数国会议员仍然认为政治权利是特权或"专有权",而不是根本性的权利。但它的语言直接挑战了其他的种族不平等的表达方式。从此以后,所有公民都必须享有这些被列举的权利,就像"白人公民所享有的权利"那样。这种措辞代表了一个显著的革新。在此之前,"白人"这个概念作为特权的标志一直存在于法律之中(譬如,有法律规定,只有白人才能投票、在民兵中服役或被归化为公民)。此刻,美国白人的公民权利成为了一个基准,一个适用于所有公民的标准,而不受法律歧视的自由首次被列入了公民的权利的清单。各州再也不能制定诸如《黑人法典》这样的法律了。"美国公民的权利",特朗布尔宣称,"意味着一些东西",具体地说,"就是所有阶层的公民之间应该是平等的",而且"所有法律都必须公正无私"。[13]

来自俄亥俄州的国会议员约翰·宾厄姆认为,尽管有第十三条宪法修正案,但国会没有权力以这种方式监管各州的行为。他完全支持法律面前人人平等的原则,但认为有必要制定另一条宪法修正案,赋予其宪法权威。宾厄姆是少数投票反对通过该议案的共和党人之一。然而,大多数共和党人,无论是温和派还是激进派,用《纽约论坛报》的话说,都认为第十三条宪法修正案并没有随着废除奴隶制而

"停止",而是授权国会和联邦法院保护每一个美国人"充分享有他的自由"。就连较为保守的共和党人,譬如参议员斯图尔特也坚称,"我们已经给了他自由,这意味着他将拥有享有这种自由所必须的所有公民权利。"[14]

《民权法案》留下了许多悬而未决的问题。那些列举的权利是否构成"公民权利"(这句短语最初被写入了该议案的文本,但后来因其表述不精确而被删除)的全部范围?黑人领袖要求对公民权利进行全面的解释,他们坚持认为,从这条法律的平等主义语言可以合理地推论出他们长期以来都要求的其他权利,但这些权利并没有被具体提及,即陪审团服务、进入公立学校的机会、平等使用交通工具和公共设施、甚至投票和担任公职的权利。

同样不确定的还有,该措施是否禁止具有种族偏见的阴谋、暴力及私人个体和私人企业的排斥性做法,以及具有歧视性的各州法律和司法程序。第十三条宪法修正案——《民权法案》就是在其权威下通过的——并没有关于"州行为"的条款(也就是说,没有任何措辞涉及限制各州与地方政府及官员的行为范围)。毫无疑问,这不仅适用于公共当局,而且也适用于那些企图把他人当作奴隶的个人。该法案中对"任何人"违反这些列举的权利都将处以刑罚的条款既提到了歧视性法律,也提到了"惯例",即非正式实施的社会规范。这清楚地表明,国会不仅考虑到了法律性歧视,而且考虑到了私人的歧视行为,譬如种植园主限制自由民的就业机会和强迫他们签订不平等的劳动合同等广为人知的做法。但大多数讨论都集中在不公平的州法律上。如果说各州能够制定类似《黑人法典》这样的措施而不受惩罚,一位国会议员问道,"那么我想要知道,那条废除奴隶制的宪法修正案还有什么实际价值?"目前还不清楚,如果各州颁布的法律没有提到种族,而是以歧视性的方式执行,那么会发生什么。密西西比州的一位前州长提到,他所在的州将"不履行劳动合同"的行为定为"刑事犯罪"。他补充说，与《黑人法典》不同的是，这样的措施必须适用于两个种族，"以使之与《民权议案》和谐一致……尽管它主要针对的是自由民"。[15]

特朗布尔本人在讨论这条法律的适用范围时并不是前后完全一致。总的来说，他的重点是将种族歧视从法律法规中去除。在那些"拥有平等法律"的州中，他说，该法案将"没有任何作用"。但他也注意到，不仅是"各州官员"，而且"任何由于他的肤色或种族原因……剥夺他人任何权利的人"都将受到包括罚款和监禁在内的惩罚。而且这条法律的实施条款设想到了联邦法院针对"任何官员——无论是文职人员还是军人——或其他人"的法律案件。此外，一些国会议员已经在谈论后来被称为"州忽视"（state neglect）的原则，即州政府未能充分保护居民的权利和安全本身就是一种可能引发联邦干预的行动形式。[16]

所有这些问题很快就会在关于第十四条宪法修正案的讨论中产生，但在与《民权法案》有关的问题上它们被讨论得更为详尽。这场辩论成为对平等的含义的全面考察。民主党人声称，该议案的"合乎逻辑的结论"就是黑人选举权、公立学校的融合、跨种族的婚姻以及完全的"政治"和"社会"平等——共和党人对此予以强烈否认。反对者还认为，该议案将为联邦体制带来革命性的变化，将一个"自由的、共和形式的政府转变为一个绝对专制的政府"。共和党人坚持认为，这项措施"不会侵犯各州的任何合法权利"。相反，参议员雅各布·霍华德说，它只是把范围扩大到"我们已经让他们获得了自由的那些人享有一个自由人所享有的普通权利"，包括给予"不同种族和肤色的人同样的公民权利"。然而，正如霍华德所熟知的那样，自从这个共和国成立以来，由于南部和北部的美国法律中都包含种族歧视的内容，所以《民权法案》代表了一次显著的背离。它的规定不光限于前奴隶，也不只局限于以前存在奴隶制的各州。而且鉴于它所列举的权利迄今都完全由各州管理,所以它反映了联邦权力的显著增强。詹姆斯·布莱恩后来写道,在内战前,只有"头脑极不正常的人的最疯狂的想象",才可能会设想国会通过一条赋予黑人"所有属于白人的公民权利"的法案。[17]

1866年,联邦政府几乎没有能力继续干预地方事务以保护公民的权利。《民权法案》创造了一位历史学家所说的"在所有州内都存在潜在的国家权力"。如果南部白人"接受了这个新时代",它将仍然是潜在地存在的,但当基本权利受到侵犯时,它就会被触发。具有讽刺意味的是,这条法律的实施机制是以臭名昭著的1850年《逃奴法》为蓝本的。与那条法令一样,该法案允许案件在联邦法院中审理,并设想请陆军、海军、民兵、合众国司法官以及旁观者来实施它的规定。这两条法律都是试图利用联邦权力来保障宪法赋予的权利,并惩罚妨碍联邦权力的公共官员和普通公民。在1850年,它指的是奴隶主有权索回逃跑的奴隶;1866年,它指的是非裔美国人获得真正自由的权利。因此,正如詹姆斯·威尔逊所说,国会"动用了奴隶制的武器库","为了自由的神圣事业",他们挥舞着"奴隶制已经交到我们手中的武器"。[18]

1866年3月27日,安德鲁·约翰逊否决了《民权议案》。两周后,它成为美国历史上第一个不顾总统反对而成为法律的重要法规。一家报纸将约翰逊的否决咨文描述为"对白人的权利所进行的高尚辩护",这个咨文引发了人们对跨种族婚姻、黑人选举权以及国会干预"资本与劳工"关系的担忧。约翰逊认为黑人没有资格享有美国的公民资格,并谴责该议案是今天所谓的反向歧视:"根据该议案,种族和肤色的区别是用来支持有色人种而反对白人种族的。"事实上,按照这种观念,如果扩大非白人的权利就会不知为何将会惩罚占多数的白人,那么安德鲁·约翰逊的幽灵仍然萦绕在我们对种族问题的讨论中。约翰逊的否决和国会推翻否决的做法,使得国会和总统之间的合作不再可能，并加强了共和党人精心酝酿一条宪法修正案的努力，该修正案将把他们对内战后果的理解纳入宪法，不受总统干预，也不受国会多数派的影响。[19]

* * *

就在关于代表席位的宪法修正案以失败告终、《民权法案》在国会获得通过之际，联合委员会正研究另一项提案，该提案在措辞上做了许多修改之后，成为第十四条宪法修正案的第一款，它也是该修正案的核心内容。在有关民权法案的措施出台之前，约翰·宾厄姆就已经提出一条修正案，授权国会通过"所有必要和适当的法律，确保所有人……平等保护他们的生命、自由和财产的权利"。如上所述，宾厄姆的宪法观点有些古怪。不光是因为他几乎是共和党人中唯一一个认为《民权法案》是违宪的人（他甚至投票支持约翰逊的否决），而且在内战前，他就坚持认为，宪法已经包含了不分种族的平等权利原则。然而，各州却没有遵守宪法的规定。补救措施就是通过一条宪法修正案，授权国会实施"所有人在法律面前绝对平等"的原则。[20]

1866年2月初，联合委员会通过了宾厄姆修正案的修订版，授权国会制定法律确保"公民的所有特权和豁免权"以及"生命、自由和财产等权利的平等保护"。宾厄姆指出，该修正案的语言是种族中立性的——该修正案的直接目的是保障黑人的权利，但它也将保护"数十万"效忠于联邦的南部白人，他声称，这些南部白人也在遭受迫害。更广泛地说，它体现了宾厄姆长期以来对平等的承诺，这是美国政府的一项根本原则。民主党人和一些共和党人反对这项提案，认为它赋予了国会在几乎任何议题上通过全面立法的权力。它将"彻底抹杀各州在自己内部事务上的权利和权威"，来自纽约州的保守派共和党人罗伯特·黑尔（Robert Hale）说。来自纽约州的国会议员贾尔斯·霍奇基斯（Giles Hotchkiss）表达了另一种不同的但更有影响力的抱怨，他指责宾厄姆"不够激进"。他指出，提议中的宪法修正案将公民权利的保护完全留给了"国会的反复无常"。如果未来民主党重新获得控制权,却未能利用权力防止各州滥用权力,将会发生什么情况?霍奇基斯认为,明确禁止各州歧视任何阶层的公民,将会更好。霍奇基斯的论点说服了足够多的议员,众议院于2月28日无限期推迟了对宾厄姆修正案的审议。[21]

从处理代表席位和法律平等的失败的宪法修正案,到最终批准第十四条宪法修正案,将是一条漫长而曲折的道路,其间会有许多措辞上的变化。从3月初到4月初,联合委员会甚至没有举行会议,而且一度似乎陷入僵局。迈向解决方案的关键一步是,该委员会决定将所有拟议的宪法修改合并为一条修正案,而不是一系列更为简短的修正案。这是由社会改革家罗伯特·欧文(Robert Dale Owen)首先提出来的,他曾在战争期间担任美国自由民调查委员会(American Freedman's Inquiry Commission)主席,正是该机构提出了自由民局的想法。1866年4月,欧文亲自向撒迪厄斯·斯蒂文斯提交了一份由五部分组成的宪法修正案。它的主要条款禁止任何州或联邦政府在公民权利方面实行种族歧视,并将1876年7月4日定为禁止在投票中实行种族排斥的日期。在此之前,此类歧视将导致一个州在众议院的代表人数减少。

据欧文说,斯蒂文斯大声说,这是他所见过的最好的提案,他很快就把它提交给了联合委员会,经过各种措辞的修改之后,委员会通过了这项提案。但委员会的成员们决定推迟将该议案提交给众议院审议,直到他们的主席、参议员费森登病愈归来。然而,在此期间,来自纽约州、印第安纳州、加利福尼亚州和其他几个州的国会共和党议员警告说,即使黑人选举权被推迟10年,也会在他们的选民中极不受欢迎。由于决定要让该委员会采纳一些可以获得通过的议案,于是斯蒂文斯自己采取行动,删除了黑人选举权的条款。欧文的方案胎死腹中,但将众多条款合并为一条宪法修正案的策略得以保留。"这不是因为它们之间有任何联系,"《纽约时报》解释说,"而是为了迫使国会要么全盘接受,要么全不接受该修正案。"与由一系列独立的宪法修正案组成的《权利法案》不同,第十四条宪法修正案是一个复杂到要么被接受要么就被放弃的提案。联合委员会希望,得到广泛支持的条款将有助于为不太受欢迎的条款赢得批准。[22]

1866年4月底,在经过一系列有点令人困惑的进一步投票之后——在这个过程中,欧文提案的内容被增删,此时几乎无法辨认出它是欧文提出的议案了——联合委员会通过了一项由五部分组成的第十四条宪法修正案,并将其提交给国会。在参议院,它经历了进一步的修改,最重要的是增加了目前修正案的第一句话,这句话把出生地公民资格的原则写入宪法,这种原则在全国和各州都是如此。按照霍华德的说法,这句新添加的话是为了一劳永逸地"解决公民资格这个重大问题",霍华德设法在参议院通过该修正案。霍华德指出,出生地公民资格"已经是美国法律的一部分",即已经蕴含在《民权法案》之中。但是,法律当然可以被废除。"我们想把这个问题,"他继续说,"……置于立法权之外,置于那些想把整个体制连根拔起并摧毁它的人无法触及的范围之外。"第一款的其余部分仍然完好无损。它禁止各州剥夺公民的特权或豁免权,不经正当法律程序剥夺任何"人"——这是一个包括外国人在内的更为广泛的范畴——的生命、自由或财产,以及剥夺任何人受到法律平等保护的权利。"我简直不敢相信,"斯蒂文斯宣称,"任何一个人都不会承认这些规定中的每一条都是公正的。"[23]

* * *

美国公民资格的定义在最后一刻被添加到宪法之中,这一原则使在这个国家出生的几乎每个人都是美国公民,不论种族、国籍、政治背景或其父母的法律地位如何。当今,在这方面美国几乎是独一无二的;大多数国家,包括欧洲的每个国家,都在某种程度上限制自动获得公民资格的途径，使其不仅依赖于出生地，还依赖于族裔、文化、宗教或对非公民父母子女的额外要求。

出生地公民资格，作为第十四条宪法修正案的首句内容，被采纳作为努力清除合众国奴隶制的遗留问题的一部分，仍然是关于美国社会性质的雄辩论述，是同化移民子女的一股强大力量，以及对种族主义悠久历史的否定。诚然，这一原则并没有阻止随后对公民的宪法权利的严重侵犯，不光是对种族隔离时代的非裔美国人，也包括其他群体，譬如第二次世界大战期间被拘留的日裔美国人。尽管如此，将出生地公民资格写入宪法，代表着对将公民资格等同于白人这一强大传统的显著否定，这一原则从一开始就被确立为归化程序之中，并在德雷德·斯科特案中被联邦最高法院将其宪法化。长期以来，自由黑人社区一直生活在一种法律的边缘地带，他们作为美国人的地位不断受到质疑。从托马斯·杰斐逊到亚伯拉罕·林肯，美国一些最著名的政治领袖都曾说过，黑人是永久的外国人，他们的命运的出路在于移出美国，"殖民海外"。第十四条宪法修正案的第一句话也标志着黑人妇女在美国社会中的角色发生了根本性的变化。作为奴隶，她们生下的是财产；现在她们的孩子是这个国家的公民，而不再是南部白人的经济资产。

这种公民资格的措辞尽管似乎足够清晰，但正如一位历史学家所指出的，它并不"完全连贯一致"，而且它的平等主义也有局限性。关于全国性公民资格和州公民资格的具体规定（这是为了防止各州从地方层面拒绝承认美国的公民）令人困惑，并为后来的法院判决打开了大门，这些判决以后者为代价削弱了前者。尽管如此，正如一家共和党报纸在鼓吹批准该修正案时所写的那样："如果说这场战争可以用鲜血写下教训，那就是全国性公民资格的地位必须高于州公民资格的地位。"这些在合众国土地上生活时间最长的人口的地位问题仍然不明朗。与《民权法案》不同的是，该修正案并没有明确排除土著美国人,这导致威斯康星州的詹姆斯·杜立特尔(James R. Doolittle)指责它将赋予"那些野蛮的印第安人"以公民资格。杜立特尔是一名仍然支持安德鲁·约翰逊的重建政策的少数共和党人之一。但该修正案要求公民"要受到合众国的管辖"则是为了把那些生活在印第安人"国家"(nations)的人排除在外。(霍华德指出,它还拒绝给予外国外交官在美国出生的子女以公民资格。)这一用语未能清晰说明不在保留地居住的印第安人的地位。此外,与黑人不同的是,如果说这意味着要印第安人解散部落主权,让他们的土地被白人侵占的话,那么大多数印第安人并不想要这种全国性的公民资格。直到1924年,国会才将出生地公民资格扩展到土著美国人,承认他们是这个政体的成员,但同时也对印第安人的主权观念造成了沉重的打击。

该修正案关于不分种族的出生地公民资格的条款似乎需要对归化法进行修订。从1790年开始,归化法就将从国外成为美国公民的过程限制在"白人"移民身上。1870年,国会将修改这些法律,使黑人移民能够成为美国公民。但是,尽管国会议员明确表示,虽然存在强烈的反亚裔偏见,出生地公民资格扩展到了"华人父母所生的孩子",但直到20世纪,禁止亚洲出生的人被归化为美国公民的做法始终存在。因此,这样一种鲜明的分歧就被写入美国法律中,即来自亚洲的移民无法获得公民资格,而他们在美国生下的孩子则是美国公民。[24]

第一款的其余部分也对美国的法律制度做出了深刻的改变。《民权法案》已经列举了各州不能剥夺的公民的具体权利。第十四条宪法修正案的第二句话是用一般性原则的语言表述的:特权、豁免权、正当程序、平等保护。乔治·布特维尔后来对参议院说,"这些措辞是精心酝酿的结果。"布特维尔是三人小组委员会的成员,该委员会确定了这条修正案的最终形式。这些措辞大部分都包含于原始宪法之中。第一款的大部分内容都出自宾厄姆之手,他有意用人们熟悉的术语对宪法进行了根本性的转换。"我的确模仿了制宪者,"他说;"今天的每一个字……都在我们国家的宪法之中。"这种说法并不完全正确，但每一个词在法律或流行用法上确有其历史，尽管所有这些词都有多种解释，自该修正案批准以来，这个过程就一直在进行。[25]

无论人们是否熟悉，第一款的语言没有一处是不言自明的。甚至在1865年12月国会开会之前，即将成为重建联合委员会成员的缅因州参议员贾斯汀·莫里尔（Justin Morrill）就想知道，"公民权利、豁免权、特权等字眼"是否具有"切实可行"的明确含义，或者国会是否需要"具体说明"它们的确切含义。在关于该修正案的辩论中，不止一位国会议员想知道，公民的"特权或豁免权"是什么？"我不理解"这一条款的意思，来自马里兰州的民主党参议员雷弗迪·约翰逊（Reverdy Johnson）抱怨说。

重建期间最为广泛引用的原始宪法中所提到的公民的"特权和豁免权"，源自1823年布什罗德·华盛顿（Bushrod Washington，他是美国首任总统的侄子）大法官在巡回法院判决中流传下来的解释，这是内战前对宪法的这一条款的解释。这起案件涉及的是一件普通的事情：一项禁止人们在新泽西州以外的水域捕捞牡蛎的法律。列举公民的特权和豁免权的做法"与其说是困难，不如说是无聊"，华盛顿写道。尽管如此，他还是提供了一份由各州"管理"的权利清单，包括受到政府的保护、享有生命和自由、获得财产和上法庭的能力，甚至"追求并获得幸福和安全的权利……在此基础上还可以加上选举权（elective franchise）"。华盛顿称这些权利是"根本性的权利"，就像杰斐逊在《独立宣言》中所说的"不可剥夺的"权利一样，这些权利早于政府的形成，不能被法律剥夺。（但他裁定，它们并没有延伸到其他州的人在新泽西水域捕鱼的权利。）除了投票权之外，大多数这些权利都被包括在了1866年《民权法案》之中。[26]

国会围绕第十四条宪法修正案的辩论（出于语法上的原因，该修正案使用的是特权"或"豁免权，而不是特权"和"豁免权）几乎没有澄清这个问题。此外，用来自佛蒙特州的参议员卢克·波兰德（Luke P. Poland）的话说，公民资格、权利和联邦权威等问题已经在围绕《民权法案》的立法中进行了"如此精心和巧妙的讨论"，所以没有什么可以补充的了。更多的时间花在了其他条款上。参议员雅各布·霍华德在向参议院提交该修正案时，对公民的"特权或豁免权"进行了唯一详细的讨论。他似乎不喜欢这个挑战，担心这"将是一个有点空洞的讨论"。霍华德引用了华盛顿大法官的意见，并补充说，华盛顿的清单并不代表宪法保护的权利的"全部范围"。"除了这些，"他说，"还应该加上宪法中权利法案的前八条宪法修正案保证和保障的个人权利……因此，该修正案第一款的伟大目标，是限制各州的权力，并迫使它们在任何时候都尊重这些伟大的根本保障。"[27]

霍华德提到《权利法案》的例子，强调了重建宪法修正案给联邦体制带来的巨大变化。《权利法案》的目的是限制国会的行动，而不是各州的行动。首席大法官约翰·马歇尔在巴伦诉巴尔的摩案（*Barron v. Baltimore*）（1833）中明确指出了这一点："这些要求保障安全的宪法修正案，防范的是共同政府可能带来的侵犯，而不是地方政府的侵犯。"用法律术语来说，霍华德描述的是《权利法案》的"吸纳"（incorporation），即要求各州遵守其条款，这一进程在20世纪的大部分时间里一直在进行，并持续到21世纪。

约翰·宾厄姆也明确表示，特权和豁免权包括《权利法案》中列举的权利，在事关黑人的问题上，安德鲁·约翰逊建立的州政府公然违反了其中许多条款，包括由"公正的陪审团"审判的权利和携带武器的权利。内战前，宾厄姆是少数几个相信各州实际上受这些修正案约束的人之一。但是，各州违反了这些条款而不受惩罚，在太多情况下，它们已经成为"一纸空文"。他宣称，第十四条宪法修正案将"弥补宪法的这一缺陷"，并"给合众国国会配备……实施《权利法案》的权力"。因此，第十四条宪法修正案中的特权或豁免权条款不仅适用于种族歧视，而且适用于任何剥夺诸如言论自由和新闻自由等公民的基本权利的州行为。许多共和党人指出，南部长期以来都侵犯了这些权利。譬如，在战前，南部各州通过法律，规定在不违反第一条宪法修正案的情况下将批评奴隶制定为犯罪，因为这些是州的法律，而不是国会的法案。[28]

1866年，宾厄姆在十多种场合，以及随后又多次把特权或豁免权条款描述为包含了《权利法案》的内容。然而，在1866年，《权利法案》并没有获得后来在美国法律思想和政治文化中享有的标志性地位，只有少数其他议员提到了它的名字。大多数人更喜欢含糊地谈论"不可剥夺的权利""基本权利""自然权利和个人权利"。这些范畴很可能远远超出《权利法案》所确定的范畴，譬如经常提到的享有劳动果实的权利，或者防止暴力或接受教育的权利。废奴主义者长期以来都坚持认为，如果解释得当，公民的特权和豁免权包括免于所有种类的种族歧视的自由。无论如何，到1870年代中期，第十四条宪法修正案"包含"了《权利法案》的观点，对共和党人而言，已经成为对该修正案目的的几乎毫无争议的最低限度解释。[29]

原始宪法曾提到了各州公民的特权和豁免权。第十四条宪法修正案反而提到的是"合众国的和他们居住州的公民"，并禁止各州剥夺"合众国公民的特权或豁免权"。正如将在本书第四章中所述，最高法院很快就实质性地把该修正案的特权或豁免权条款降低到无足轻重的地位。结果，当《权利法案》后来适用于各州时，几乎总是根据第一款的下一个规定，即禁止各州在未经"正当法律程序"的情况下剥夺任何人的生命、自由或财产。"正当程序"意味着程序上的公平，而不是实质性的权利。这似乎预示着黑人的生命将不再受制于州和地方当局的一时兴起和偏见。然而，随着时间的推移，受到正当程序条款保护的"自由"逐渐包括了《权利法案》的大部分条款，以及《权利法案》没有提到的其他权利，如隐私权。然而，直接从第五条宪法修正案中借用过来的正当程序条款，在 1866 年几乎没有在国会或媒体上得到讨论。然而，在一个方面，它的措辞比该修正案保护特权或豁免权的语言更有包容性。后者仅限于美国公民；正当程序适用于"人"（persons），这是一个更为宽泛的范畴。宾厄姆明确表示，这种措辞上的差异并非无意为之。他说，他希望确保该修正案的这一部分内容保护"这片土地上的所有人，无论是公民还是陌生人"。[30]

第一款的最后一个规定也适用于所有人，而不仅仅是公民。它禁止各州拒绝否认任何人的"法律平等保护"。当然，平等的理念深深植根于美国的政治文化之中。《独立宣言》中有一句激动人心的话，"所有人生而平等"，在大多数国家还都是由君主和世袭贵族统治之际，这是一个激进的宣言。1832 年，安德鲁·杰克逊在他否决重新授予合众国银行许可证的议案中坚称，政府的正确角色，是为所有公民提供"平等保护"。"平等"，林肯在葛底斯堡宣布，是这个国家立国的"原则"（proposition）。然而，与特权、豁免权和正当程序不同，"平等的"这个词并没有出现在原始宪法中（但下述情况除外，即各州享有平等的参议员人数，以及总统或副总统候选人最终获得相同数量的选举人票时会发生的情况）。第十四条宪法修正案第一次将平等提升为所有美国人的一种宪法权利。它使宪法成为一种工具，通过它，那些认为自己被剥夺了平等权利的受侵害群体和个人可以将自己的诉求诉诸法庭。与第一款的其余部分内容一样，平等保护的保证也是种族中立性的，这具有重大后果。近几十年来，法院利用这条修正案扩大了除奴隶后裔之外的许多美国人的合法权利。

"平等保护"可能没有出现在内战前的宪法中，但它存在于人们的讨论中。长期以来，废奴主义者，无论是黑人还是白人，都要求给予非裔美国人平等的法律保护。内战前，宾厄姆就坚持认为，自由黑人不仅是美国公民，而且"所有人的绝对平等，以及每个人的平等保护，都是我们宪法的原则"。在战争刚结束不久，黑人集会的公开呼呼中也使用了这种语言。1865年8月,弗吉尼亚州的黑人代表大会宣称:"我们要求……作为公民,这个共和国的法律应该给予所有人平等的保护。"代表们接着声称,这只能通过"把选举权扩展给我们"来实现。[31]

与美国革命一样,重建也是平等的语言在公众辩论中回响的时刻。"一个真正的共和国,"来自明尼苏达州的共和党国会议员威廉·温德姆(William Windom)说,"建立在全体人民绝对平等的权利基础之上,无论高低贵贱,也不分白人和黑人。"来自伊利诺伊州的一名国会议员说,第十四条宪法修正案的平等保护条款"显然是正确的,人们会发现,没有人会如此铁石心肠,如此残忍,不承认其简单的正义"。甚至连保守的《纽约商业广告报》(New York Commercial Advertiser)也谈起,"要让这片土地拥有平等的法律和平等的权利"。然而,与第一款的其余部分内容一样,平等保护也几乎不是不言自明的。在参议员霍华德看来,关键问题在于这条法律的公正性,而不是其实质内容:"这废除了美国所有的阶级立法,消除了让一个种姓的人接受不适用于另一个种姓的法典的不公正现象。"国会内外的许多共和党人走得更远。詹姆斯·加菲尔德(James A. Garfield)后来将平等保护条款描述为重建时期"宪法中最重要和最有价值的附加条款"。"这是对州政府权力的广泛而全面的限制",他解释说,这不仅要求这些法律"在表面上是平等的",而且必须由政府官员以非歧视性的方式执行。这些讨论大都是泛泛之谈。法律面前的平等是一个新的、难以捉摸的概念,在内战前,这对于黑人来说几乎是不存在的东西。然而,随着时间的推移,平等保护条款将成为从根本上扩大所有美国人权利的工具。[32]

第十四条宪法修正案的第一款主要涉及的是"州行为",而不是普通公民的行为,即防止州政府和官员剥夺公民的基本权利、制定歧视性法律、或以歧视性的方式执行法律。在这一款至关重要的第二句话中，单词"单数的法律"（law）和"复数的法律"（laws）共出现了三次。但是，随着重建的进展，一个更为突出的问题已经在讨论之中，即该修正案是否授权国会采取行动不仅反对法律或政府官员剥夺这些权利，而且还反对个人、组织或暴徒剥夺这些权利。"平等保护"意味着它反对这么做。

1863年，当《全国反奴隶制规范》发表一篇题为"法律下的平等保护"的文章时，它讨论的是警察在纽约市征兵骚乱中未能保护黑人免受暴徒袭击。在战后席卷南部的暴力事件背景下，第十四条宪法修正案中的"保护"一词不仅让人联想到不平等的法律，还让人联想到人身安全。1866年国会的许多讨论，以及联合委员会的许多证词，不仅涉及州法律，还涉及私人党派对自由民和白人联邦支持者的恐吓。加菲尔德谈到，有必要确保公民的权利"不再遭受暴徒反复无常的侵害"。[33]

美国人的公民资格仅仅是一种正式的身份，还是说它带有实质性的权利，即第一款第二句话中提到的"特权或豁免权"？如果是这样，这些权利会被普通公民的行为所废除吗？在随后的重建中，国会将决定，这是根据第十四条宪法修正案，它有权取缔那些妨碍承诺平等的公民资格的私人行为，包括出于种族动机而实施的暴力的受害者，以及被排斥在酒店、交通和其他公共场所之外。但是，正如我们将看到的，最高法院会对州行为采用严格的解读，以显著削弱该修正案的影响。

未来的法学家将把大量精力用于解释第一款的个别规定。然而，在1866年，大多数国会议员都将其称为一套原则，这套原则应被视为一个整体，且彼此相互加强。而尽管其语言的确切含义存在争议，但总的来说，第十四条宪法修正案的第一款从根本上改变了美国人与他们的政府的关系。该修正案主张，联邦拥有对公民资格创造一个新的、统一的定义的权威，并宣布作为公民——或者在某些情况下仅仅是居住在美国——本身就拥有不可剥夺的权利。它宣布，在合众国的每个人都享有一点平等，最终受到全国性政府的保护。用共和党编辑乔治·柯蒂斯（George William Curtis）的话说，第十四条宪法修正案是将"为白人创建"的政府转变为一个"为人类创建"的政府的关键一步。[34]

* * *

正如一位历史学家所写的那样，第十四条宪法修正案的第一款开启了这样一个进程，即权利成为了一个全国性公民资格的属性，而不是一大堆地方性法规、传统惯例和普通法传统，所有这些都是以不平等为基础的。[35] 然而，对平等权利的承诺有其局限性，这一点在该修正案的第二款中已经很清楚。在这方面，重建联合委员会做出了一项几乎不可思议的长期努力，试图解决原先的代表权修正案所力图解决的问题，即南部的政治权力因解放奴隶而增强，以及投票要求与州在国会中的代表权之间的关系问题。原先的提案是惩罚那些因种族原因而剥夺公民投票权的州，现在的提案是，除了叛乱或"其他罪行"以外，剥夺任何"成年男性居民"的选举权，都将导致国会代表名额的减少。这种新的措辞回应了反对意见，即原先的语言使各州能通过表面上没有种族歧视的识字率和财产资格要求，在不受惩罚的情况下剥夺大多数黑人的选举权。它还避免了一些人的担忧，即随着各州试图通过赋予女性选举权来增加本州在众议院的权力，可能随之而来的是"抢夺"选民的行为。现在，无论一个州是否允许女性投票，它对该州的代表权都没有任何影响。

原始宪法对性别只字未提，尽管在描述包括总统在内的联邦官员时使用了大约30次"他"这个代词。《权利法案》对男性的公民自由和女性的公民自由未做任何区分。第十四条宪法修正案中的公民资格、特权或豁免权、正当程序和平等保护条款适用于所有美国人，而且似乎可以用来对抗性别歧视和其他不平等现象。但由于第二款及其对限制男性投票权而不限制女性投票权的州的惩罚，该修正案第一次在宪法中引入了性别区分。

关于这些重建宪法修正案的辩论不可避免地提出了妇女权利的问题。那个时代的妇女运动是从废奴主义发展而来的，而且运用了废奴主义运动的平等主义语言，试图"将黑人男性和女性隐匿在公民之中"。对妇女来说，这意味着消除普通法传统中关于代理权的不平等现象，根据代理权原则，已婚妇女的法律身份被包含在了她丈夫的法律身份之内。妇女应当享有与男人同样的公民权利和政治权利。甚至在国会就第十四条宪法修正案展开辩论之前，废奴主义者和女权运动内部就黑人（男性）选举权的目标是否应该优先于所有人的投票权的问题上已经产生了深刻分歧。重建是"黑人的时刻"吗，就像弗雷德里克·道格拉斯、温德尔·菲利普斯和其他人所宣称的那样，其中许多人长期以来都是妇女选举权的鼓吹者？或者正如苏珊·安东尼、伊丽莎白·斯坦顿和其他女权主义者所声称的那样，重建是一个罕见的修宪时刻，如果浪费了此次机会，妇女权利的事业将倒退几十年？斯坦顿警告说："如果宪法中加上'男性'这个词，我们至少还要花一个世纪才能把它清除出去。"[36]（如果说有什么不同的话，那就是斯坦顿过于乐观了。在她写下这句话一个半世纪后，美国宪法仍然没有加入禁止基于性别歧视的平等权利修正案。）

之前已经领导了一场推动第十三条宪法修正案的大规模请愿的"全国妇女忠诚联盟"，在1865年12月发起了一场新的运动，要求国会禁止各州"以性别为由"剥夺选举权。斯坦顿已经表现出使用带有种族色彩的语言的倾向，在接下来的几年里，她将越来越明显地使用这种语言。她坚持认为，女性不应该"站在一边，眼睁睁看着桑波（Sambo）*先走进王国"。她争论说，黑人男性和白人男性一样，都

---

* 即指黑人。——译者

是性别歧视者，黑人男性一旦获得选举权，"就会成为牵制我们的额外力量"。非裔美国人诗人、小说家和记者弗朗西丝·哈珀（Frances Ellen Watkins Harper）呼吁白人女性摆脱种族主义，与黑人一道为推动所有人的进步而努力，不久她就在南部开始进行为期两年的巡回演讲的行动，在这些活动中，她向无数自由妇女的集会发表演说。"我们都被捆绑在一个人类大家庭中，"她宣称，"社会不可能在自己的灵魂不受诅咒的情况下践踏最弱小最无助的成员。"1866 年 5 月，在美国平等权利协会（American Equal Rights Association）的成立大会上，哈珀与斯坦顿、安东尼等人一起坐在讲台上。该协会成立的目的是为黑人男性和所有女性争取投票权。菲利普斯和道格拉斯恳求该组织推迟要求妇女选举权。一个将选举权扩大到黑人男性的历史性机会出现了，而他们坚持认为，女性的投票权问题不会有机会得到国会或各州的批准。[37]

在第十四条宪法修正案中加入"男性"一词，是由于一系列复杂的妥协造成的结果，这些妥协与华盛顿的政治权力和各州管理投票权的权威有关。在这些算计中，女性的地位问题几乎没有浮现出来。关于第十三条宪法修正案和《民权法案》的辩论已经清楚表明，大多数共和党国会议员并不认为解放奴隶和法律平等的原则会消除包括黑人在内的男性在家庭中的父权地位。黑人男性选举权的支持者所使用的语言本身就把选举权与军事英勇和"男子气概"联系在了一起。这张选票将是对军事服役的奖励，也是黑人捍卫自己和家人的武器。这一提法似乎没有为妇女留下多少争取投票权的余地。要求妇女选举权的请愿书在重建联合委员会审议期间提交给该委员会，国会偶尔也会讨论这个问题。少数议员支持这个想法。但大部分议员不支持。激进派共和党人理查德·耶茨坚持认为，"把女性推入政治斗争的舞台"将会"破坏她的女性特质"。另一位激进派约翰·布鲁莫尔（John M. Broomall）补充说："全家的户主会代表全家人投票。"[38]

就连长期以来都鼓吹女性选举权的查尔斯·萨姆纳也感到，1866年不是"考虑这个问题的恰当时机"。女性的投票权是"未来的一个重大问题，但目前必须放在一边"。萨姆纳尽职尽责地向参议院提交了女性的请愿书，但正如他的死对头费森登含糊其辞地所说的那样，这位来自马萨诸塞州的参议员关于投票权和自然权利的详尽演讲"谨慎地回避了这个问题的另一部分内容"。萨姆纳后来谈到，在寻找代替第一款的内容时，他"写了超过19页大号纸的内容，要求去掉'男性'这个词但同时保留'黑人选举权'作为一项政党措施，但这是不可能做到的"。最后，他提出了一项与最终版本基本相同的提案，如果一个州禁止任何男性公民投票，那么这个州在国会的代表权就会减少。他的一些同事认为，奇怪的是，萨姆纳的方案承认了他曾"竭力批判"的原则：各州限制选举权的权利。萨姆纳回应说，基于财产或教育程度（可能还有性别）的非种族性限制条件是可以接受的，"但肤色原因不行……对这两种肤色的人来说，必须只能有一条规则"。女权主义者和他们以前的盟友之间的分歧，很快就会在第十五条宪法修正案上以更加明显的形式表现出来。[39]

如果说第十四条宪法修正案的第一款通过将个人权利和国家权力的结合，标志着"美国宪政制度的重大变革"，那么其第二款则通过把对投票权的限制留给各州，表明共和党人不愿完全打破联邦制的传统，也不愿废除州和地方"警察"权力的根深蒂固的传统。但他们的联邦制现在设想了拥有前所未有的国家权威来干涉地方事务。虽然该修正案第二款没有赋予黑人选举权，但它第一次规定了剥夺黑人投票权的惩罚，而在内战之前，几乎每个州都剥夺了黑人的选举权。而在第三款中，第十四条宪法修正案力图确保，即使没有黑人选举权，南部的州政府的构成也会使联邦政府的干预变得罕见或不必要。由于这一款内容来自联合委员会，它禁止前南部同盟成员在1870年之前参加全国性的选举投票。但是，参议院不愿取消大量南部白人的选举权，而是代之以一项禁止内战前支持南部同盟的官员担任公职的禁令。

许多观察家，包括撒迪厄斯·斯蒂文斯在内，都认为修改后的第三款内容过于宽宏大量。但在某些方面，它的本意是要比原始版本对前南部同盟成员的投票规定具有更为深远的影响。因为它直接影响到各州对他们的政府的重塑。这与谁将在南部行使政治权力的关系更大，而不只是惩罚叛乱者。立法者们收到了大量投诉，称"几乎所有南部各州的官员都是坚定的叛乱者"。南部政府的行动，尤其是他们颁布的《黑人法典》，以及他们不情愿或无力镇压反对黑人的暴力行为，使国会确信，不能相信他们能把第一款的平等主义原则付诸实施。第三款就旨在阻止共和党人所谓的奴隶主权势的重生，并帮助产生"一个由真正民主的州组成的联邦"。

关键问题是如何确保各州政府尊重权利平等。正如詹姆斯·威尔逊在《民权议案》辩论期间所宣称的那样，国会并没有"为各州制定一部普遍的刑法"。如果各州当局确实保护了所有人的权利，那么公民权利"就可以留给各州"。但如果有必要，"我们必须履行自己的职责，提供各州拒绝提供的保护"。共和党人没有废除联邦体制，但他们确实试图确保，在该体制内，各州将采取负责任的行动。这更容易通过威胁联邦政府采取行动，并在南部建立共和党人认为的"忠诚"政府来实现，而不是通过国家不断干预地方事务来实现。一名共和党议员宣称，该修正案的第三款就传递了这样一个信息，即南部白人"必须培养出一个不同的政治阶层"，这些人"对《独立宣言》中包含的原则要有一定的尊重"。

联邦制延续了下来，但它是一种经过深刻修改的联邦制，这种联邦制承认全国性公民资格的首要地位，认为各州（而不是全国性政府）最有可能侵犯美国人的根本权利。只要将《权利法案》的第一句话（"国会不应制定法律"）与每一条重建宪法修正案最后一句话的开头（"国会应有权力"）进行比较，就可以理解这一点。前者限制的是联邦政府，而后者，正如宾厄姆所解释的，授权联邦政府打击"各州滥用权力"。第十四条宪法修正案的第五款，授权国会制定实施立法，确保界定美国人权利的过程不会以该修正案的批准而告终。共和党人认为这项任务将主要落在国会手中。在辩论中，只有零星提到司法部门保护第十四条宪法修正案规定的权利，尽管联邦法院很快就会宣布有权对国会的实施立法做出裁决。[40]

现代对第十四条宪法修正案的讨论几乎完全集中在第一款，这既是因为其影响深远的规定，也是因为该修正案的其余几条规定几乎没有产生任何司法判例。第二款，即如果各州剥夺了大量男性选民的选举权，那么他们的国会代表权就会自动减少，这一规定从未实施过，即使重建后的南部政府剥夺了黑人的投票权。第三款早已成为历史。第四款也早已被人遗忘，它讨论的是战争中引发的有争议的财政问题。它确保偿还国家债务，并禁止各州或联邦政府偿还南部同盟任何部分的债务，或为失去奴隶财产的前奴隶主提供补偿。民主党人谴责这一款是"为了债权人的利益而修改宪法"。《纽约先驱报》称第四款是"这条宪法修正案的巨大秘密力量"，因为它使美国的主要金融利益与该修正案的批准联系在了一起。（第四款最近引起了人们的注意，因为人们担心国会不提高全国性政府的债务上限，将导致联邦债券违约，从而违反第十四条宪法修正案的这一款内容。）

最后，与第十三条宪法修正案一样，第十四条宪法修正案的最后一款，也是授权国会"以适当立法"实施其规定的内容。这就需要国会来解释该修正案的开放式措辞，确定它所保护的权利的确切性质，并在必要时采取行动确保各州尊重修正案的规定。宾厄姆告诉众议院，这种"对国会的明确授权"，"绝对是美利坚国家性（American nationality）的核心内容"。[41]

尽管民主党人无法阻止该修正案的通过，但他们谴责该修正案违反了美国政治生活的两大准则,即白人至上主义和由各州界定和管制居民权利的传统权力。在《民权议案》通过前的几个月,来自肯塔基州的参议员加勒特·戴维斯(Garrett Davis)在对该议案进行了一场猛烈的种族主义的长篇抨击之后,一位共和党参议员评论说:"说到底还是那句话,黑人就是黑人。"戴维斯针锋相对地回答说:"我所说的全部内容就是这个意思。"民主党国会议员一再将美利坚国家性与"白人种族"联系起来,坚持认为政府"是为白人而制定的",并反对将美国人的公民资格的"优势"扩大到"黑人、苦力和印第安人"身上。印第安纳州的威廉·尼布拉克(William Niblack)称赞首席大法官坦尼"博学、杰出、廉洁",并坚持认为德雷德·斯科特案判决是正确的。民主党人以同样的毅力坚持认为,这条宪法修正案将破坏地方自治的传统,并"把所有权力都注入到全国性政府手中"。[42]

民主党人对该修正案的反对是可以预见的。而共和党人普遍表达的失望情绪却并非如此。许多国会议员似乎像急于指出该修正案所达到的目标那样,急于指出它未能实现的目标。当他将该修正案提交众议院审议时,一贯秉持激进派信念和政治实用主义意识的撒迪厄斯·斯蒂文斯坦率地解释了他支持通过该修正案的原因:"这远远达不到我的愿望,但是……我相信这是在目前的舆论状况下所能得到的一切。我将尽我所能投身于人类事业,让它在更好的时代由更好的人来完善。"就在该修正案最后通过前不久,撒迪厄斯·斯蒂文斯再次表达了他的失望之情,他雄辩地阐述了自己的政治信条:[43]

> 在我年轻的时候,在我成年的时候,在我年老的时候,我天真地梦想着,当任何幸运的机会打破了我们制度的基础,把我们从人类以自由的名义强加给我们的最残暴的义务中解放出来的时候,这个共和国聪慧、纯洁、公正的人们……将彻底改造我们的制度,使它们摆脱人类压迫、权利不平等、公认的穷人的堕落和富

人的上层阶级的一切残余……这个光明的梦想已经消失了,"就像一个毫无根基的幻想"。我发现,我们不得不满足于修补这座古老大厦中最糟糕的部分,让它的许多部分被……专制的风暴顺利通过。你问为什么……我接受这样一个不完美的提案?我回答说,因为我生活在凡人中间,而不是天使中间。

"一届国会,"一位共和党参议员说,"无法带来千禧年。"但是,相当多的共和党人,无论是激进派还是温和派,都与斯蒂文斯一样,表达了失望之情,并认为未来会有更多的战斗。加菲尔德说,联邦国家对成年男子选举权的保障将是不可或缺的;"我们未能……把它镌刻在我们的制度上,我对此深感遗憾"。然而,他投票赞成通过:"我愿意……当我得不到一切时,我希望得到我所能得到的。"当霍华德向参议院提交该修正案时,他宣布他也希望"至少在某种程度上确保有色人种获得选举权",但是各州——不仅是南部各州——还没有准备好"如此根本性的改变"。而可能会鼓励南部各州将选举权扩大到黑人男性身上的第二款,是"该委员会所能做到的最好的事情"。至于萨姆纳,他在最后的辩论中几乎什么也没说,他所能想到的唯一的赞扬是,该修正案是"一个阶段性成果(installment),而不是最终决定"。[44]

由于它没有包括黑人男性选举权,废奴主义者谴责了该修正案。温德尔·菲利普斯称这是"一次致命而全面的投降",并呼吁各州不要批准它。黑人活动家表达了严重的失望之情:他们接受了出生地公民资格的主张,但坚持认为,伴随这一身份而来的应该是享有投票、担任公职、担任陪审员以及其他权利。这条修正案"走得还不够远",《新奥尔良论坛报》抱怨说。虽然马萨诸塞州很快就批准了该修正案,但该州立法机构的两名黑人议员——其中之一的埃德温·沃克(Edwin G. Walker)是著名废奴主义者戴维·沃克之子——是投反对票的少数议员之一。[45]

1866年5月10日,经过几天的辩论之后,众议院通过了由联合委员会提出的第十四条宪法修正案。6月8日,在把对公民资格的定义加入到第一款,并将暂时剥夺主要南部同盟成员的选举权改为禁止他们担任公职之后,参议院批准了该修正案。5天后,众议院同意了参议院的版本。没有民主党人投赞成票,也没有共和党人投反对票。大多数北部州很快就投票批准了,但要成为宪法的一部分,还需要一些南部州的批准。几乎在立刻之间,田纳西州就批准了该修正案。田纳西州现在是由反对约翰逊的共和党人控制的。作为回应,国会同意为该州的众议员和参议员提供席位。但是,对于南部其他州的批准是否也会自动恢复它们在联邦中的正常地位问题,共和党人的意见存在分歧。

这个问题很快就变得没有意义了,因为在接下来的几个月里,在约翰逊总统的鼓励下,南部各州都以压倒性的优势否决了这条修正案。(路易斯安那州州长敦促该州的立法机构批准,但是立法机构一致拒绝了他。"一位州长在立法机构中竟没有一个支持者,这在这个国家的政治史册上是史无前例的",当地一家报纸评论说。)如果激进派共和党人认为该修正案软弱得令人失望,那么南部白人则认为它是对他们州内部事务毫无根据的、甚至是粗暴的干涉。南部的反对集中在实际的政治问题上——由于剥夺黑人的投票权而失去他们在国会中的代表权,"我们公民中最优秀的群体"不能担任公职——以及对白人至上的未来的更广泛的担忧。反对者指责说,国会很可能觉得,它被授权利用该修正案赋予"黑人与白人在政治上和社会上的平等"。南部一家报纸写道,通过同意批准这条修正案而接受这样一种命运,将是一种"自我堕落"。[46]

第十四条宪法修正案的目标很多,也达到了许多目的。除了它真正的理想主义目标之外,这是一项将内战的重大结果纳入联邦宪法的方案，以便当南部各州恢复完全参与联邦事务时，无法撤销这些结果。它也是一份政治文件，旨在充当 1866 年国会选举的竞选纲领。"毫无疑问"，《威斯康星州纪事报》(*Wisconsin State Register*) 宣称，该修正案没有"满足我们党内很大一部分人的观点……不过，这条修正案提供了一个所有人都应该能够站在其上的共同基础。让我们带着他去面见人民吧"。而 1866 年秋季的选举就成为了美国政治中最接近对这条宪法修正案进行全民公投的事件。《纽约时报》说，很少有政治竞选活动"如此专心地只涉及一个问题"。[47] 共和党人在北部各州大获全胜。

再加上约翰逊总统（1866 年秋，他打破政治传统，积极为反对第十四条宪法修正案的国会候选人助选）的继续顽固不化和南部对该修正案的断然否决，秋季选举的结果意味着约翰逊的重建计划的结束。现在，温和派共和党人得出结论说，要确保南部"忠诚的政府"，确保前奴隶享有平等的权利，并使这条修正案获得批准，唯一的办法就是如特朗布尔所说，从约翰逊建立的南部州政府手中"夺取权力"，并赋予黑人男性选举权。就在几个月前，共和党人还在犹豫，但在第 39 届国会第二次会议上，他们迅速达成了支持黑人选举权的共识，这种现象引人注目。从 1866 年 12 月开始，国会在华盛顿特区和西部领地赋予了黑人选举权，并将黑人选举权作为内布拉斯加和科罗拉多组建州加入联邦的条件。1867 年 3 月初，共和党人不顾约翰逊的否决，发起了一项以"激进重建"闻名的跨种族民主试验。除田纳西州外，其他前南部同盟州都被置于临时军事统治之下。它要求新政府由黑人和白人男性选民（南部同盟领导人除外，因为第十四条宪法修正案禁止他们担任公职）选举产生。南部各州被迫采纳新宪法，将不分种族的投票权原则纳入其中。而且它们也必须批准第十四条宪法修正案。[48]

在接下来的两年内，激进重建将付诸实施。新的南部政府采纳的宪法试图为民主、平等的社会缔造一个框架。这些文献以第十四条宪法修正案的语言为基础并扩展了这种语言。佐治亚州将第一款的内容复制到了自己的州宪法中。得克萨斯州禁止州政府"基于种族的原因……"剥夺任何公民的"任何权利、特权或豁免权"。北卡罗来纳州的宪法开头引用的是《独立宣言》，但又在人类不可剥夺的权利中加入了"享有他们自己劳动的果实"的内容。路易斯安那州的宪法宣布，所有公民"应享有同样的公民权利、政治权利和公共权利及特权"。所有这些新的州宪法都禁止基于种族原因的投票权限制，并为白人学生和黑人学生建立了由州支持的公立学校制度（内战前，只有北卡罗来纳州才有公立教育制度，而且只为白人学生开放）。万一南部未来的法律实施不符合这些原则，国会还有权将这种被广泛扩展的权利从州法院移送至联邦法院。联邦政府对美国人权利的监督不会随着南部各州恢复至联邦而结束。[49]

1868年7月，国务卿威廉·西沃德宣布这条修正案已获批准。他的统计包括7个南部州，这些州最初否决了这条修正案，然后，在新的跨种族政府成立后，这些州推翻了自己的决定，批准了修正案。这确实是一个深刻的讽刺。第十四条宪法修正案的起草者刻意避免在其条款中加入黑人选举权。但是，如果南部选举和立法机构中没有黑人男性的投票，这条修正案永远不可能成为宪法的一部分。[50]

考虑到它今天在美国宪法和法律文化中的核心地位，值得注意的是，当时很少有人对第十四条宪法修正案感到兴高采烈。与第十三条宪法修正案不同的是，当国会批准第十四条宪法修正案时，人们并没有欢呼雀跃。与第十五条宪法修正案不同的是，它的批准并没有在全国范围内引发庆祝游行。正如我们所看到的，该修正案是一项妥协，似乎没有人完全满意它的内容。尽管如此，当时的人认为这是法律和政治制度的一次深远的变革。它涉及"政府原则的如此根本性的变化"，纽约市的《商业杂志》写道，以至于"只能被视为美国事务的革命的开端"。随着时间的推移，第十四条宪法修正案将使许多美国人把联邦政府看作是他们权利的最终保护者，并将这些权利的定义扩大到内战前或第 39 届国会所能预期的范围之外。但是，由战争和解放奴隶引起的权利革命还没有完成。第一款的措辞非常含糊，使人无法确定州政府和联邦政府的相对权力发生了多么彻底的转变，以及全国性当局现在保障的是哪些具体权利和应享权利。答案将随着时间的推移而得到解决，并将取决于未来政治权力的平衡。

然后就是黑人选举权这个棘手的问题。根据 1867 年的《重建法案》，黑人选举权目前在南部生效，但在美国其他地区无效。这个问题，颇具影响力的《斯普林菲尔德共和党人报》宣称，"并没有解决"。由于该修正案忽视了这一点，这家报纸继续说，它不能被视为重建问题的"最终解决方案"。宪法还必须再修改一次，以处理投票权的问题。[51]

第三章　投票权：第十五条宪法修正案

1867 年，激进重建的到来，以及随之而引发的南部地区的男性非裔美国人的投票权，激发了该地区历史上前所未有的政治动员浪潮。男性自由民和女性自由民成群结队地参加有组织的集会和即兴聚会。他们聆听包括黑人巡回演讲者、自由民局的代理人和共和党的组织者等在内的演讲人讨论诸如北部选举和国会审议的结果等直接问题，以及更为广泛的主题：美国历史的发展轨迹、民主制度的"优越性"、"公民资格的个人利益"（individual benefits of citizenship）等。许多这样的会议都由武装的黑人守卫着。"至少有一半的黑人男性人口……拥有各种各样的枪支"，密西西比州的一位白人居民报告说，他指出，黑人声称《民权法案》赋予他们拥有携带武器的权利，"不管州法是否反对"。在整个南部，白人雇主抱怨说，黑人劳工在未经允许的情况下放弃了他们的工作，参加新成立的政治俱乐部的竞选集会和会议。"他们说现在他们刚刚开始感觉到他们的自由以及他们与白人男性拥有平等权利"，亚拉巴马州一位监工评论道。[1]

就在第十四条宪法修正案正在等待最终批准的过程中，重写宪法的语言在黑人的政治话语中就越来越突出。一位黑人组织者说："我们让我们人民中最有影响力和智慧的人与他们对话，告诉他们宪法意味着什么。"它最重要的含义就是平等，即可以宽泛定义的平等。1867 年 4 月，在莫比尔召开的有色人种群众代表大会上的讲话宣称："我们要求和白人享有同样的权利、特权和豁免权——我们不要求更多，也不会满足于更少。"与会者对这些特权和豁免权的广泛理解，超越了公民权利和政治权利的传统框架，包括充分和平等地享有所有公共机构和住所的权利。黑人发言人坚称，他们不要求在私人交往领域中的"社会平等"。但平等的公共权利对于平等的公民资格来说至关重要："只要一个公园或一条街道是一个公共公园或街道，那么整个公众就有权使用它；只要一辆汽车或一艘汽船是公共运输工具，它就必须运载所有到它这里来的人。"在整个重建过程中，人们始终诉诸宪法语言。在1875年密西西比州的暴力竞选运动期间，当白人"步枪俱乐部"力图阻止自由民投票时，一位黑人居民给该州州长写信说："难道第十四条宪法修正案不是已经说……未经正当法律程序，任何人的生命和财产都不应被剥夺？它说所有人都享有平等的法律保护，但我说我们黑人根本就没有享受到……这样是对的吗？还是说它是错的？不，先生，这是错的。"[2]

1873年，一位北部记者写道，这些前奴隶自觉地认为他们自己是"新被赋予美国公民所有权利"的个体。而他们的权利观念的核心是选举权。正如历史学家安妮·贝利（Anne C. Bailey）所说，他们把投票权视为"他们的自由的核心和灵魂"。用全国平等权利联盟主席约翰·兰斯顿（John Mercer Langston）的话说，黑人领袖们称选举权是"自治必不可少和不可分割的一部分，因此是自然的和不可剥夺的"。杜波依斯后来写道，黑人不只是为了影响政府和保障他们的利益和权利得到保护，他们还把选举权看作是更大愿望的一部分：受到平等对待，"成为文化王国里的合作者"。部分地是由于黑人的动员，国会共和党人认识到，正如来自马萨诸塞州的国会议员乔治·布特维尔所说："无论这个国家的任何一部分人的愿望、希望或偏见是什么，作为国会和一个政党，我们都无法……回避这个问题。"[3]

随着1867年《重建法案》的通过和实施，美国绝大多数黑人都享有了选举权。但仍有许多人没有选举权，主要是那些从未脱离联邦、因而不受重建影响的边界州的数万人，以及田纳西州的部分黑人。田纳西州在 1866 年批准了第十四条宪法修正案，因而避开了《重建法案》的限制。在北部，也有黑人被剥夺了选举权，但人数更少。地区差异似乎越来越站不住脚。事实上，《波士顿广告报》（*Boston Advertiser*）写道，"关于选举权的法律现状荒谬到了极点"。在南部，这个国家"以其强大的战争权力"要求黑人拥有选举权。北部和边界州可以合理地拒绝给予他们自己的黑人人口现在南部所享有的权利吗？此外，即使南部各州起草了保障黑人男性选举权的新宪法，人们仍然担心，这些条款将来可能会被修改。一条保障全国黑人投票权的宪法修正案似乎可以解决这些问题。此外，越来越多的共和党人现在认为，选举权（至少对于男性而言）是自由不可或缺的一部分，是一种自然权利，类似于《独立宣言》中所列举的那些权利。[4]

然而，黑人的投票问题仍然充满政治风险，1867 年的州选举就戏剧性地说明了这一问题，当时北部民主党人获得了巨大胜利。他们在关键州俄亥俄州的胜利，被普遍认为是共和党人试图通过全民公决在该州建立黑人选举权努力的失败的结果。众议院议长斯凯勒·科尔法克斯得出结论说，共和党领导人大幅度地"走在了人民的前面"。同年，康涅狄格州、堪萨斯州和明尼苏达州的选民拒绝了黑人选举权的提议，堪萨斯州也拒绝将投票权扩大到女性。诚然，说到黑人投票权，这次公投的结果比内战前的类似公投要接近得多。相当多的共和党人投了赞成票，但也有足够多的人与民主党人一道反对挫败这些措施。[5]

1869 年初，来自马萨诸塞州的参议员亨利·威尔逊和来自堪萨斯州的参议员塞缪尔·波默罗伊（Samuel C. Pomeroy）之间的一次交流，清楚地阐明了共和党的困境。威尔逊驳斥了民主党人的指责，即把黑人选举权扩大到整个国家的努力，是出于党派利益的考虑。他坚称，争取种族平等的斗争，让共和党付出的代价，远远超过它可能获得的选票。"今天，在美国每一平方英里的土地上，"他宣称，"倡导这些有色人种的平等权利和特权，在过去和现在都是不受欢迎的。"然而，波默罗伊反驳说，"坚持原则"是共和党存在的理由。如果它放弃了"人类权利的事业和有色人种的权利的事业……我担心这个政党本身不值得保存"。[6]

"黑人问题"，前宾夕法尼亚州国会议员亨利·摩尔（Henry D. Moore）在 1867 年底写道，需要"常识……我们不能一下子克服一生的偏见"。他警告说，北部人民支持南部的黑人选举权，以阻止"叛乱分子和叛国者"上台，但不是在他们自己的州支持黑人选举权。摩尔建议来自伊利诺伊州的国会议员、尤利西斯·格兰特的亲密顾问伊莱休·沃什伯恩（Elihu B. Washburne），共和党的立场应该是，为了确保内战的结果，南部有必要赋予黑人投票权，但是否应该赋予黑人选举权这个问题应该由北部各州的人民自己来决定。

这正是 1868 年 5 月提名格兰特竞选总统的共和党代表大会所采取的立场。该纲领强烈支持国会的重建政策，包括将投票权扩大到"南部所有忠诚的人"。但与此同时，它试图安抚不安的北部人，称国会不会干预各州的投票要求，并宣称"所有忠诚的州的投票权问题，都完全由这些州的人民来决定"。包括查尔斯·萨姆纳和理查德·耶茨在内的一些国会激进派认为，作为第十三条和第十四条宪法修正案的结果，国会有权制定立法，要求所有州赋予黑人选举权。耶茨后来声称，在政纲中加入选举权的条款是为了"排除"这种可能性。无论如何，激进派和黑人领袖对他们所认为的伪善感到愤怒。这份纲领是"温和而又懦弱的"，撒迪厄斯·斯蒂文斯抱怨道。"我们现在不仅仅是在详细阐明一个政府，"他宣称，"我们正在建立一个国家……当你试图脱离[普选权]时，你就不再是男人，而是暴君，应该受到人类的唾弃。" 1868 年 8 月，斯蒂文斯去世，享年 76 岁，这使得国会中的激进派共和党人失去了他们最重要的领袖。[7]

1868年的总统竞选中,黑人选举权的未来成为一个主要议题,这次竞选见证了美国政治史上一些最为公然诉诸种族主义的事件。在宣布奴隶制和脱离联邦的问题"永远解决了"的同时,民主党的政纲抨击共和党人把"黑人至上"强加给南部,并承诺让前南部同盟各州重新"管理选举权问题"。民主党副总统候选人小弗朗西斯·布莱尔(Francis Preston Blair, Jr.),是美国最杰出的政治家族之一的成员(他的父亲曾是安德鲁·杰克逊的亲密顾问,他的哥哥蒙哥马利曾在林肯的内阁任职),他承诺,重建将会被推翻,南部白人将被授权创建新的州政府。他在接受提名的信中指责共和党人把南部置于"一个由半野蛮人组成的异族种族"的统治之下。总统候选人霍雷肖·西摩(Horatio Seymour)避免使用这种煽动性的语言,但布莱尔为民主党竞选定下了基调。该党的主要报纸《纽约世界报》宣称:"并非所有人都是平等的。""种族不同,肤色是区别的标记",这与其他特征一起表明,人们是否有能力投出明智的一票。[8]

1868年夏,来自北部和边界州的一大批黑人代表聚集在巴尔的摩抱怨说,在他们的州,黑人"被系统性地剥夺了选举权,而这是公民资格的首要权利"。然而,共和党人满足于强调格兰特的军事成就,并警告说民主党的胜利将引发另一场内战,他们在竞选期间对黑人选举权问题几乎只字不提。担心这个问题不受欢迎并不是唯一的原因。另一个原因,詹姆斯·布莱恩后来声称,是关于这个话题的政治纲领"明显不公平和怯懦……共和党人在政治竞选结束很久之前就对此深感羞愧"。格兰特的选举胜利有力地推动了在全国范围内赋予黑人选举权的运动。艾奥瓦州和明尼苏达州的选民批准了黑人选举权的公投,表明共和党人可以经受住民众的种族主义。而格兰特出乎意料地以微弱优势获胜(总计300万张选票中只有30万张多数票)清楚地表明,保护南部黑人投票并将其向北扩展具有重要的政治价值,尤其是扩展至边界州，而西摩赢得了边界州中的 3 个州。格兰特获胜三天后，颇具影响力的《费城新闻报》（*Philadelphia Press*）呼吁通过一条宪法修正案，来确保所有黑人都拥有选举权。[9]

12 月，国会的下一次会议一开始，来自新罕布什尔州的参议员亚伦·克拉金（Aaron H. Cragin）就提出了一条修正案，要求禁止各州剥夺任何成年男性公民的投票权，除非"参与了叛乱或其他犯罪"。同一天，宾夕法尼亚州的威廉·凯利（William D. Kelley）向众议院提交了一条提案，要求禁止各州因种族或肤色原因而剥夺投票权。第十五条宪法修正案的许多其他版本很快接踵而至，"没有两个版本是一样的，而且包含了很多不同的原则"，一家共和党报纸说。随着几周的辩论和无数次的投票后，两院都毫不犹豫地改变了主意。但本质上而言，共和党人必须在克拉金和凯利从一开始就提出的方案中做出选择：一条建立统一的全国性标准的宪法修正案，赋予几乎所有成年男性公民以选举权，还是一条禁止使用种族或其他标准来限制投票权，但将其他资格限制留给各州的"否定性的"修正案。第一种可能性代表了一条没有被采取的道路，这条道路将禁止南部各州在 19 世纪末剥夺黑人人口选举权的方法，以及今天大多数州所采取的选民压制措施。[10]

这场漫长而复杂的辩论占据了《国会议事录》数百页的篇幅，涉及公民的权利以及民主政府的要求等整个领域。议员们知道，这是第一次在全国层面对投票权问题进行持续的讨论。最初，辩论的焦点是黑人，但很快就扩大到更广泛地考虑投票权问题。对许多议员来说，认为选举权是"传统的"（conventional）并受到限制的传统观念与那个时代的民主精神格格不入。"现代文明不可能抗拒的趋势"，参议员波默罗伊宣称，"是朝着扩大选举权的方向发展……少数人投票并管理多数人的日子已经一去不复返了"。"选举权，"堪萨斯州的埃德蒙·罗斯（Edmund G. Ross）（几个月前，他在参议院的投票帮助安德鲁·约翰逊在弹劾审判中无罪释放）说，"是一种自然权利……如果说它没有蕴含于宪法的条文之中，它也是内在于宪法的精神并受到宪法保证的……这是保护所有其他权利的基础。"在谈到被解放的奴隶时，他继续说道："没有任何一个支持他从肉体奴役中解放出来的论点，不以同样的力量支持他获得选举权。"[11]

这些辩论还表明，共和党人内部在关于对投票权的哪些限制是合法的，以及平等的原则实际上达到了什么程度等问题上存在巨大分歧。激进派倾向于这样一条修正案，即为整个国家制定一套单一的投票要求，这反映了他们在内战中产生的强烈民族主义意识。投票权应该是"全国统一的"，罗得岛州的托马斯·詹克斯（Thomas Jenckes）宣称。州对投票资格的控制是州主权的遗留物，来自印第安纳州的参议员奥利弗·莫顿（Oliver P. Morton）声称，而州主权是导致美国分裂的思想框架（frame of mind）。"整个谬论"，莫顿说，"在于否认我们的国籍（nationality）。我坚持认为，我们是一个民族（people），而不是37个不同的民族；我们是一个国家，并因此我们为自己制定了一部全国性的宪法"。1869年1月，美国全国有色人种代表大会（National Convention of the Colored Men of America）在华盛顿召开，敦促国会为此制定一条关于选举权的宪法修正案。内战前后，曾举行过许多这样的集会，但现在，近200名代表中，首次包含了许多来自南部的黑人政治领袖和官员。这次代表大会的呼吁将对投票权的要求恰好置于最近"第十四条宪法修正案所宣称'的全国性公民资格上；此后，"任何州都不得仅仅由于肤色原因而剥夺公民的权利"。这些代表指出，"如果各州仍被认为是管理选举权的唯一权力"，那么美国人的自由"永远都不可能是安全的或统一的"。[12]

"我们的目标是，确保这个国家所有成年男性公民都拥有普选权"，马萨诸塞州的乔治·布特维尔宣称。在特维尔试图依照法规重新提出实现这一目标的想法，理由是，投票是第十四条宪法修正案第一款保证的公民资格的"特权或豁免权"之一。这一论点未能解释为什么这同一条宪法修正案的第二款似乎承认各州拥有限制投票权的权利,同时对这种做法施加政治惩罚。加利福尼亚州的威廉·海格比宣称,之所以有必要制定一条宪法修正案,原因之一是要解决"第十四条宪法修正案的第一款和第二款之间的明显冲突所产生的困难、混乱和误解",并确保公民资格以及与之相伴的投票权,"将在这个政府的基础上得到应有的保障"。[13]

国会辩论期间,纽约的《商业杂志》指出,"许多反对黑人选举权的人",现在转而支持它,认为它"是所谓'伟大革命'的一部分,而且我们应该经历这场革命"。从重建时期权利意识的迅速演变可以看出,甚至连来自内华达州的参议员威廉·斯图尔特这样的保守派共和党人,也开始相信,将选举权扩大到黑人是废除奴隶制的"合乎逻辑的结果"。"我们不能就此罢手",斯图尔特宣称。"这是真正废除奴隶制并确保每个人都有保护自己自由的唯一措施。"[14] 但由各州控制投票限制的传统根深蒂固,而许多北部州虽然愿意看到黑人获得选举权,但却不愿放弃这种权力。事实上,与以往的历史模式相反的是,将投票权扩大到包括黑人在内,现在引发的争议要小于改变其他类型的限制。

关于华裔美国人地位的争论帮助塑造了第十五条宪法修正案。在加利福尼亚州、内华达州和俄勒冈州——所有这些州都将投票限制在白人男性范围内——关于第十五条宪法修正案的辩论并不是集中在赋予黑人选举权的后果问题上,而是关注其对该地区的华人未来可能产生的影响。华人的人数约为 5 万,其中大多数是在矿山、铁路和低工资的城市工作的合同工。西部的国会议员表达了该地区强烈的反对华人的偏见。来自俄勒冈州的共和党参议员乔治·威廉斯(George H. Williams)说:"他们现在是、将来也会是政治上专制主义的无知的和痴迷的信徒,宗教上的异教的盲目信徒。"威廉斯警告说,即使是一条限制基于"种族"或"肤色"的投票资格的宪法修正案，将来也可能被解释为适用于华人，从而为投票权打开了大门。来自俄勒冈州的新任参议员亨利·科比特（Henry W. Corbett），对将投票权扩大到黑人（认为这是一项受到"宇宙中伟大的统治者""福佑"的政策）和将投票权扩大到华人（认为这是"一个完全不同的种族"）的公正性进行了鲜明的区分。来自内华达州的共和党国会议员托马斯·费奇（Thomas Fitch）宣布，太平洋沿岸"支持华人选举权"的"美国公民不超过10个"。[15]

如果说这些辩论显示了西部共和党人在对待华人问题上的平等主义的局限性，那么它们也暴露了东部对移民的偏见，尤其是对爱尔兰天主教徒的偏见。《辛辛那提公报》（Cincinncti Gazette）指出，鉴于美国大城市中"犯罪阶层"的规模不断扩大，可能有必要"将选举权限制在"财产所有者范围内。《斯普林菲尔德共和党人报》认为，城市中心地区的高税收率表明，允许贫困移民选举官员是有危险的，这些官员挥霍无度的政策损害了"公民的财产权利"。罗得岛州要求大部分爱尔兰裔移民必须具备投票的财产资格，而本土出生的公民的投票权则没有财产资格限制。马萨诸塞州和康涅狄格州使用识字测试来限制移民投票。来自新罕布什尔州的参议员詹姆斯·帕特森（James W. Patterson）反对任何有关禁止教育资历（educational qualifications）的措辞。"由于种族、肤色或财产匮乏"而剥夺投票权，他坚持认为，"是对我们这个时代文明的暴力侵犯"。但是，为了"保护"选举权不受"无知和野蛮的洪水"的"侵袭"，将选举权向"专断权力的使者、专制政治的奴才"（暗指罗马天主教徒）敞开大门，将使自由本身处于危险之中。并非所有共和党人都分享帕特森的偏见。来自宾夕法尼亚州的西蒙·卡梅伦（Simon Cameron）支持一条内容足够广泛的宪法修正案，涵盖"所有人：黑人、爱尔兰人、德国人和法国人"。他甚至把"中国佬"（Chinaman）也加了进来，宣称："我欢迎每一个人，无论他来自哪个国家。"但是，本土主义帮助破坏了这种"肯定性"（affirmative）修正案的前景。更为复杂的是，密苏里、西弗吉尼亚和田纳西等州的宪法禁止某些前南部同盟成员投票。一条"肯定性的"（positive）宪法修正案将恢复他们的投票权。[16]

* * *

共和党内部在到底谁应该拥有投票权的问题上存在分歧，这有助于解释1869年初通过第十五条宪法修正案的曲折历程。正如一份共和党报纸所解释的那样，"一项肯定性的条款将把整个选举权问题从各州的管辖范围中剥离出来"，并要求"联邦政府对登记和投票进行监督……我们怀疑是否有人认真考虑过我们的制度会发生如此巨大的变化"。正如另一家报纸所宣称的那样，由于"没有半打州"会批准一条肯定性的宪法修正案，所以保证所有成年男性公民投票权的语言从未在两院获得批准。辩论的焦点是，哪些限制性条件是非法的。影响最为深远的语言来自亨利·威尔逊，他提出的第十五条宪法修正案禁止基于种族、肤色、出生地、财产、教育或宗教信仰等理由的投票权歧视。他在参议院的同事雅各布·霍华德反驳说，这种表述太包罗万象了："它预期的是对各州的宪法进行一场彻底的革命。"霍华德倾向于提出一条将选举权限制在黑人男性范围内的宪法修正案。这场辩论没有准确地反映出共和党内的派系分歧。重要的温和派参议员、来自俄亥俄州的约翰·谢尔曼（John Sherman）支持激进派的观点，即要剥夺那些"排斥任何男性公民选举权的各州"的所有权力。谢尔曼补充说，共和党"即将为一种政治信条奠定基础，并为普选权奠定最为广泛、最安全和最好的基础"。他补充说，他将把妇女是否应该投票的决定权留给各州。[17]

然而，许多共和党人担心，一条废除北部各州非种族性投票限制的宪法修正案永远不会获得批准。关于是否将担任公职的权利包括在这条修正案中也存在分歧。一些人担心这将削弱它获得批准的前景。另一些人坚持认为,担任公职是选举权的合乎逻辑的结果,不需要明确提及。《芝加哥论坛报》认为,无论如何,对各州是否限制担任公职做出规定是不必要的。"如果任何一个州的人民想要选举一个黑人、一个中国人、一个日本人、一个爱尔兰人、一个德国人、一名新教徒、一名天主教徒、一名摩门教徒、一名犹太人或一名异教徒,他们都会找到办法做到这一点。"还有人提议要求改变总统选举人的选举方式,或者完全废除选举人团制度。不幸的是,这些提议毫无结果。[18]

关于这条修正案的辩论分歧如此之大,以至于持续了好几个漫长的会议,其中一个会议持续了一整夜,结果证明完全"没有收获"。1869年2月,参议院通过了威尔逊提出的修正案,列出了被禁止剥夺选举权的广泛理由。然而,众议院坚持要求一个范围更小的版本,将禁止以种族为由剥夺选举权,但也提到了担任公职的权利。参议院撤回自己的修正案,批准了众议院的版本,于是,众议院投票通过了一条限制条件更为广泛的宪法修正案,禁止出生地、财产和教育等方面的限制要求,布莱恩后来称众议院的"意见反复无常地改变"。随着国会会期即将结束,参众两院通过的修正案的措辞被提交给一个会议委员会(conference committee),该委员会批准了参议院将禁止理由仅限制在种族范围内的"否定性的"版本,而不再提及两院都已经批准的担任公职的权利,这进一步混淆了问题。[19]

由于该修正案的命运悬而未决,温德尔·菲利普斯出人意料的介入,帮助天平向更为狭窄的语言倾斜。在发表在《全国反奴隶制规范》上的一篇文章中,菲利普斯敦促国会议员"谨慎行事":"这是我们有生以来第一次恳求他们多做一点政治家该做的事,少做一点改革家该做的事。"菲利普斯坚持认为,一条仅限于黑人投票的宪法修正案,是"人们准备占据的全部基础"。如果把"国籍、教育、信仰等问题"加入进来,将会表明我们'完全缺乏常识"。菲利普斯的干预说服了足够多的激进派同意会议委员会的提议，以确保在参议院获得通过。"你的声音"，这项措施通过后，布特维尔告诉菲利普斯说，"拯救了第十五条宪法修正案"。[20]

尽管如此，一些参议员对会议委员会取消参众两院都批准的条款的行为感到愤怒——"这是违反国会会议规定而且几乎是史无前例的"，波默罗伊说。但是，随着休会的临近，除了接受委员会的措辞之外别无他法。然而，7名共和党参议员投了弃权票，其中包括查尔斯·萨姆纳。年轻的乔治·克列孟梭（Georges Clemenceau）为巴黎的一家报纸报道美国的事件时，他把最终版本的"胆怯"归咎于"共和党的内心深处仍然充斥着偏见"。他没有提到这些偏见并不是针对黑人的。采用一个较弱的版本，仅限于消除投票的种族性障碍的做法，并非源于对黑人权利的有限承诺，而是对其他人平等的承诺，尤其是来自中国和爱尔兰的移民，并相信，一条"简单而直接"的宪法修正案最有可能获得批准。[21]

国会几乎没有意识到第十五条宪法修正案的目的可能会被规避。一些议员警告说，这条修正案可能会通过人头税、识字测试以及其他表面上不涉及种族的限制条件而失效，而这些要求在南部主要影响的是黑人。尽管每个人都认为，根据第十四条宪法修正案，这将导致南部在国会的代表权减少，但俄亥俄州的塞缪尔·谢拉巴格（Samuel Shellabarger）宣称，这是一个"几乎致命的缺陷"。"这个种族的主体，由于我们的错误而变得无知和贫困，现在可能基本上都被排除在具有智力或财产资格的选举权（elective franchise）之外。"代表亚拉巴马州重建政府的参议员威拉德·沃纳（Willard Warner）警告说，在不违反该修正案措辞的情况下，十分之九的黑人可能会因为文化程度或财产资格而被剥夺选举权。[22]

第十五条宪法修正案，亨利·亚当斯在国会通过它后不久写道，"没有包含的内容比它所包含的内容更加引人注目"。与使用普遍性语言的第十四条宪法修正案不同的是，第十五条宪法修正案并没有扩大所有美国人的公民资格权利，而是把黑人纳入了一个原本没有改变的选举制度。参议员奥利弗·莫顿抱怨说，除了那些明确针对黑人的选举，"所有现存的不规范和不协调"都没有受到影响。它实施了许多人所说的"公正的"选举权（对白人和黑人平等适用的投票要求），而不是"普遍的"甚至是"男性的"选举权（这将保证几乎所有男性的投票权）。该修正案把全部注意力放在投票权和种族上，没有明确说明选举权与担任公职有关，而是为各州的选举权法敞开了大门。尽管各州的选举权法表面上没有种族偏见，但却剥夺了大多数黑人选民的选举权。[23]

第十四条宪法修正案的主要作者约翰·宾厄姆认为，第十五条宪法修正案过于软弱。在不违反该修正案的前提下，他指控说，"可以建立一个财产贵族制度；可以建立一个高智者的贵族制度；可以建立一个教派的贵族制度"。许多投票支持该修正案的共和党人对此毫无热情。最终的版本是"摆在全国面前最软弱的一个"，沃纳抱怨说，"它不值得我们现在面临的巨大机遇。""我对这种半途而废的提案没有责任"，亨利·威尔逊宣称。"我只是在这么晚的时候把它当作我能得到的最好的东西。"威尔逊对自己版本的失败表示遗憾，而该版本"涵盖了白人和黑人"。莫顿说，这条修正案"远远没有"达到人们的期望。他又补充说，他"感到惊讶"的是，确立全国性投票权的肯定性措辞遭到了会议委员会的拒绝。然而，宪法规定通过禁止某些行为，而不是用肯定性的语言来确立一项权利，这是有先例的，其中包括第一条宪法修正案和第十四条宪法修正案。后来有关投票的宪法修正案，包括赋予妇女和18岁以上成年人选举权以及在联邦选举中废除人头税的宪法修正案，也将以同样的方式制定。[24]

大多数共和党人相信，"除去与最初目的无关的一切"，第十五条宪法修正案更有可能获得所需数量的州的批准。关于剥夺黑人选举权的非种族性手段,"我自己的信念是",布特维尔断言,"永远不会强加这样的限制"。霍华德对此表示赞同,他指出,如果不对白人和黑人采取"同等严厉"的措施,就无法实施对选举权的限制。时间将会证明,这些都是灾难性的误判,没有预见到剥夺选举权的法律的泛滥。这些法律表面上是非种族性的,但实际上却以一种公然带有偏见的方式实施。这正是南部各州在重建后的一代人时间里消除黑人选票的做法。共和党领袖们也没有料到,南部的政治领导人不会介意、甚至很可能会欢迎这样一个事实,即大量较贫穷的白人将因为这些法律而失去投票权。[25]

尽管国会采纳了措辞最软弱的提案,但民主党人和少数保守派共和党人还是谴责第十五条宪法修正案是美国历史上"最具革命性的措施",是共和党阴谋用巩固的专制统治取代由各主权州组成的联盟的最高行为。他们坚持认为,没有决定投票资格的能力,就不能再说各州是自治的。来自康涅狄格州的参议员詹姆斯·狄克逊(James Dixon)谴责该修正案破坏了"政府的整个基础和原则"。然而,与以往的辩论一样,基于对联邦体制内部平衡的关切的论点与公然的种族主义的挑衅并存。一位民主党国会议员将黑人描述为"一个顺从、卑贱、无知和盲目崇拜偶像的种族"。另一位议员提出了许多理由,说明为什么黑人必须被认为与白人不平等,而且不适合获得选举权,其中包括黑人从未产生过重大发明。("我不知道今晚在座的有多少发明家",莫顿回应说。)马里兰州的乔治·维克斯(George Vickers)向参议院解释说,人类被划分为五个种族:"红种人、黄种人、白种人、黑种人和棕色种人。"他宣称,肤色是低贱的"标志",白人应该有权力将其他种族排除在投票箱之外。民主党人指责说,政治平等将不可避免地导致"社会"平等和种族通婚。[26]

1869年3月4日,即国会通过第十五条宪法修正案后不到两周,尤利西斯·格兰特就任美国第十八任总统。他简短的就职演说以请求批准该修正案而结束，他与其说将其视为一个抽象的正义问题，不如说将其视为一种解决"选举权问题"的方式，并确保它不会继续"煽动"公众的思想。与第十四条宪法修正案一样，南部的跨种族政府在很大程度上是由黑人选民选举产生的，事实证明，这对批准第十五条宪法修正案至关重要。已经完成重建的6个南部州很快批准了该修正案，国会要求弗吉尼亚、密西西比、得克萨斯和佐治亚等仍然被排除在华盛顿的代表权之外的州将批准该修正案作为重新加入联邦的条件。在这些州中的前3个州，它增加了一项要求，即它们永远不得修改宪法剥夺公民的投票权或担任公职的权利，或剥夺公民接受教育的权利（这些条款虽然从未被强制实施，但却说明了国会中的共和党人，就像前奴隶一样，现在认为这些权利对公民资格来说是必不可少的）。1869年，前南部同盟的第十一个州，即田纳西州否决了该修正案；它将于1997年批准这条修正案。[27]

与第十三条宪法修正案和第十四条宪法修正案不同的是，北部州和边界州的批准比南部州的批准问题更大。罗得岛州将其批准推迟到1870年，因为担心该修正案会影响该州要求入籍公民拥有134美元的不动产才能投票的规定。"罗得岛州"，温德尔·菲利普斯说，"因为这四个字母，即r-a-c-e，而迟迟不肯批准"，这可能被解释为适用于爱尔兰人。加利福尼亚州和俄勒冈州拒绝了这条修正案，因为它们担心，这一修正案未来可能会赋予华人居民选举权，尽管在这个时候，几乎所有华人都是在海外出生、还没有资格入籍，因而还都不是美国公民。同样拒绝批准的还有肯塔基州、马里兰州和特拉华州，在这些州，该修正案对扩大黑人投票资格的影响最为深远。纽约州批准了该修正案，但民主党人在立法机构获得多数席位后，又撤销了该修正案的批准，联邦政府拒绝承认这种行为的合法性。1870年3月30日，国务卿汉密尔顿·菲什（Hamilton Fish）证实，四分之三的州已经批准了第十五条宪法修正案。那天，37个州中有17个州的法律和宪法条款被废除——这些法律和宪法条款将投票权只限制在白人范围内——这些州都位于北部或南北边界沿线地区。[28]

* * *

与前两条修正案一样，第十五条宪法修正案也标志着美国政治制度的根本变化。它将美国带入了一个"未知地带"，因为就像奴隶制的存在和公民资格权利一样，投票权一直都是由各州决定的问题。尽管有其局限性，但它扩大了选举权，使成千上万以前被剥夺选举权的黑人男性也加入其中，并似乎保证，如果民主党人在南部重新掌权，那里的黑人男性选举权将仍然是有保障的。如果没有第十五条宪法修正案，北部和西部的许多州可能会继续将选举权限制在白人范围内。而这条修正案不久就将被理解为承认黑人享有担任公职的权利。

1870年，该修正案只影响到前蓄奴州以外的一小部分人。但在20世纪，随着大移民运动将数百万黑人带到北部和西部，使他们和他们的盟友在民权运动时期拥有至关重要的政治影响力，它的全国性范围将变得至关重要。然而，由于它被写作的方式，该修正案的目的很容易被有偏见的选民登记方式和刑事司法系统所规避。《波士顿共和报》(Boston Commonwealth)向读者保证，如果任何州试图在投票权方面"做出令人反感和不公平的歧视"，国会和最高法院无疑将"纠正错误"。不幸的是，在1890年代和20世纪初，当南部各州使用非种族性的限制条件，如缴纳人头税和证明有能力"理解"州宪法的条款，来剥夺黑人的选举权时，双方都默认了。[29]

甚至在那之前，许多南部黑人在被叛重罪后就被剥夺了选举权。认为犯有严重罪行的人应该失去投票权的信念在英美历史上根深蒂固，而且不仅限于南部。第十四条宪法修正案第二款规定，各州可以因刑事定罪而剥夺男性公民的选举权，而无需以削减国会中的代表权作为惩罚。1867年的《重建法案》规定，所有男性公民都可以在选举中投票，选出南部制宪会议的代表，"除非因为参与叛乱或普通法中

"众议院通过修改宪法提案的场景"。1865年1月31日,国会众议院通过了第十三条宪法修正案,在大厅和走廊里引起了疯狂的庆祝活动。"这一幕,"一位北部记者写道,"在我们国家的历史上,完全没有先例可言。"
(国会图书馆)

俄亥俄州的约翰·宾厄姆，他是第十四条宪法修正案第一款的主要作者。
（国会图书馆）

马萨诸塞州的查尔斯·萨姆纳，他是美国国会中支持黑人平等的主要人物，也是《民权议案》的主要起草者，在他死后，该议案成为1875年《民权法案》。1883年，最高法院宣布该法案违宪。
（纽约公共图书馆）

宾夕法尼亚州的撒迪厄斯·斯蒂文斯，众议院共和党领袖和直言不讳的激进派。
（国会图书馆）

"国会的重建政策，正如加州的情形所示"。民主党人直截了当地诉诸种族主义，反对将公民资格的权利和政治权利扩展至非裔美国人。这幅取自1867年大选的卡通漫画，把共和党候选人乔治·戈勒姆（George C. Gorham）州长对黑人男性选举权的支持描绘成为华人和土著美国人的投票打开了大门。在左下角，美国的传统象征人物乔纳森大哥（Brother Jonathan）把手放在投票箱上，告诫戈勒姆："年轻人！读读你们国家的历史，要知道这个投票箱是专门为白人种族设计的。"戈勒姆支持的三个人在用汲其夸张的方言讲话。在右侧，一只猴子被带出来参加投票。

（国会图书馆）

"南部的竞选活动"。随着黑人男性选举权的到来，一股政治动员的浪潮席卷了南部。妇女和男子都参加了这些基层集会。
（国会图书馆）

路易斯安那州巴吞鲁日竞选活动的罕见照片，可能发生在1868年。铜管乐队正在推举一位共和党候选人竞选州参议员。路易斯安那州的黑人和白人在观察着这一幕；在右边，一名男子拿着美国国旗。
（安德鲁·D.利特尔收藏，原稿1254-C-042号，路易斯安那与下密西比河谷藏品，路易斯安那州立大学图书馆）

"第十五条宪法修正案的结果"。1870年，第十五条宪法修正案的批准，激发了全国各地的庆祝活动。这幅平版版画描绘了最为盛大的一次此类事件，在巴尔的摩，成千上万的非裔美国人参加了这次庆祝活动。在市中心，身穿制服的黑人警察手持步枪沿着纪念碑街（Monument Street）行进，而一支跨种族的人群则在一旁观看。画面中央是黑人生活的场景：左上显示的是奴隶劳工，右上是美国内战时期的黑人士兵，底部是一间教室和一座教堂，上面的题词是"千禧年已经到来"。图口的人物如下：左侧是激进派共和党人撒迪厄斯·斯蒂文斯、亨利·温特·戴维斯和查尔斯·萨姆纳；右侧是黑人废奴主义者马丁·德拉尼和弗雷德里克·道格拉斯，以及美国第一位黑人参议员海勒姆·雷维尔斯。在顶部，从左至右依次是：亚伯拉罕·林肯，马里兰州共和党法学家休·伦诺克斯·邦德（Hugh Lennox Bond），约翰·布朗，副总统斯凯勒·科尔法克斯和尤利西斯·格兰特。

（国会图书馆）

"山姆大叔的感恩节晚餐"。这是一幅由托马斯·纳斯特(Thomas Nast)创作的版画,它在第十五条宪法修正案批准之前不久出版,描绘了第二次建国时实施的国家共同体(nationhood)的新观念。白人、黑人、亚裔美国人、土著美国人、男人和妇女正在享受一场和谐盛宴,其中"普选权"正位于餐桌的中心位置。墙上装饰着亚伯拉罕·林肯、乔治·华盛顿和尤利西斯·格兰特的画像。右上角是一幅画,画的是纽约的城堡花园(Castle Garden),在埃利斯岛开放之前,欧洲移民就在这里登陆。左下角写着一句格言:"来吧,大家都来"(come one come all),这表明平等的理想既适用于移民,也适用于在美国出生的人。

(国会图书馆)

"众议院司法委员会接见一群要求赋予女性投票权的妇女代表"。妇女活动家们对第十四条宪法修正案中加入"男性"一词以及第十五条宪法修正案未能将投票权扩大到女性而深恶痛绝。这个向司法委员会施压要求赋予妇女选举权的人群包括伊丽莎白·斯坦顿(就坐在讲话人的右边)和苏珊·安东尼(在桌子的最右边)。著名的激进派女权主义者维多利亚·伍德豪尔(Victoria Woodhull)在委员会发表了讲话。

(国会图书馆)

约翰·马歇尔·哈兰大法官,他是民权案例、普莱西诉弗格森案以及最高法院的其他判决的主要异议者,这些判决严重限制了第二次建国的范围。
(国会图书馆)

"第十四条宪法修正案"。这幅1902年的漫画指责国会未能实施第十四条宪法修正案的第二款。南部各州在剥夺了几乎所有黑人男性的选举权后,它们在国会中的众议员席位本应该大幅减少,但这种惩罚从未执行过。
(国会图书馆)

的重罪而被剥夺选举权"。(由于注意到约翰逊在南部建立的州政府宣判黑人犯有"一千零一项微不足道的罪行",撒迪厄斯·斯蒂文斯曾试图将剥夺选举权的理由限制为叛国罪,但没有成功。)大多数关于"肯定性的"第十五条宪法修正案的提案都建立了几乎所有成年男性都有选举权,其中包括剥夺叛国罪、重罪或"其他臭名昭著的罪行"罪犯的选举权的措辞。一个州没有权利因为种族问题而剥夺选举权,来自伊利诺伊州的众议员谢尔比·卡洛姆(Shelby Cullom)宣称,但它"有权剥夺重罪犯的选举权",而大多数国会共和党人似乎都同意这一点。[30]

1870年,当重刑犯的数量相当少的时候,没有人能预料到后来监禁人数增加的后果。威拉德·沃纳,曾警告非种族性测试可能会消除大部分黑人选民的选票的危险性,他向同事们保证说,"剥夺选举权的权力和剥夺罪犯的资格的权力是非常有限的,可能并不是一个危险的让步"。然而,在重建结束后,南部立法机构将大大增加被认为是重罪的犯罪数量,黑人将发现自己比白人更频繁地陷入司法体制之网。

真正肯定性的第十五条宪法修正案(即不允许剥夺那些被控犯罪的人的选举权)可能会在重建结束后阻止操纵刑事法律来剥夺黑人的选举权,更不用说今天的这种情况,即数百万人,其中一半已不在监狱中,由于州剥夺重罪犯的选举权的法律而不能投票。这些法律没有提及种族,因此被法院认为没有违反第十五条宪法修正案。但是,由于我们的警察和司法系统固有的种族主义,刑法对美国黑人有着不成比例的影响。如今,近7%的成年黑人因为被判重罪而不能投票。而且在一些州,即使是那些因轻罪而被监禁的人,或者在没有被定罪的情况下等待审判的人,实际上也被禁止参加投票,因为没有为他们制定投票的条款规定。所有这一切都会使投票支持第十五条宪法修正案的国会议员感到震惊。[31]

尽管有其实际的局限性，但在19世纪美国历史的背景下，第十五条宪法修正案是一项非凡的成就。它确认，奴隶制度结束后仅仅几年，非裔美国人就成为了这个政治体（body politic）的平等成员。它的批准引起了广泛的庆祝。一向沉默寡言的格兰特向国会发表了一份声明，称赞这条修正案是"自我们的自由政府建立以来最重要的一项举措……这是自这个国家成立以来发生的最重要的事件"。黑人称该修正案是美国的"第二次诞生"，是"比1776年革命还要伟大的革命"。来自南卡罗来纳州的黑人废奴主义者马丁·德拉尼（Martin R. Delany）此刻正在重建政治中寻求一席之地，他报告说，自由民相信，多亏了这条修正案，"宪法已被激进的国会清除了肤色限制"。（德拉尼认为，这是白人共和党人散布的一种误解，他们试图说服黑人选民，他们没有义务投票给自己种族的人——比如他自己——竞选政治职位。）黑人宗教领袖看到了上帝之手在发挥作用。非裔卫理圣公会（African Methodist Episcopal Church）主教杰贝兹·坎贝尔（Jabez Campbell）宣称，该修正案的批准代表着"上帝对美国奴隶制的谴责的最后封印"。[32]

全国各地的黑人社区都举行了庆祝活动来纪念该修正案的批准。在杰克逊的一次集会上，密西西比州黑人州务卿詹姆斯·林奇（James Lynch）称，第十五条宪法修正案不仅体现了《独立宣言》的理想，而且是民主在全球传播的一部分，体现了19世纪的进步精神。在纽约市，"有色人种……全体出动"，在百老汇大街上，7000名黑人参加了庆祝游行（就像宪法本身一样，男性和女性是分开游行的）。最大规模的庆祝活动发生在巴尔的摩，大约1万名群众参加了由黑人军团、民兵公司、工会、兄弟会和其他组织组成的游行活动。[33]

废奴主义者称赞这条修正案是反奴隶制运动的高潮，是该运动取得的"最重要的胜利"。在奥尔巴尼举行的庆祝活动上，兴高采烈的弗雷德里克·道格拉斯宣称："革命从未像现在这样彻底。""我们已经拥有我们所要求的一切，而且超出了我们的预期。"威廉·劳埃德·加里森欢欣鼓舞地说："在所有历史上，再也没有什么能与这次奇妙地、平静地、突然将 400 万人从拍卖台转到投票箱的事件相媲美了。"第十三条宪法修正案获得批准后，美国反奴隶制协会决定不解散，但现在它认为自己的使命已经完成。国会批准该修正案之后不久，在 1869 年 5 月的年会上，美国反奴隶制协会宣称该修正案是"我们运动的顶点和终点；实现了我们对黑人种族的承诺"。它敦促废奴主义者为该修正案获得批准而进行最后一场战斗，并提出了一个不同寻常的建议，即如果有必要，为了保证该修正案获得批准，国会应在得克萨斯州（正如授权兼并这个孤星共和国的 1845 年法律那样）之外开辟出新的州。将近一年之后，即该修正案批准之后不久，美国反奴隶制协会就解散了。温德尔·菲利普斯得意洋洋地宣称，美国"在宪法中采纳了这个社会的最初承诺——保障作为男性和公民的有色人种的所有权利。"亨利·加内特（Henry Highland Garnet）牧师长期以来一直是黑人激进主义的代言人，他发出了一个不和谐的声音，坚持认为仍然需要一个致力于提升非裔美国人地位的组织。但是解散协会的投票几乎是全体一致的。[34]

然而，有一个著名的改革派团体认为没有理由庆祝。尽管该修正案禁止基于种族的投票限制，但它并没有赋予女性选举权，导致了那个时代女权主义运动的分裂。有些妇女活动家把第十五条宪法修正案看作是迈向普选权的一步。但大多数人谴责它为妇女权利设置了新的障碍。在华盛顿的一次会议上，正在讨论该修正案时，资深黑人废奴主义者罗伯特·珀维斯（Robert Purvis）（他所在的宾夕法尼亚州在 1837 年剥夺了黑人的选举权）宣称，"尽管他对自己被剥夺了公民的全部权利感到愤怒，但他可以等待大门敞开，接纳所有人，包括他的女儿和儿子。"于是，珀维斯的儿子站起来说，当他有投票权时，他将向妇女敞开投票的大门。对此，珀维斯回答说："我不相信你。"珀维斯知道，有些黑人和白人有着同样的父权观。1869年1月，在华盛顿召开的、要求通过第十五条宪法修正案的全国有色人种代表大会的一些男性代表，反对女性代表、宾夕法尼亚州的哈里亚特·约翰逊（Harriet C. Johnson）出席。经过激烈的辩论，约翰逊被允许出席，尽管她似乎没有在会议过程中发挥什么作用。[35]

当然，通过参加群众会议、分发请愿书和参与争取使用公共设施的斗争，妇女已经显示了她们在政治上采取行动的能力。而且与第十四条宪法修正案不同的是，第十五条宪法修正案没有包含"男性"这个字眼。在它的措辞中，没有任何规定要阻止各州赋予妇女投票权，事实上，在19世纪的晚些时候，有些州即将采取行动赋予妇女选举权。但是，在选举权是唯一最重要的政治身份象征的国家，像苏珊·安东尼这样的女权主义领袖认为，该修正案是一种"羞辱"，它让女性成为"各州囚犯和精神病院之外唯一被判定不具备投票能力的人"。安东尼的长期合作伙伴伊丽莎白·斯坦顿用更加激烈的语言表达了她的失望情绪。第十五条宪法修正案，她指责说，将使"每个女人都比每个男人低贱"。斯坦顿发出了带有种族、族裔和阶级偏见的不良声音。这条修正案，她宣称，"将让无知的中国佬、把他们的妻子与牛和马套在一起犁地的德国人，以及南部黑人，成为我们受过教育的妇女的统治者。"她毫不掩饰地提到了黑人施加的性侵犯的潜在危险，她警告说，该修正案将使"黑人男性和所有女性"相互对立，导致"对女性的可怕暴行，尤其是在南部各州"。[36]

1867年，斯坦顿和安东尼在堪萨斯州与臭名昭著的种族主义分子乔治·弗朗西斯·特雷恩（George Francis Train）一起为争取妇女选举权而进行的竞选活动，遭到了许多废奴主义者的严厉批评。加里森称特雷恩是一个"疯疯癫癫的脑残小丑"。她们反过来又对她们所认为的被男性废奴主义者抛弃感到愤怒，这些废奴主义者此前曾支持女性投票。斯坦顿认为，第十五条宪法修正案至少会澄清围绕妇女权利的斗争的性质："这将是男性与女性的对决，整个世界都将如此。"[37]

并不是所有妇女选举权的支持者都同意斯坦顿和安东尼的观点。在1869年5月的一次暴风雨般的会议上，美国平等权利协会在激烈的争论中解散了。弗雷德里克·道格拉斯指责斯坦顿将黑人称为"桑博"（Sambos），并抱怨黑人园丁和靴童会比杰斐逊和华盛顿的女儿们更早获得选举权。"杰斐逊和华盛顿的女儿们和其他人的女儿们之间有什么不同？"他问道。道格拉斯敦促女权主义者接受第十五条宪法修正案。弗朗西斯·艾伦·沃特金斯·哈珀（Francis Ellen Watkins Harper）同意他优先考虑黑人男性选举权的观点，坚持认为这将使整个种族受益。她呼吁会议接受这个提议中的宪法修正案，然后发起一场运动，要求通过一条赋予女性选举权的宪法修正案，大多数（但不是所有）黑人女性活动家都采纳了这一立场。反对者坚持认为，第十五条宪法修正案将把美国政府转变为"一个以性别为基础的贵族制政府"，除非有赋予妇女投票权的第十六条宪法修正案，否则不应批准第十五条宪法修正案。

资深白人废奴主义者、女权主义者露西·斯通（Lucy Stone）注意到，这两种立场"或许都是正确的"，她得出结论说，妇女运动应该支持即将出台的宪法修正案。到年底，斯坦顿、安东尼和他们的追随者们成立了全国妇女选举权协会（National Woman Suffrage Association），为争取妇女投票权而独立工作，而哈珀、斯通、艾比·凯利（Abby Kelley）等人则成立了美国妇女选举权协会（American Woman Suffrage Association），她们与共和党有联系，支持第十五条宪法修正案。如果她因为该修正案排斥女性而未能支持黑人男性获得选举权，凯利宣称，"我就会认为自己是个自私的怪物。"1840年代，作为一名巡回废奴主义演讲家，在争取女性在公共场合发言的权利方面，凯利比任何其他人做得都更多。[38]

在关于第十五条宪法修正案辩论期间，要求赋予妇女选举权的请愿书大量涌入国会。1869 年 1 月，参议院收到了一份"四码长"的议案。一些激进派共和党人支持这项事业。乔治·朱利安提交了一条修正案，禁止"基于种族、肤色或性别"的投票权歧视。然而，大多数共和党人拒绝承认，禁止赋予妇女选举权与她们认为选举权是一项根本权利相矛盾。他们求助于所谓的性别间的先天差异观点（许多人现在已经放弃了黑人和白人之间的差异的观点）。有些人援引"代理权"原则，即女性被委以家庭生活，而男性则主导公共舞台。参议员洛特·莫里尔（Lot Morrill）说，赋予女性投票权，将"颠覆家族政府的基本原则，在家族政府中，无论从惯例还是法律上看，丈夫都是人类和上帝的代表"。宾厄姆否认多数派有权剥夺其他公民的投票权，但很快又补充说，"那指的是男性公民，因为这就是宪法中'人民'这个术语的含义。"约翰·谢尔曼呼吁通过一条包含"普选权"原则的宪法修正案，他解释说，"普选"意味着各州没有权力"因年龄、居住地和性别以外的任何原因"歧视公民。《纽约时报》称，支持第十五条宪法修正案的一个"有力论据"是，通过解决投票权问题，它将结束争取妇女投票权的"煽动"。《斯普林菲尔德共和党人报》以不可思议的先见之明预言说，要过 50 年才能将赋予妇女选举权的修正案加入宪法。[39]

* * *

第十五条宪法修正案的批准标志着第二次建国的完成。但宪法条款并不是自我实施的，也不会自动获得普遍的默认。人们很快就会明白，对于相当多的南部白人来说，奴隶制可能已经消亡，但对白人至上的崇尚肯定不会消亡。从重建一开始，暴力就在前蓄奴州地区泛滥开来。跨种族政府的出现和第十四条和第十五条宪法修正案的批准加剧了这种情况。在南部的许多地方，自由民新赢得的权利，以及设法实现和保护这些权利的政府，都受到持续不断的攻击。1860 年代末和 1870 年代初，三 K 党是一连串暴力事件的主要肇事者。内战结束后不久，三K党在田纳西州成立，并在该地区蔓延开来。它的攻击、纵火和谋杀活动针对的敌人非常广泛，包括当地共和党官员和组织者，与白人雇主、学校教师、跨种族伴侣发生争执的黑人，以及"无用的牲口"（scalawags），也就是民主党人所称的与共和党结盟的南部白人。尽管三K党成员声称，他们的动机是为了保护白人女性免受男性黑人的侵犯，但对黑人妇女的性侵犯成为他们暴力活动的一个普遍特征。尤其是在黑人和白人人口或多或少地旗鼓相当、政治力量平衡不确定的县，三K党的行动演变为针对任何被控公然藐视白人至上传统的人的极端暴力。[40]

黑人认为普遍存在的暴力行为是为了限制他们的自由，剥夺他们新近赢得的权利。"在法律面前谈论平等有什么用"，一名前奴隶写道。"没有任何用。"黑人妇女关于她们所遭受的暴行的公开证词扩大了自由和公民资格的概念，包括身体完整和免受身体伤害的权利。暴力受害者向官员们报告此类行为，并在法庭上寻求赔偿则冒着进一步遭受报复的风险。要求获得保护的信件和请愿书涌入南部各州州长的办公室，当他们被证明不愿意或不能采取行动时，这些信件和请愿书就涌向国会和总统。"在这个州的有色人种中，生命、自由和财产是不受保护的"，一群肯塔基州的黑人在1871年写道，他们要求通过一项"将使我们能够行使公民权利"的全国性法律。同年，田纳西州——该州政府已被置于民主党的控制之下——的一场黑人代表大会发表了当地的报告，详细描述了他们的权利在该州不同地区受到侵犯的方式，包括对暴力犯罪者缺乏采取应对行动。"我们很高兴第十五条宪法修正案获得通过，"蒙哥马利县的报告称，"但我们很遗憾地获悉，根据宪法，我们没有得到公正的对待。"这次代表大会认定，田纳西州政府"违反了《民权议案》和修改后的合众国宪法"。但是，即使在共和党仍然控制着的南部大多数州，政府也发现很难镇压这些暴力行为。由于地方官员的瘫痪，黑人越来越多地指望"共同政府的铁腕手段"。佐治亚州玛丽埃塔市（Marietta）的一位黑人领袖告诉调查三 K 党的国会委员会，这些前奴隶"希望得到华盛顿联邦政府的保护……你去问那里的任何一个黑人，哪怕是最无知的人，他们都会这样告诉你"。[41]

普遍存在的暴力将人身安全问题以及联邦政府确保人身安全的责任推到了有关权利和公民资格的讨论的中心。宪法保障的权利能否因私人暴力行为而失效？这条修正案是否只保护黑人免于遭受州直接制裁的暴力行为的侵害，譬如 1871 年肯塔基州民兵成员使用州军火库中的武器对黑人实施私刑？[42] 赋予国会实施这三条重建宪法修正案的条款的权限范围是什么？

在 1870 年和 1871 年，不止一位南部共和党人对他们所说的三 K 党的"恐怖统治"感到愤怒，其结果就是产生了试图应对这些问题的法律，这些法律通过大幅扩大联邦政府的权力，保护公民免受暴力行为的侵害，而这些暴力行为剥夺了公民受宪法保障的权利。国会通过三项《实施法》（Enforcement Acts）力图利用联邦权力来补救法律和秩序的崩溃。第一项《实施法》是一部冗长而复杂的法规，它成为联邦政府在接下来的四分之一世纪里保护投票权的基础。它规定要对以下行为进行惩罚：基于种族原因而歧视选民的各州官员，使用武力或恐吓阻止个人投票的"任何人"，以及两个或两个以上乔装打扮的人（三 K 党成员经常这样做）去阻止宪法"授予或保障"的任何权利的"自由行使"。它授权联邦执法官逮捕侵犯公民宪法权利的罪犯，并将这类案件的审判权交给联邦法院（在联邦法院，陪审员必须宣誓他们从未支持过南部同盟）。它还重新制定了 1866 年的《民权法案》，其中包括将"人身和财产安全"列为美国公民资格的一项权利，并将该法的保护范围扩大到所有"人"，而不仅仅是公民。该法案的提案人、来自北卡罗来纳州的参议员约翰·普尔（John Pool）明确表示，他的目的不仅仅是惩罚各州的行为。为了实施第十四条和第十五条宪法修正案，他宣布，有必要对个人和公职人员采取行动。"如果我们不拥有这项权利，"他补充说，"在这个联邦的许多地方，公民的自由的确面临着巨大的危险。"

第二项《实施法》主要针对的是北部民主党的行为，重点打击大城市里的投票违规行为。第三项《实施法》的名称是《第十四条宪法修正案实施法案》，但俗称1871年《三K党法案》，它将密谋剥夺公民的选举权、担任陪审员的权利或享受平等的法律保护的权利等行为定为联邦犯罪行为，这些罪行可以在联邦法院被起诉，并授权总统暂时中止人身保护令状和使用武装部队镇压此类阴谋。它赋予全国性政府对以前完全属于州和地方执法范围管理的罪行以管辖权。[43]

《三K党法案》明确宣布，未能提供防止暴力的保护，"是州否认平等的法律保护"行为，从而将州忽视的概念纳入到了全国性立法之中。即使第十四条宪法修正案针对的只是州采取的行为，印第安纳州的约翰·科伯恩（John Coburn）宣称，"对于侵犯广大公民权利的罪犯，未能将其逮捕、审判、定罪或惩罚等系统性问题"，本身就违反了平等的法律保护。如果一个不作为的州允许公民的权利"被不区分肤色的法律践踏"，另一位国会议员问道，"那么宪法对其公民来说还有什么用？"来自新泽西州的参议员弗雷德里克·弗里林海森（Frederick T. Frelinghuysen）说，不管是否有意为之，不作为都触发了"共同政府的宪法权利，即确保美国公民的根本权利得到保护"。[44]

来自南部的黑人国会议员和白人国会议员对这些法律进行了全面的辩护，他们把自己的观点放在"广泛的权利层面"以及具体的宪法条款上。他们对密西西比州的海勒姆·雷维尔斯（Hiram Revels）——他是一位生而自由的牧师和教育家，也是合众国参议院第一位非裔美国人议员——所说的"法律的技术性细节"表示不耐烦，譬如对干涉宪法权利行使的公共行为和私人行为加以区分。"别告诉我什么宪法，"约瑟夫·雷尼（Joseph H. Rainey）宣称，"这部宪法没有把一个国家的人民置于其合法权力之下。"雷尼是一位来自南卡罗来纳州的黑人国会议员，他的父亲是一位成功的理发师，在1840年代为全家人赎买了自由。雷尼明确表示，他所说的需要得到保护的人，指的不仅是南部的黑人，也指南部的白人共和党人。他补充说，如果宪法不能"保障生命、自由和财产的安全"，就应该将其"搁置"起来。[45]

这些《实施法》将内战所带来的联邦权力的增强，推到了这场宪法革命的外部极限。各州一直对谋杀和袭击等罪行拥有专属管辖权。詹姆斯·加菲尔德问道，联邦政府能惩罚违反州法律的公民吗？他宣称，"这实际上将废除"各州的"司法管理权"。针对这个问题，现在代表马萨诸塞州的国会众议员、内战时期的将领本杰明·巴特勒回应说："如果联邦政府不能通过制定法律来保护合众国公民在各州的权利、自由和生命，那为什么还要把对这些根本权利的保障写入宪法呢？"[46]

民主党人谴责这些法律是对地方和州当局前所未有的侵犯，是政府"中央集权"的"至高行为"。有些共和党人虽然重视这些宪法修正案授权的法律，或者加菲尔德所说的"赋予国会惩罚违反这些宪法修正案授权的法律的一般性权力"，但他们撤回了允许暂停正常司法程序的条款。少数人甚至反对联邦实施法律的整个理念。在围绕《三K党法案》的辩论中，在参议院代表密苏里州的卡尔·舒尔茨表示，保持地方自治传统的完整性，甚至比"保护这个共和国公民的权利的高度责任"更加重要。莱曼·特朗布尔抱怨说，《三K党法案》将"改变政府的性质"。他坚持认为，第十四条宪法修正案只保护源自全国性公民资格的权利，而不保护源自州的公民资格的权利（我们将在下一章看到，最高法院不久即将在屠宰场案判决中援引这一区别）。舒尔茨和特朗布尔已经开始疏远共和党。1872年，他们将与其他不满格兰特政府、厌倦重建的共和党人一起，组成自由派共和党人运动。

只有三名共和党参议员和他们一起反对《三 K 党法案》。但其他国会议员表达了保留意见。马萨诸塞州的亨利·道斯（Henry L. Dawes）表示，他不愿意投票支持《三 K 党法案》，但另一种选择是"放弃试图保障美国公民的这些宪法赋予他的权利的努力"。[47]

共和党人明白，军事力量有时对黑人行使新权利而不受暴力报复的能力至关重要。尽管联邦军队对待黑人的记录并非没有瑕疵，但从重建初期起，它的存在使自由民能够为他们所获得的自由赋予意义。但是，在民政事务中使用军队的做法与民主传统背道而驰。然而，在1871 年和 1872 年，格兰特总统利用这些《实施法》赋予他的权力镇压了三 K 党。联邦执法官在南部许多地区逮捕了三 K 党成员。在北卡罗来纳州，两年没有采取行动的军队有力地镇压了三 K 党组织。总统暂停了南卡罗来纳州 9 个遭受暴力蹂躏的县的人身保护令状。军队逮捕了数百名三 K 党成员，该组织的领导人逃离了该州。具有讽刺意味的是，有些三 K 党成员追随内战前逃亡奴隶的足迹，到加拿大寻求庇护。随之而来的是一系列广为人知的审判。总的来说，在 1871 年至 1873 年间，联邦检察官根据《实施法》提起了近 2500 起刑事案件，主要是阴谋阻碍投票，或因种族原因剥夺一个人受法律平等保护的权利。他们没有指控被告犯有谋杀或袭击罪，以避免联邦政府是否可以惩罚违反州法律的行为这个问题。[48]

利用联邦司法程序镇压暴力并非易事。1870 年才成立的司法部，当时人手不足。这些审判使联邦法院应接不暇。许多被告都是他们所在社区的重要成员，而当地白人也不愿提供不利于他们的证据。不到一半的案件最终被定罪，但这些案件，加上大规模联邦行动的力量，击垮了三 K 党。与此同时，随着民主党人与自由派共和党人一起提名备受尊敬的反奴隶制编辑霍勒斯·格里利竞选总统，全国和地方上的民主党领袖开始采取行动，镇压南部的暴力活动。他们担心，南部的暴力活动将疏远北部选民。著名的民主党金融家奥古斯特·贝尔蒙特

（August Belmont）警告说，除非民主党说服公众"我们打算接受……宪法的现状"，否则该党永远不会重新掌握全国性权力。1872 年，民主党的全国性纲领突然宣布否定了民主党以前的学说，宣布该党反对"重新讨论第十三条、第十四条和第十五条宪法修正案所解决的问题"。那一年南部的选举是整个重建期间最平静的选举。在全国范围内，格里利的竞选被证明是一场灾难；在 19 世纪的总统竞选中，格兰特以最大的优势再次当选。[49]

* * *

随着第十五条宪法修正案的批准，乔治·克列孟梭向他的法国读者报告说："解放奴隶的革命现在结束了。"然而，即使在庆祝演说和社论中，也出现了不祥的迹象。当国会批准该修正案时，格里利的《纽约论坛报》称赞它"使我们的实践符合我们的原则"，但补充说，它将"把永久存在的黑人问题永远带出全国性政治"。格里利不切实际的总统竞选失败了，但它表明，至少有一些著名的共和党人现在对南部白人的抱怨表示同情。南部白人抱怨说，重建不明智地把社会的"自然领袖"排除在政治权力之外，导致了腐败和恶政。1872 年，南部一所黑人学校的一名白人教师指出，镇压三 K 党的一个教训是，只有"权力的强大力量……才能维持黑人这些用鲜血换来的特权"。然而，许多共和党人相信，联邦政府的干预必须结束。詹姆斯·加菲尔德宣称，"在这个国家，自由与奴隶制之间的伟大斗争"已经结束，自由取得了胜利。"第十五条宪法修正案，"他补充说，"赋予非裔种族管理自己的命运。它将他们的命运掌握在了他们自己手中。"加菲尔德的这番话得到了许多共和党领袖的响应，预示着北部将从重建中撤退。[50]

在第十五条宪法修正案获得批准后不久，来自佛蒙特州的参议员贾斯汀·莫里尔就表达了这样的希望：这些重建宪法修正案"虽然还很软弱，但可能会成为宪法的核心"。[51] 莫里尔的比喻也许不太优雅，但它反映了许多美国人的希望，即随着时间的推移，第二次建国的原则将赢得如此广泛的接受，从而成为美国人理解其法律和宪法秩序的基本原则。但从 1870 年代初开始，一个新的主角加入了关于这三条宪法修正案含义的辩论。在随后几十年的一系列判决中，最高法院将努力解决一个问题，即宪政体制和公民的权利已经发生了多大程度的变化。它的答案将给美国黑人和平等的民主社会的重建梦想带来灾难。

第四章　司法与司法判例

　　1885年，巴尔的摩的一群非裔美国人联合起来挑战了马里兰州的一项法令，该法令将法律的实施限制在白人范围内。更广泛地说，这群人希望确保所有黑人"作为公民的权利"。其成员包括牧师、商人和律师，其中许多律师毕业于1869年成立的霍华德大学法学院。该院第一任院长约翰·默瑟·兰斯顿强调了黑人律师有责任在争取平等的斗争中利用法庭的作用。兰斯顿是内战前的一名废奴主义者，他在1854年成为第一位获得俄亥俄州律师资格的非裔美国人。这个新组织自称为自由兄弟会。[1]

　　巴尔的摩是美国内战前拥有自由黑人最多的城市，长期以来一直是争取黑人公民资格运动的焦点。弗雷德里克·道格拉斯（在反对奴隶制和种族不平等的斗争中，他是美国最杰出的黑人领袖，也是马里兰州的儿子）出席兄弟会的首次公开会议就说明了它与过去斗争的联系。该组织的首任主席是哈维·约翰逊（Harvey Johnson）牧师；不久，霍华德法学院毕业生埃弗雷特·韦林（Everett J. Waring）接替了他的职位。在兄弟会说服州立法机构废除对黑人律师的禁令后，韦林成为首位被承认在马里兰州从事法律工作的非裔美国人。1890年，韦林成为自1865年马萨诸塞州的约翰·罗克（John Rock）以来，第一位在美国最高法院为案件辩护的黑人律师。兄弟会还获得了其他成功。该组织成立时，巴尔的摩的学校系统中没有一名黑人教师，但由于它的努力，该市很快为黑人儿童开设了一所由黑人教师执教的学校。[2]

1880年代是放弃重建的过渡时期。两大政党领导人之间的"1877年选举交易"解决了1876年有争议的选举，让共和党人拉瑟福德·海斯当选总统，同时承认民主党控制了所有南部州。然而，直到1890年代，被称为"吉姆·克罗"的白人至上的新制度才得以全面实施。在1880年代，黑人虽然人数减少了，但仍然继续投票并担任公职，黑人诉讼当事人赢得的诉讼数量惊人。兄弟会向州法院和联邦法院提起了许多诉讼，其中有一些成功了，挑战了各种形式的种族歧视。它依靠诉讼的策略很快被其他组织采用，包括全美非裔美国人联盟（National Afro-American League）、非裔美国人委员会（Afro-American Council）和公民委员会（Citizens' Committee）——最后这个组织将普莱西诉弗格森案一路打到了联邦最高法院。这些团体虽然很短命，却为20世纪全国有色人种协进会的法律运动奠定了基础。1906年，兄弟会的首任主席哈维·约翰逊在哈珀斯渡口举行的尼亚加拉运动的会议上发言，而尼亚加拉运动正是全国有色人种协进会的直接前身。[3]

然而，有一个方面，兄弟会是独一无二的。1889年，它出版了《司法与司法判例》（*Justice and Jurisprudence*）（没有列出任何作者，但很可能是由埃弗雷特·韦林撰写），这是美国黑人对最高法院涉及重建宪法修正案所做的裁决的首次持续批评。它传达的信息很清楚：公民权利平等的承诺"受到了司法解释的威胁"。作者提出了对修改后的宪法的另一种解读，其依据是联邦执法权的广泛概念，并拒绝承认内战前继承下来的公民权利、政治权利和社会权利之间的明显区分，而法院已经焦急地采纳了这一区分。它坚持认为，为了与废除奴隶制和重建宪法修正案所反映出来的"社会和工业进步保持一致"，美国需要一种新的司法判例。[4]

随着第二次建国的结束,关于其含义的争论也随之而来。国会制定了法律来实施新的宪法修正案,州法院和联邦法院对它们进行了解释。到 19/20 世纪之交,据一位法官说,"几乎每天"都有为各种权利要求而"求助……"第十四条宪法修正案的人。最终,解释这些宪法修正案的责任落到了最高法院手中。诚然,在 1873 年至 19 世纪末,尽管最高法院裁决了 150 多件由重建宪法修正案引起的案件,但只有 20 个左右的案件涉及黑人,远远少于那些涉及大公司挑战各州监管的案件。尽管如此,随着时间的推移,在长期远离重建理想方面,联邦法院发挥了关键作用。这个过程是渐进的,结果永远不会是完整的,每个判决都涉及它自己的法律、事实和法律先例。最近的学者们将这种倒退不仅归因于司法种族主义,还归因于联邦制的持续存在:大法官们担心,过于扩大全国性政府可执行的权利,将损害各州的合法权力。然而,对非裔美国人来说,实际后果是一样的。可悲的是,黑人试图用宪法赋予的广泛权利概念来推动废除奴隶制,结果却没有保障。[5]

第二次建国产生的一系列相互关联的问题迫切需要解决。这些宪法修正案在多大程度上改变了联邦体制?第十三条宪法修正案是否只禁止动产奴役还是延伸到了奴隶制的"烙印和特征"(badges and incidents),这些烙印和特征到底是什么?第十四条宪法修正案的主要条款,包括公民的"特权或豁免权"和"平等的法律保护",是什么意思?这一用语是否只适用于黑人,还是适用于所有美国人?这条宪法修正案是保护非裔美国人不受私人个体和企业侵犯他们的权利,还是只保护他们不受州法律和政府官员的此类行为的侵犯?它是否包括黑人所说的"公共权利",譬如交通公司和公共设施的平等待遇?平等的承诺对妇女的地位有什么影响(如果有影响的话)?第十五条宪法修正案禁止"因种族原因"剥夺选举权的规定,是否禁止表面上不带有种族色彩、但明显意在限制非裔美国人投票权的法律?这条宪法修正案是否授权国会将干涉投票权的私人行为定为犯罪？在所有这些问题上，最高法院进行了《纽约时报》所称的"漫长的定义过程"，直到19/20世纪之交才完成。[6]尽管几乎在每一个案件中都有其他现成的理解，法院还是选择限制第二次建国的范围。

第十三条宪法修正案几乎立即就被弃之不用。首席大法官萨蒙·蔡斯在1867年的一个巡回案件中援引了这一条款，推翻了马里兰州的一项法律，该法律允许法院在没有征得白人雇主父母同意的情况下，将黑人孩子交给白人雇主当学徒。[7]他宣称，这构成了违宪的强制劳役形式。但随后并没有产生什么司法判例。最高法院始终拒绝承认各种形式的种族不平等相当于"奴隶制的烙印和特征"，否认国会可以根据这条废除奴隶制的宪法修正案对此进行立法。

在解释第十四条宪法修正案时，最高法院将保障公民的"特权或豁免权"降低到实际上无足轻重的程度，并在公民权利和"社会"权利之间划出了一条清晰的界线，推翻了禁止私人企业实施的种族歧视的努力，认为私人企业的种族歧视行为并没有违反平等的法律保护。最高法院将"州行为"原则提升为一种陈词滥调，并严格限制联邦政府对权利的保护，除非各州通过公然带有歧视性的法律。它最终得出结论，一个州合法实施的种族隔离并没有侵犯美国黑人的平等权利。法官们坚持认为，该修正案并没有显著改变州与国家之间的权力平衡，而且事实证明，他们不接受这样的说法，即一个州在面对暴力或其他种族不平等表现时的不作为，为联邦干预提供了理由。然而，联邦制也有其局限性。最高法院越来越多地将第一四条宪法修正案解释为保护公司权利的工具，而不是保护前奴隶的权利。最高法院推翻了各州有关工作条件和铁路费率的管理规定，理由是这些规定违反了根据正当程序条款受到保护的"契约自由"。最高法院的做法是，"在处理公民资格的问题上，采取的是以州为中心的方法；在处理商业事务时，采取的是以联邦国家为中心的方法"。[8]

起初，最高法院对第十五条宪法修正案采取了更为强硬的态度，认为该修正案创造了一个新的宪法保障的权利，即黑人男性选举权，并为联邦实施该修正案打开了大门。但到了 19/20 世纪之交，这种做法也被搁置一旁。只要剥夺选举权的法律没有明确提到种族问题，大法官们就拒绝介入，即使南部绝大多数非裔美国人失去了投票权。

1870 年至 1900 年间，有 24 人在最高法院任职。包括塞缪尔·米勒（Samuel J. Miller）、斯蒂芬·菲尔德（Stephen J. Field）、约瑟夫·布拉德利（Joseph P. Bradley）和约翰·马歇尔·哈兰（John Marshall Harlan）在内的少数人都是才华横溢的法学家，他们的书面意见对法律学说的演变做出了重大贡献。公平地说，在这些大法官之中，大多数人都是平庸之辈，对法律几乎没有什么影响。他们之中的大多数人都出身于特权阶层，在进入最高法院前曾代表铁路公司和其他公司谋生。大多数大法官都是共和党人，这反映出共和党在这些年来的大部分时间里一直把持着总统职位。然而，当国会就这些宪法修正案进行辩论并通过时，这些后来的大法官之中，没有一个人在国会任职，也没有几个人与美国黑人有过实质意义的接触。此外，1873 年蔡斯去世后，很少有人与战前的反奴隶制运动及其发展起来的以权利为基础的宪政有任何有机的联系。除了哈兰，与维护传统的联邦制和为财产权进行辩护相比，没有人把保护黑人的权利作为主要优选事项。到了 1890 年代，最高法院的成员包括了爱德华·怀特（Edward D. White），他曾是前南部同盟的一名士兵，对重建深恶痛绝。他年轻的时候，曾参加了一个白人准军事组织，力图推翻路易斯安那州的跨种族政府。怀特将在 1910 年担任首席大法官。[9]

《司法与司法判例》的匿名作者指出，法官们，无论是否有意识，都有可能"被他们周围的普遍情绪和行为所左右"。毫无疑问，最高法院受到了 1870 年代共和党在支持重建方面的共识破裂以及随后几十年里共和党加速后退的影响。这些大法官都分享这样一种信念，即联邦权力的扩张已经走得太远，黑人必须学会在不受国家干预的情况下自立。民主党人和自由派共和党人清晰表达了这种信念，后者自称是"最优秀的人"的代表，无论是南部的还是北部的。这些观点不可避免地影响了对重建宪法修正案的解释。随着时间的推移，公然的种族主义在全国文化中变得越来越普遍，在最高法院的裁决中也越来越明显。[10]

1880 年，《纽约论坛报》评论道："最高法院的判决，明确地确立了全国性的原则和政策。"然而，正如参议员约翰·谢尔曼所宣称的那样，重建宪法修正案是"共和党的自豪和骄傲"，而许多判决不仅引起了黑人发言人的强烈反对，也引起了共和党领袖和报纸的强烈反对。早在 1875 年，奥利弗·莫顿就在参议院指责说，这些宪法修正案"被最高法院的解释破坏了"。13 年后，共和党 1884 年的总统候选人詹姆斯·布莱恩（James G. Blaine）在他的回忆录《国会 20 年》（Twenty Years of Congress）中抱怨，由于最高法院的裁决，联邦政府被剥夺了保护南部黑人免受个人和暴徒"暴行"侵害的权力。布莱恩坚持认为，那些投票通过第十四条宪法修正案的人"真诚地相信"，比起"司法调查和裁决"，留给国会的行动"范围要大得多"。最高法院对这些宪法修正案的狭隘解读是一种选择，而不是由公众舆论或历史背景预先决定的。大法官们不仅仅反映了民众的情绪，他们还帮助创造了这种情绪。他们中的大多数人很少或者根本没有考虑他们的裁决对美国黑人带来的实际后果。总的来说，19 世纪晚期的裁决在合众国的种族、公民资格和民主的历史上构成了一个令人悲痛的篇章。[11]

* * *

1870 年代初，甚至在国会正推进重建立法的同时，涉及第二次建国的案件已经开始出现在最高法院的议事日程上。第一个此类案件涉及的是 1866 年《民权法案》规定的联邦权力范围问题。1872 年裁决的布莱耶诉合众国案（Blyew v. United States），起因于肯塔基州一个黑人家庭的 4 名成员被两名白人男子用斧头谋杀。该州联邦检察官本杰明·布里斯托（Benjamin H. Bristow）将此案从该州移交到联邦法院，因为肯塔基州仍然不允许黑人在涉及白人的案件中作证。凶手被定罪并被判处死刑。最高法院以 6 票赞成、2 票反对推翻了这项定罪，首席大法官蔡斯没有参与投票。

布莱耶案判决预示了许多其他类似的判决，在这些判决中，最高法院将联邦制的传统观点凌驾于保护非裔美国人的权利之上。威廉·斯特朗（William Strong）是一名专利和商法专家，1870 年格兰特总统任命他为最高法院大法官，他撰写的多数派意见书承认，《民权法案》"意在纠正"南部各州种族间的严重不平等问题。很明显，这两名被定罪的男子是出于种族仇恨而犯下了残忍的谋杀行为。然而，斯特朗似乎最关心的是如何抵消他认为的重建过程中联邦权力的危险扩张。《民权法案》允许那些在州法院"影响了"被剥夺平等权利的人的案件移交到联邦法院。斯特朗宣称，只有案件当事人——被告和政府——受到了"影响"，而不是潜在的黑人证人，也不是谋杀案的受害者和他们的家人。斯特朗写道："人们不会认为，国会打算赋予联邦法院对所有民事和刑事案件的审判权。"

约瑟夫·布拉德利大法官发表了一份措辞严厉的异议意见，并得到了诺亚·斯韦恩（Noah Swayne）的支持。布拉德利曾是一名铁路律师，也是格兰特任命的大法官，斯韦恩则是由林肯任命到最高法院的。布拉德利宣称，多数派判决采纳的是"一种过于狭隘、过于技术化的法律观，完全忘记了《民权法案》所考虑的自由主义目标"。所有黑人都"受到"该种族无法作证的"影响"，因此被移交给联邦法院是完全正确的。他警告称，这一判决"给了心怀报复的不法分子和重罪犯不受限制的自由和惩罚……来随意杀死他们"。但是布拉德利的异议的真正目的是对第十三条宪法修正案的一个非常广泛的解释，正是在该修正案之后，才通过了《民权法案》。布拉德利指出，奴隶制"将其影响扩展到各个方面，以各种可能的方式压抑和剥夺奴隶及其种族的权利。"废除奴隶制度不仅意味着"挣脱枷锁"，而且意味着摧毁"奴隶制的特征和后果"，确保自由民"充分享受公民自由和平等"。他还说，拒绝让"整个社会阶层"在法庭上作证，"就是给他们打上奴隶制的烙印"。最高法院永远不会采纳布拉德利关于第十三条宪法修正案的宏大设想，十多年后，他本人也会在民权案例中采纳多数派的观点而放弃这一设想。[12]

一项更为重要的裁决出现在1873年，据一家报纸称，"这是该法庭做出的最为重要的判决之一"。该案源于路易斯安那州重建政府颁布的一项法律，该法律在新奥尔良下游建立了一个统一的屠宰场，以取代该市众多的屠宰场。该法律要求现有的屠夫——他们都是白人——把他们的牛和猪带到新的地点屠宰。这个屠宰场也向黑人开放，他们现在可以通过支付屠宰场的费用进入这个行业，而不必自己建造屠宰场。屠宰场的垃圾经常被倾倒入密西西比河，对公众健康构成了严重威胁，这部法律是内战后各州和地方为防止疾病传播而制定的众多法规中的典型代表。然而，屠夫们起诉的理由是，通过建立垄断，州政府侵犯了他们从事合法职业的权利。他们声称，第十四条宪法修正案保障的自由劳动原则是美国公民的"特权或豁免权"之一。他们还声称，为了确保法案获得通过，立法机构受到了贿赂。

屠宰场案件充满了讽刺意味，它是对这项新法律提出的许多诉讼的总称。那些对第十四条宪法修正案采取宽泛理解的一方是白人，而不是前奴隶。他们的首席律师约翰·坎贝尔曾是最高法院的一名大法官，他在德雷德·斯科特案判决中与多数派一起投了赞成票，随后又担任南部同盟的战争部长。他希望利用此案削弱路易斯安那州跨种族立法机构的合法性。为此，他对该修正案提出了一种国家主义的解释，其理由是联邦政府的权威高于各州政府。[13]

最高法院以5比4的投票结果支持路易斯安那州法律的合宪性。

塞缪尔·米勒是林肯任命的大法官，他撰写的裁决确认，在其传统的警察权力下，州立法机构可以对屠宰业进行监管。案件本可以就此了结。但是，米勒意在提出一个简短的历史教训，以便对第十三条和第十四条宪法修正案"做出解释"，这是最高法院此刻"第一次"承担的"重大责任"。米勒说，奴隶制"无疑"是这场战争的起因；黑人在联邦军队的战斗中已经"证明了自己是男子汉"；《黑人法典》和对黑人的政治权利的剥夺使他们处于从属地位；这些宪法修正案的"一个普遍目的"是"奴隶种族的自由"和对他们权利的保护。

然而，在界定这些权利的时候，米勒将第十四条宪法修正案的特权或豁免权条款的含义大大缩小，使其变得几乎毫无意义。米勒坚称，第二次建国并没有"彻底"改变联邦体制。它不打算"让州政府受制于国会的控制，从而束缚和贬低州政府"，也不打算让最高法院成为州法律的"永久审查机构"。他继续说，第十四条宪法修正案只保护那些来自联邦而不是州的公民资格的权利。这些权利包括使用这个国家的"通航水域"和海港的权利，在公海和出国旅行时受到保护的权利，以及"和平集会"向联邦政府寻求申诉的权利。其他的一切权利都在各州的权限之内。[14]

米勒坚持认为，产生第十四条宪法修正案的"历史""在我们所有人的记忆中都鲜活如新"。然而，他的解释显然偏离了1866年大多数国会议员认为他们正在实现的目标。他们认为，他们正在对各州建立广泛的联邦监督，并认为该修正案的措辞适用于所有美国人。第十四条宪法修正案宣布所有在美国出生的人都是他们这个国家和他们所居住的州的公民。这两种公民资格本应相互强化，但米勒认为它们是截然不同的，实际上几乎是相互排斥的。大多数共和党人认为，"特权或豁免权"涉及的权利要比米勒提到的重要得多。如第二章所述，对于约翰·宾厄姆来说，它们包括了《权利法案》中列举的那些权利（米勒没有提到这些权利）；对其他许多人来说，这些权利包括与自由劳动有关的权利,譬如1866年《民权法案》所保护的权利。屠宰场案判决引起了国会内外共和党人的强烈批评。来自威斯康星州的参议员蒂莫西·豪(Timothy Howe)将其比作德雷德·斯科特案判决。布里斯托担心,作为宪法"至高无上的荣耀"的第十四条宪法修正案第一款正在"被司法解释一点点地摧毁掉"。[15]

屠宰场案的4名持异议者支持屠夫们的主张,他们坚持对公民资格进行国家主义的解读,以及对公民的权利进行宽泛定义。主要的反对意见是由斯蒂芬·菲尔德撰写的,他是加利福尼亚州的一名支持联邦的民主党人,林肯任命他为最高法院大法官。菲尔德没有参与反奴隶制运动,也不支持重建。他更为关心的是财产权,而不是前奴隶的权利。他对美国北部和西部地区日益增长的反垄断、劳工和格兰其运动感到震惊,这些运动呼吁各州监管铁路费率,将8小时工作时间定为法定工作日,否则就会干预经济。他希望看到第十四条宪法修正案被解释为保护公司不受此类干涉。1873年时,菲尔德是少数派,但是,随着全国政治的焦点从奴隶制和内战的问题转向大公司的作用和劳资关系问题时,他的观点将在19世纪末建立在"契约自由"原则上的司法判例中获得胜利。[16]

在对屠宰场案的异议意见中,菲尔德就米勒对第十四条宪法修正案的狭隘解读提出了强有力的驳斥。他坚持认为,公民资格的根本权利现在来自国家,而不是各州。如果多数派的解释是正确的,那么这条修正案就是"一个徒劳无功、无所事事的法案,没有取得任何成果,在其通过过程中,国会和人民也不必为此感到兴奋不已"。在另一份持异议的意见中,布拉德利坚持认为,由于第二次建国,全国性公民资格现在是首要的,州的公民资格是次要的,战前的联邦制度从根本上得到了改变。两位法官都指出,该修正案关于特权或豁免权的措辞涵盖了"所有公民",而不仅仅是黑人。斯韦恩也持反对意见,他谴责多数派的裁决"太过狭隘",与那些制定该修正案的人的目的相悖。战前，宪法提供了"充分的保护……反对全国性政府的压迫"，但很少反对"各州的压迫"。这些战后宪法修正案标志着"这个国家宪法史上的……一个新的起点"，而多数派则完全朝着相反的方向前进。第四位持反对意见的人是首席大法官蔡斯，他或许是反奴隶制宪政的主要缔造者，正是这一宪政制度最初促成了第十四条宪法修正案的诞生。病重的蔡斯没有撰写意见，他在该案判决后不到一个月就去世了。[17]

米勒是艾奥瓦州共和党的创始人之一，他似乎认为，通过支持路易斯安那州重建立法机构颁布的一项法律，他为保护自由民的公民权利和政治权利的目标做出了贡献。随着跨种族政府的建立，黑人可以依靠各州来保护这些权利。的确，一些南部报纸谴责这一判决，正是因为它似乎加强了重建政府的力量。如果重建成功，即从南部永久建立一个代表黑人和白人的利益和尊重他们权利的政治制度的意义上来说，这项判决对联邦监督各州的限制就不会有多大影响。然而，随着事态的发展，屠宰场案判决无疑产生了有害的影响。该判决有效地废除了特权或豁免权条款，以至于该条款"不再具有宪法意义"。几十年后，它才再次出现在最高法院的判决中。宾厄姆的这种观点也已经不复存在，即认为这一条款要求各州尊重《权利法案》中所列举的权利（liberties）。因此，黑人，实际上还有其他美国人，都被剥夺了主张扩大权利的潜在宪法途径。然而，据新奥尔良一家报纸报道，这一判决确实导致了对"屠宰场公司股票"需求的急剧增加。[18]

在做出屠宰场案判决的第二天，最高法院驳回了另一项赋予第十四条宪法修正案广泛含义的努力。这次的问题是，该修正案是否禁止各州基于性别的歧视。重建给美国妇女留下了复杂的遗产。黑人妇女和白人妇女都没有投票权，但她们积极参与了那个时代的政治活动。重建的平等主义逻辑和公民资格的宽泛定义激励了许多人为自己争取新的权利。诚然,通过在宪法中引入"男性"一词,第十四条和第十五条宪法修正案含蓄地确认了女性的从属政治地位。然而,第十四条宪法修正案的第一款没有提到性别,妇女活动家很快声称,它对公民特权或豁免权的保障以及平等的法律保护,都使许多剥夺妇女基本权利、包括投票权的州法律无效。[19]

在重建期间,古老的"妇女问题"第一次具有了宪法方面的内容。在布拉德韦尔诉伊利诺伊州案(*Bradwell v. Illinois*)中,这个问题被提交到了联邦最高法院。1868年,妇女权利的主要倡导者迈拉·布拉德韦尔(Myra Bradwell)创办了《芝加哥法律新闻》(*Chicago Legal News*),这是一份周刊,在该州的律师中拥有广泛的读者群。但当她自己寻求成为一名律师时,伊利诺伊州最高法院的一项裁决禁止了她从事律师职业,因为律师行业被限制在男性范围内。最高法院刚刚裁定,追求谋生的权利并不伴随全国性公民资格而来,因此毫不费力地驳回了布拉德韦尔的上诉。投票结果是8比1,在屠宰场案的持异议者中,只有病弱的蔡斯——他是妇女选举权的支持者(尽管他认为那个时代的女权主义者对选举权的追求"有点太快了")——投了反对票,尽管他这次仍然不能撰写意见。[20]

就像在屠宰场案中一样,在布拉德韦尔诉伊利诺伊州案中,撰写简短多数派意见的任务落在了米勒大法官身上。布拉德利在屠宰场案中持异议意见,坚持认为各州不能干涉人们谋生的权利。他在布拉德韦尔案中,发表了自己的协同意见[*]。根据第十四条宪法修正案,为什么屠夫们拥有自由劳动的合法索赔,而迈拉·布拉德韦尔却不可以?"自然"和"神圣的法令",布拉德利写道,提供了答案:"家庭领域是属于女性的领域并且是为女性的功能而设计的。"布拉德利的讨论援

---

[*] concurring opinion,又译"并存意见"或"配合意见"等,指一名或少数法官的单独意见。这种意见同意多数法官做出的判决,但对判决的依据提出的理由不同。——译者

引普通法原则,即除了她的丈夫之外,一个妇女"不拥有任何法律地位",他长篇大论地坚持认为,"造物主"已经规定,"妇女至高无上的命运和使命是履行妻子和母亲的崇高和善良的职责。"奴隶制的终结并没有改变这些自然的性别差异。因此,男女之间的歧视并没有违反平等的法律保护(也不能认为这是奴隶制的烙印,尽管奴隶妇女遭到了可怕的剥削)。[21]

报纸上对此案的许多报道也呼应了布拉德利居高临下的态度。《克利夫兰老实人报》(*The Cleveland Plain Dealer*)将布拉德韦尔描述为"一个卷发小女人,黑眼睛,长得很漂亮"。它没有对新奥尔良屠夫的外貌发表评论。然而,该判决并没有反映出内战后男性的全部观点。南部的重建政府采取步骤扩大妇女的合法权利。南卡罗来纳州将离婚合法化,在内战前,该州完全禁止离婚。密西西比州扩大了妇女的财产权,允许她们在当地就是否应该颁发卖酒执照举行全民公投。全国有好几个州都颁布法律,给予已婚妇女合法的工资所有权。甚至最高法院在审理案件时,伊利诺伊州自己也颁布了一项法律,允许妇女从事法律工作。布拉德韦尔没有再次提出申请,但在1890年,该州最高法院主动命令她进入律师行业。[22]

妇女选举权问题在重建政治中发挥了突出作用。现在,妇女在怀俄明领地和犹他领地享有投票权,并在其他地方提出这种要求。数百名妇女活动家坚持认为,第十四条宪法修正案中的公民资格条款将投票权扩大到所有男性和女性,她们试图在1872年的总统选举中投票。苏珊·安东尼在纽约州罗切斯特市被允许这样做,但随后被逮捕并处以罚款(尽管当她拒绝付款时,格兰特政府决定不予采取行动)。在密苏里州,弗吉尼亚·迈纳(Virginia Minor)在被剥夺投票权后起诉了当地登记官。1875年,最高法院在迈纳诉哈珀塞特案(*Minor v. Happersett*)中对她的案子进行了判决。接替蔡斯担任首席大法官的莫里森·韦特(Morrison J. Waite)撰写了这份意见一致的意见书。他承认，女性是公民，但在美国，公民资格从来没有带来投票权。尽管有这些宪法修正案，各州仍然保留了管理投票的权力，只不过它们不能再拒绝黑人男性的投票权。"当然，"韦特总结道，"如果法院能考虑解决任何问题，这就是一个。"[23]

新奥尔良的屠夫与迈拉·布拉德韦尔和弗吉尼亚·迈纳几乎没有什么共同之处。但这些案例都反映出，第二次建国是如何导致无情地要求新的宪法权利的，它们援引（并延伸）了这些战后宪法修正案的措辞。最高法院并不接受他们的论点。但这些案件预示着第十四条宪法修正案将得到更广泛的应用，在我们这个时代，这将赢得司法支持。另一方面，它们也说明了最高法院是如何在缩小对其他受侵害群体的适用范围的同时，放弃了对有关黑人的宪法修正案的宽泛理解的。《纽约晚邮报》(New York Evening Post) 写道，这些裁决是"权威性的"裁决，明确表明最高法院不会干预它认为属于各州管辖范围的事务。[24]

* * *

1870年代中期，这些早期判决对美国黑人的全部意义仍不明朗。这一点在国会就查尔斯·萨姆纳的《补充民权议案》(Supplementary Civil Rights Bill) 进行辩论时变得显而易见。该议案之所以得名，是因为它以一系列新的权利（entitlements）补充了1866年《民权法案》所保障的经济和法律权利。该议案提出，要保证从交通工具、旅馆到"剧院和其他娱乐场所"、陪审团服务、教堂和公立学校等各种场所的平等准入，并赋予联邦法院独有的执法权。这些权利适用于"所有人"，而不仅是公民。

这项措施存在严重缺陷。实施机制十分繁琐：联邦执法官可以逮捕违反者，但受害方基本上要对提起民事诉讼负责。关于教堂的条款似乎违反了第一条宪法修正案，许多原本支持这项议案的南部共和党人警告说，除非取消对学校的提法，否则，该议案的通过将导致该地区几乎完全隔离的新兴公共教育体系"立即遭到破坏",因为白人父母宁愿让孩子退学,也不愿让他们和黑人一起上学。(关于教堂和学校的条款将在最后通过前予以取消。)尽管如此,共和党在 1872 年和 1876 年的全国政纲中包含支持"公民权利、政治权利和公共权利"的平等的内容。1873 年 3 月,格兰特总统在他的第二次就职演说中呼吁通过萨姆纳的议案。在公共领域不分种族平等对待的理念无疑是一项具有前瞻性的原则,该议案与任何其他重建措施一样,完全挑战了传统的联邦制。[25]

正如萨姆纳的提案所表明的那样,对各种权利的定义在不断变化。享有愉快享受的权利的概念,代表着公民权利的含义的显著扩大。虽然在普通法中,运输公司和旅馆接受顾客的义务早已存在,但普通法中没有规定人们进入剧院的权利,因为剧院长期被认为是伤风败俗的地方。黑人试图用"公共"权利和"私人"权利来取代政治权利、公民权利和社会权利之间的区别,前者不仅包括投票权和法律面前的平等,而且包括公共空间的平等待遇,后者(譬如,邀请谁到自己家里)则超出了立法范围。他们坚持认为,萨姆纳的提案完全得到了修改过的宪法的授权。支持萨姆纳的信件和请愿书如潮水般涌进他的办公室。其中一份于 1872 年到达,密西西比州跨种族立法机构的每一位黑人成员都签了名。萨姆纳向参议院提交了黑人代表大会的决议,以及那些不仅在南部而且在他的家乡州马萨诸塞,被禁止进入剧院、旅馆和火车车厢的人所遭受的侮辱的例证。弗雷德里克·道格拉斯宣称,在该议案成为法律之前,非裔美国人不会享有"完全的自由"。生活较为富裕的黑人最为直言不讳。他们是"优雅的女士和先生",但被拒绝乘坐头等舱和火车上的"女士车厢",这让他们感到羞辱。(尽管被称为"女士车厢",但穿着考究的男性陪同女性乘客可以乘坐女士专车出行,这让人担心黑人男性会与白人女性坐在一起。)在许多列火车上,唯一的选择就是"吸烟车厢",在那里,吵闹的乘客聚集在一起，两个种族的体面女性都试图避开。但是，正如反对将城市有轨电车排除在外的广泛示威所表明的那样，在公共空间中争取平等对待的要求也引起了那些付不起酒店、剧院或头等火车车厢的人的共鸣。[26]

事实证明，公共权利的概念极具争议。这在美国的法律中几乎没有先例——马萨诸塞州曾于1865年通过了美国第一个公共设施法案。共和党在公民权利和政治权利平等问题上比在"公共"权利问题上更加团结。早期的白人重建州长，譬如路易斯安那州的亨利·沃姆斯（Henry C. Warmoth）和密西西比州的詹姆斯·奥尔康（James L. Alcorn），由于担心被指责宣扬"社会平等"，以及它所带有的赤裸裸的跨种族性亲密关系，所以否决了这类议案。但在1870年代初，随着黑人政治自信的增强，一些南部州颁布了这样的措施。事实证明，这些规定很难实施。当路易斯安那州的副州长平奇贝克（P. B. S. Pinchback）起诉一家南部铁路拒绝在卧铺车厢为他和他的家人提供住宿设施之后，这家铁路公司的老板回应说，他将会很高兴为黑人提供一个单独的卧铺车厢，但与之相连的铁路线，包括那些北部的铁路线，都不会运载这样的火车。这就是需要制定全国性法律的原因之一。[27]

这项《民权议案》于1870年提出，在委员会中遭到冷落，偶尔会在国会的一个议院获得通过，而在另一个议院得不到通过，该议案直到1875年初才获得通过。该议案的通过发生在萨姆纳去世几个月之后，以及民主党自内战以来第一次赢得对众议院的控制之后不久，这意味着，在共和党控制的国会"跛脚鸭"会期结束之后，它不可能赢得国会的批准。在时而激烈的国会辩论中，最近的三条宪法修正案占据了中心位置。反对者——并非都是民主党人——谴责该议案是基于"对宪法的强制解释"而毫无根据地行使联邦权力。批评者否认，在陪审团中任职、就读综合学校，以及私营企业平等待遇的权利受到了最近的宪法修正案的保护，并警告称，在酒店、餐馆和娱乐场所进行种族混合会产生危险的后果。[28]

黑人选民的选举权和非裔美国人在国会的存在强烈地影响了辩论。来自南卡罗来纳州的共和党人托马斯·罗伯逊（Thomas J. Robertson）在参议院表示，作为一个对自己的席位负有"有色人种"责任的人，他很难"允许他们被剥夺这个大陆上任何其他美国公民享有的任何权利"。在第43届国会任职的所有七名黑人议员都对这项议案发表了意见，要求在享受"平等的公共权利"方面得到国家保护。有几个人讲述了他们在前往这个国家首都的途中所受到的侮辱。约瑟夫·雷尼被赶出了有轨电车，罗伯特·艾略特（Robert B. Elliott）、理查德·凯恩（Richard Cain）和詹姆斯·拉皮尔（James T. Rapier）被拒绝在餐馆和旅馆享受服务。[29]

屠宰场案判决为这场辩论增添了新的维度。一些民主党人从多数派的观点解读中——引用其对公民特权和豁免权的极其狭隘的定义——认为萨姆纳试图保护的权利仍然在各州的权威之下。有些共和党人明确反对最高法院对第十四条宪法修正案的狭隘解读。"合众国公民的特权之一是，"来自新泽西州的参议员弗雷德里克·弗里林海森说，"不会因为种族或肤色而受到歧视。"约翰·谢尔曼宣称，他不能"区分""特权、豁免权和权利"。如果"旅行、上学、去公共旅馆"的权利不受宪法的保护，他问道，"那么，从人权的名义来看，什么才是公民的特权？"鉴于最高法院废除了特权或豁免权条款，一些支持者转而求助于第十四条宪法修正案关于"平等保护"的保障。该法案的支持者也反对认为这条宪法修正案只禁止公然的州的行为的观点。来自俄亥俄州的国会议员威廉·劳伦斯（William Lawrence）在1866年曾投票支持第十四条宪法修正案，他认为，如果一个州允许"权利不平等"在不受惩罚的情况下由私人公民或公司"实施"，这本身就是一种侵犯。他坚持认为："只要州允许……它本身就是有效的。"萨姆纳倾向于援引《独立宣言》和《登山宝训》*作为支持该议案的理由，以及宪法应"统一解释为支持人权"的一般原则。但他也坚持认为，属于该议案范围内的企业是由各州或地方批准的，因此符合第十四条宪法修正案对"州行为"的合理定义。[30]

1874年1月，南卡罗来纳州的罗伯特·艾略特发表了一篇长篇演讲，直接质问那些"力图在最高法院背后保护自己"的民主党人。他重申，在屠宰场案中，"没有一行话或一个字"对国会的权力"投下怀疑的阴影"，即国会有权"立法反对州法律或州习俗对那个种族的明显歧视，而这些伟大的宪法修正案正是为了保护这个种族的完全自由而制定的"。艾略特的演讲广受好评。"毫无疑问，这是这个国家的一个黑人所做的最非凡的努力"，《路易斯维尔信使报》（*Louisville Courier Journal*）宣称。[31]

1875年2月27日，距离休会不到一周的时间，这份《民权法案》在删除了有关学校、教堂和公共墓地的条款之后，终于在国会获得了通过。没有一个民主党人投赞成票。在支持通过该法案的参议员中，有20人曾于1866年在国会任职，并投票支持第十四条宪法修正案，他们显然认为第十四条宪法修正案授权了这部新法律。[32] 8年之后最高法院才会来裁决这部《民权法案》提出的宪法问题。在此之前，它的注意力转向了重建宪法修正案是否允许联邦政府保护黑人免受暴力行为的侵害。这实际上是南部重建的生死攸关的问题。

* * *

1870年代中期，准军事组织的反重建暴力再次抬头。与1860年代末和1870年代初三K党人的破坏行为不同的是，民主党"步枪俱乐部"的活动是由一伙不加伪装的人进行的，这表明行凶者认为北部公众将不再支持对南部的武装干预。广泛的暴力事件帮助民主党人在

---

* Sermon on the Mount，指圣经马太福音中耶稣在山上所说的话。——译者

1874年的选举中重新控制了亚拉巴马州，并在次年控制了密西西比州。本杰明·布里斯托在1875年写道，"我已经失去了耐心，因为我认为，这个政府在解放了400万奴隶之后，无法通过法律保护他们免受谋杀和暴行。"但1873年开始的经济萧条严重削弱了共和党在北部获得的支持，格兰特政府似乎陷入了瘫痪。1875年密西西比州的选举表明州政府无法保护黑人选民，而且联邦政府也不愿意这样做。

1866年的《民权法案》将"人身和财产安全"纳入美国公民的权利之中。第十四条宪法修正案谈到"平等的法律保护"，1870—1871年的《实施法》授权联邦政府惩罚旨在剥夺美国人宪法保障的权利的暴力行为。然而，即使在最好的情况下，联邦政府也没有准备好对南部进行长期干预。但是司法裁决使得这项任务更加困难。[33]

1876年，最高法院做出的两项判决，以屠宰场案判决的先例为基础，限制了全国性政府对公民的权利的管辖权。第一个案件是合众国诉克鲁克香克案（*United States v. Cruikshank*），起因于1873年的科尔法克斯大屠杀（Colfax Massacre）。当时，一群白人武装暴徒包围了路易斯安那州的一所法院，杀害了大批黑人男子，其中很多是当地民兵。这是整个重建时期最为严重的大屠杀行为。根据1870年的《实施法》，98人被控阴谋剥夺受害者的宪法权利。在当地白人社区的庇护下，只有少数遭到起诉的人被捕；他们在新奥尔良联邦法院受审。几乎所有的证词都来自黑人男性和女性。第一次审判以陪审团的意见分歧告终；在第二次审判中，布拉德利大法官和联邦法官威廉·伍兹（William B. Woods）一起担任审判法官（直到19世纪末，最高法院的大法官们才定期参加巡回法庭的审理），三名被告被判有罪。

虽然伍兹支持这一判决，但布拉德利持不同意见。在一个长篇意见中，他对独立于宪法而受各州管辖的权利与联邦政府职权范围内宪法"赋予和保障"的权利之间的区别进行了深奥的讨论。大多数的公民的权利，包括受第十四条宪法修正案保护的权利，都是前者的例子。各州也有责任惩罚谋杀等"普通"犯罪行为。然而,布拉德利补充说,黑人不受种族歧视的投票权是由第十五条宪法修正案规定的,因此可以由联邦政府实施,即使是针对私人个体的暴力行为。但是,他继续说,克鲁克香克案的起诉书存在缺陷,因为它没有明确指控该阴谋是由种族仇恨引发的,而这是《实施法》所要求的。布拉德利承认,由于所有的行凶者都是白人,所有的受害者似乎都与黑人有某种关联,但他补充说,这"不应该留给推断"。由于伍兹勇敢地拒绝同意他"博学的兄弟"的观点,这两位法官之间的分歧将此案带到了联邦最高法院。

布拉德利对自己的观点感到非常自豪。由于担心他的观点得不到应有的关注,他把它转发给了报纸、国会领袖和联邦法官,包括他在最高法院的同事。但是,克鲁克香克案判决一致推翻了定罪的决定,与其说是基于布拉德利对各种权利的深奥的明确区分,不如说是基于这些战后的宪法修正案并没有显著改变联邦制的结构,以及这项指控可能存在的问题。在这份意见书中,首席大法官韦特审查了据称受到侵犯的受害者的权利,并根据屠宰场案判决得出结论说,这些权利中的大多数人仍然"受到各州的保护",而不是联邦政府的保护。此外,第十四条宪法修正案虽然授权联邦政府在各州侵犯基本权利时采取行动,但并没有增加"一个公民反对另一个公民的任何权利"。谋杀和阴谋罪仍然由各州管辖,而非全国性政府管辖。至于联邦政府创造的权利,譬如黑人男性的投票权,韦特同意布拉德利的观点,即这项指控没有声称存在种族动机是错误的。"我们可能会怀疑,种族是造成敌意的原因,"他写道,"但事实并非如此。"这一判决并没有排除未来联邦用更为有力的控告向州提起诉讼以保护黑人的投票权的可能性。但该判决无疑助长了进一步的暴力行为。数十名美国公民被残忍地杀害(首席大法官的意见中没有提到这一事实),而凶手得以逍遥法外。[34]

就在同一天，1876年3月27日，在合众国诉里斯案（*United States v. Reese*）的裁决中——该案的意见书也是韦特所写——最高法院以8比1的投票结果推翻了对肯塔基州选举官员的判决。这些官员曾密谋阻止黑人在当地选举中投票。韦特以一种与他在否认弗吉尼亚·迈纳要求投票权时所用的几乎同样的语言，坚持认为第十五条宪法修正案"没有赋予任何人选举权"。然而，它确实将宪法规定为"在行使选举特权时，应不受基于种族的歧视"，这是国会可以采取行动加以保护的原则。但是韦特接着宣布，《实施法》的两个条款是违宪的，正是根据这两个条款，这些人才被起诉，违宪因为它们禁止一切对投票的干涉，而不仅仅是出于种族原因。奇怪的是，这两个判决都为未来以黑人的名义采取行动敞开了大门，而白人共和党选民，也是暴力的受害者，但不是种族攻击的受害者，他们仍然没有得到全国性的保护。[35]

另一个很快出现在最高法院的问题，涉及的是前蓄奴州力图排斥黑人担任陪审团服务的行为。1880年，最高法院对这些案件做出裁决时，南部的跨种族重建政府已经结束，共和党对华盛顿的控制已经被十年分裂的政府和政治僵局取代。在这些裁决中，最高法院为黑人在面对歧视性的州法律和州官员的种族主义行为时担任陪审团成员的权利进行辩护。在斯特拉德诉西弗吉尼亚州（*Strauder v. West Virginia*）一案中，最高法院宣布对一名黑人男子的谋杀罪名指控无效，因为该州法律禁止黑人担任陪审员。在7比2的多数派判决中，威廉·斯特朗大法官宣布这项法律违宪，违反了第十四条宪法修正案的平等保护条款。斯特朗引用屠宰场案判决争论说，战后的这些宪法修正案旨在"确保有色种族享有法律规定的白人享有的所有公民权利，并赋予联邦政府保护这些权利的权力"——这一解释远远超出了该裁决实际宣布的内容。这项判决扩大了传统的公民权利定义，将诉讼当事人面对公正陪审团的权利纳入了进来。在另一起相关案件、即弗吉尼亚州案

(*Ex Parte Virginia*)中，最高法院维持了对一名州法官的联邦定罪。在没有法律限制陪审团只能由白人担任的情况下，这名法官系统性地把黑人排除在陪审团之外。[36]

这些判决使南部白人感到惊讶和惊慌。西弗吉尼亚州的一家报纸指责最高法院"违背了此前就第十四条宪法修正案所作的每一项判决的原则"。弗吉尼亚州的参议院谴责大法官们"破坏了州主权的每一丝痕迹"。但这些裁决仍在"州行为"和公开的种族动机要求的范围之内。斯特朗明确表示，第十四条宪法修正案的保障"仅涉及州的行动，而不涉及私人个体的任何行动"。他指出，只要没有明确提到种族，一个州就可以对陪审员的任职资格做出限制性规定："它可能会将选择限制在男性、自由职业者……或者是有学历的人。"那些公开对陪审团服务有偏见的州领会了这一暗示，迅速废除了这些法律。在实践中，黑人几乎完全被排除在担任南部陪审团之外，这种状况一直持续到20世纪。[37]

《纽约论坛报》断言，与陪审团有关的判决体现了"宪法解释的体系"，该体系界定了"近期这几条宪法修正案的适用范围"。克鲁克香克案和里斯案加在一起，确立了《纽约论坛报》所称的一个明确的原则："国会可以通过法律来防止一个州区别对待黑人和白人……但是，这些宪法修正案没有赋予它镇压个体非法结合起来以达到同样效果的权力。"然而，国会确实拥有"为了保护有色人种选民……而采取某些措施（do something）的权力"。在接下来的几年里，最高法院试图给"某些措施"（something）这个词下一个定义。[38]

1876年，拉瑟福德·海斯在接受共和党总统候选人提名的信中承诺，南部将回归"地方自治"，每个人都明白这句话的意思是指白人控制南部。五年后，海斯幻想破灭地离开了总统职位，他写道，"经验表明，对全国性选举的保护和开展，不能安然地留给各州"。1880年代初，在海斯的继任者詹姆斯·加菲尔德和切斯特·阿瑟执政时期，联邦推动实施选举权的力度有所复兴。这似乎对最高法院产生了影响。而且即使大法官们严格限制了第十四条宪法修正案的适用范围，但他们对第十五条宪法修正案仍然持更为宽泛的观点。[39]

在 1880 年的西博尔德案（*Ex Parte Siebold*）中，巴尔的摩联邦法院的法官们维持了对选举官员的判决。这些选举官员在一次国会选举中填塞投票箱，并毁坏黑人的选票。由布拉德利撰写的 7 比 2 多数派判决意见中，他借机驳斥了联邦制的"错误观念"，这种观念"忽视了"一个事实，即"这个国家已经采纳了一部全国性宪法"。他宣称，联邦实施法对各州监管选举的权力来说"拥有至高无上的宪法权力"。同一天，最高法院同样拒绝推翻对辛辛那提一名选举官员的判决，根据《实施法》，该官员违反了他的法律职责。

最高法院在 1884 年的亚布拉案（*Ex Parte Yarbrough*）中走得更远，它在联邦法院中维持了对 8 名佐治亚州男子的判决，这 8 名男子攻击一名黑人男子，阻止他投票选举国会议员。此前，最高法院曾宣布，第十五条宪法修正案并没有直接赋予任何人选举权——它只是禁止在投票条件上实施种族歧视。现在，对于多数派而言，米勒写道，该修正案实际上为黑人男性创造了"投票权"，国会拥有"保护……免于来自个人暴力或恐吓的权力。"所有这些判决都涉及联邦选举，而原始宪法赋予了国会监管这些选举的权力。它们如何影响州和地方选举仍然有待观察。尽管如此，亚布拉案判决是对全国性执法权力的大胆的主张，而且这个判决是全体一致做出的。共和党的《纽约时报》宣称："联邦的权力存在于选票之中。"为民主党人代言的《华盛顿邮报》抱怨说："联邦官员控制着州的选举。"在南部选举中，欺诈和暴力仍在继续，但进一步推动联邦实施法立法的可能性也在继续。[40]

在这一点上，最高法院似乎是按照布拉德利早些时候概述的区别行事的，即以前存在的受州管辖的权利（即第十四条宪法修正案所涵盖的基本权利，譬如平等的法律保护，只有在州采取歧视性行动时才可强制实施）与"宪法赋予的"权利（即第十五条宪法修正案创造的黑人的投票权）之间的区别，在"宪法赋予的"权利中，联邦政府可以保护这些权利不受公共和私人侵犯。因此，即使最高法院在支持联邦关于投票的实施权力的同时，在 1883 年的合众国诉哈里斯案（*United States v. Harris*）中，仍一致驳回了对田纳西州一群暴徒成员的联邦起诉，该团伙袭击了四名被监禁的男子，造成一人死亡。在这样做时，它宣布了 1871 年《三 K 党法案》中的部分内容违宪，该法案宣布，剥夺人们平等法律保护的私人阴谋为非法行为。当涉及第十四条宪法修正案时，州行为原则是坚定的。具有讽刺意味的是，在这起案件中，受害者是白人，而不是黑人，而县治安官哈里斯（R. G. Harris）和他的两名副手也在其中。但是，撰写该案判决书的威廉·伍兹大法官——他于 1880 年被海斯任命为最高法院大法官——似乎并不知道这些事实。因此，一场由政府官员参与的暴民行动，成为了禁止联邦政府起诉私人个体犯罪的判例体系的一部分。[41]

仍不清楚所有这一切将非裔美国人所主张的公共权利平等置于何处。最高法院在 1883 年回答了这个问题。但早在 5 年前，最高法院就一致通过了对霍尔诉德古尔案（*Hail v. DeCuir*）的判决，这是 1877 年总统选举交易之后，第一个提交最高法院审理的与战后宪法修正案有关的案件。1868 年的路易斯安那州宪法和一年后颁布的州法律，禁止公共运输公司基于种族原因歧视乘客。约瑟芬·德古尔（Josephine DeCuir）是一位富裕的自由黑人女性，1872 年，她乘坐密西西比河上的一艘汽船，被拒绝在客舱住宿和进入餐厅，于是起诉船长要求赔偿。在审判中，汽船航线的行政人员作证说，要求允许黑人进入主舱室会赶走白人，毁掉他们的生意。但由跨种族成员组成的陪审团宣判付给德古尔 1000 美元赔偿金，州最高法院维持了这一判决。

在一份最高法院全体一致的简短意见中，首席大法官韦特宣布，路易斯安那州的法令是州际贸易的违宪负担，而宪法将州际贸易的监管权保留给了国会。除非国会禁止公司执行一项规定，否则它就意味着允许公司为所欲为。（事实上，国会在 1875 年的《民权法案》中禁止了交通运输方面的歧视——韦特没有提到这一点——但涉及德古尔夫人的事件先于该法案获得通过。）韦特接着说，如果一个州要求乘客按种族分开乘坐，而另一个州禁止这种做法，那么蒸汽船就很难开展业务。韦特坚称，这一决定仅限于"外国和州际贸易"；照此推测，它不会适用于与完全在州范围内经营的企业有关的州法律。他并没有明确支持种族隔离。但南森·克利福德（Nathan Clifford）大法官——他是一位民主党人，几十年前由詹姆斯·布坎南任命——的协同意见走得更远，他坚称，公司没有义务接受这样的乘客，即这些乘客的出现可能"降低他们的业务利润"，并声称，交通运输中的种族隔离，以及为黑人和白人儿童开设的单独学校，促进了"公共利益"。十年后，自由兄弟会将对德古尔案给予相当大的关注——今天很少有人记得这个案子——并将其认定为"一系列法律创伤中的第一个，这些法律创伤使萎靡不振的公民权利形式再也无法恢复"。[42]

德古尔案是最高法院对民权案例做出的更为全面判决的前奏，民权案例在 1883 年开始传诸于世。这方面的有关投诉包括，堪萨斯州和密苏里州禁止黑人入住酒店，田纳西州禁止黑人进入火车的女士车厢，以及旧金山禁止黑人在剧院的前排座位就座，纽约市禁止黑人进入大歌剧院，黑人认为这些行为违反了 1875 年的《民权法案》。（这位纽约投诉者想看维克多·雨果的戏剧《吕伊·布拉斯》[Ruy Blas]，它讲述的是一名奴隶的故事，由刺杀林肯的凶手的哥哥埃德温·布斯［Edwin Booth］扮演，他伪装成了一名贵族。）只有两个案件起源于前蓄奴州，这表明种族排斥问题的全国性范围程度。在一项 8 比 1 的裁决中，最高法院宣布，萨姆纳的《民权法案》违反宪法，理由是它试图惩罚私营企业、而不是各州的种族歧视行为。在这种情况下，最高法院有力地强化了州行为原则和公民权利和政治权利与社会权利之间的明显区别。至于公共权利，布拉德利的多数派意见没有提到这个短语。

1876年，布拉德利在给时任联邦法官的威廉·伍兹的一封私人信件中，对该法案的合宪性表达了怀疑。他不确定"法律面前的自由、公民资格和平等是否要求黑人同白人一样乘坐同一辆汽车旅行，同住同一间旅馆，同去同一家剧院和娱乐场所"。到1883年，布拉德利已经下定了决心。他的意见宣称，第十四条宪法修正案授权国会采取行动，反对损害公民权利的"州立法和州的各种行动"。但它并没有延伸到"个体的错误行为"。至于第十三条宪法修正案，由于它没有关于州行为的条款，布拉德利承认，这允许国会立法反对"奴隶制的烙印和特征"。他声称，这些权利包括"公民权利"，但不包括《民权法案》（可能名称有误）保障的使用公共设施的权利。"如果让这种立法适用于每一种歧视行为"，他宣称，"那才将彻底摧毁关于奴隶制的所有论点"，而修改后的宪法并没有赋予国会"调整所谓的男性和种族的社会权利"的权力。布拉德利没有考虑到这种可能性，即州政府容忍私人歧视是一种州行为的形式。

和许多北部人一样，布拉德利对似乎无休止的关于黑人公民权利的辩论失去了耐心。为了呼应安德鲁·约翰逊对1866年《民权法案》的否决，布拉德利写道，黑人需要停止寻求"成为法律的特别宠儿"，而是要满足于自己的权利受到与其他美国人一样的保护。（当然，其他美国人并不是奴隶，他们也没有经常面临萨姆纳的法律所旨在终结的那种羞辱性待遇。）此外，布拉德利认为强迫种族混合的想法令人反感。"当然，"他在一份私人备忘录中若有所思地说，"国会的法令不能强迫一位白人女士允许有色人种参加她的舞会、集会或晚宴……绝不能容忍白人被迫与黑人同住、同吃、同坐。"布拉德利警告说，"强制性的联谊"将把"黑人的自由"变成"白人的奴役"。[43]

唯一的异议者是九名大法官中唯一拥有一名奴隶的、肯塔基州的约翰·马歇尔·哈兰,海斯总统于 1877 年任命他为最高法院大法官。作为 1870 年代初的共和党领袖,哈兰表示希望萨姆纳放弃他的民权措施。现在他为写自己的意见书苦恼了好几个月。只有当他的妻子把罗杰·坦尼用来写德雷德·斯科特案判决书的墨水瓶放在他的书桌上之后——这大概是为了鼓励丈夫使用坦尼本人的笔来帮助抹去他的遗产,哈兰才能够继续写下去。哈兰以其异议意见,成为美国黑人在联邦司法系统中最坚定的朋友,并在 19 世纪末和 20 世纪初成为最高法院中代表种族公正的主要声音。

哈兰宣称,最高法院的多数派对最近的宪法修正案的解读"过于狭隘和武断"。结果,美国人民"本以为通过修改他们的根本大法就能实现"的目标被否定了。眼前的问题不是联邦制、州行为和社会平等,而是自由和公民资格。哈兰讲述了最高法院与奴隶制之间令人遗憾的关系。最高法院很愉快地维持了逃亡奴隶法,即惩罚那些干涉宪法赋予的追讨逃跑奴隶的权利的个人。那么,在执行"授予公民资格的宪法条款"时,为什么国会的手臂要被束缚呢?哈兰试图将第十三条宪法修正案恢复到作为可实施权利的来源。该修正案不仅禁止奴隶制;它还创造了"普遍的公民和政治自由"的全国性权利,并授权国会对"与美国公民资格的根本权利不一致"的所有行为采取行动。"与公民权利相关"的种族歧视(与布拉德利不同,他将其定义为包括平等使用公共交通和住宿的权利),无论是由州法律还是私人团体实施,都是"奴役的烙印"。

哈兰直面州行为原则。认为第十四条宪法修正案只禁止各州采取措施的想法是"未经该修正案的语言授权的",因为这条修正案对公民资格的授予没有这种限制。此外,"从任何物质意义上来说",铁路公司、旅馆经营者和"公共娱乐场所的管理者"都应被视为"州的代理人或工具",因为它们是由各州批准并从事公共服务的。他还揭露了把这个问题定义为社会平等的谬论。和其他许多人一样,哈兰对种族间的性亲密行为感到畏缩。在同年的一个案件中，他加入了一项全体大法官一致通过的判决，支持亚拉巴马州的一项法律的合宪性，该法律对跨种族"通奸"的惩罚比种族内的更为严厉。但他坚称，萨姆纳的法律保护的权利是公民权利，而不是社会权利，因此受到国会的监管。对于布拉德利关于黑人已成为"法律的特别宠儿"的抱怨，哈兰指出，"白人"的权利长期以来一直受到州和联邦政府的保护。他以悲观的口吻结束了写作。他写道，这个国家正在进入"这样一个宪法时代，自由和美国公民资格的权利不能从这个国家得到迄今为止毫不犹豫地给予奴隶制的那种有效保护"。[44]

在最高法院有关重建的所有判决中，民权案例在报纸编辑和公众中引起的评论最多。不出所料，民主党人对这一结果表示欢迎。《巴尔的摩太阳报》(*Baltimore Sun*)写道，最高法院明确了最近的宪法修正案的"范围和限制"，一定程度上是为了"重新确定各州的保留权利"。一份北部报纸总结了来自南部的关于对这一判决的反应的报道："白人表现得兴高采烈，而黑人则表现得困惑和沮丧。"自由派共和党媒体赞同布拉德利的观点，即黑人应该享有与美国白人同等的法律地位，但他们要求特殊待遇。《芝加哥论坛报》写道，黑人不再是"政府的监护对象"。它赞扬最高法院拒绝将他们置于"白人之上"。然而，该报纸的新闻报道表明，对重建的承诺并没有消失。《芝加哥论坛报》指出，这一判决"受到了共和党人的普遍谴责"。匹兹堡市长哀叹该党"过去二十年"的工作"一败涂地"。不止一家共和党报纸将这一判决与德雷德·斯科特案相提并论。"看起来……现在，及很久以前，"《哈里斯堡电讯报》(*Harrisburg Telegraph*)写道，"只要我们还有一个最高法院，自由就不可能在美国得到保障。"《辛辛那提商业公报》(*Cincinnati Commercial Gazette*)感到奇怪的是，为什么联邦政府"强大到足以给予所有人自由，并让他们成为名副其实的公民……但却不足以保护他们享受这些权利"。哈兰收到大量信件赞扬他的异议意见，其中包括前总统海斯和前最高法院大法官诺亚·斯韦恩。[45]

一位历史学家将这次民权案判决描述为"主要是"一个联邦制的问题。这也许是最高法院的观点，但不是美国黑人的观点。俄亥俄州著名黑人领袖约翰·格林（John P. Green）警告称，这一判决为"动摇前奴隶群体的整个法律地位"开了先例。弗雷德里克·道格拉斯在给哈兰的信中写道，他的异议意见"应该像秋叶一样散落在全国各地"。"从缅因州到佛罗里达州"举行了大规模抗议集会。在华盛顿召开的一次会议上，2000多人聚集在一起，道格拉斯称这一判决是"一场严重的灾难"，"它对宪法的解释公然挑衅国会的意图"，让黑人对"粗俗无情的偏见""无力防备"。他指出，最高法院对州的行为和私人行为之间的刻意区分，对"被羞辱和义愤填膺的……有色人种公民"没有任何实际区别。在同一场集会上，颇有影响力的白人共和党人罗伯特·英格索尔（Robert G. Ingersoll）对布拉德利的观点进行了细致的反驳，他坚持认为，最高法院严重"低估"了重建宪法修正案的价值，他坚称，这些修正案旨在创造"肯定性的权利"，扩大全国性公民资格的范围。英格索尔援引了哈兰在接下来的十年里将使用的一句话，宣称"这部法律变成了色盲的法律"。黑人媒体谴责这一判决。"令人欣慰的是，"《纽约环球报》（New York Globe）在提到哈兰时写道，"还有一个人没有忘记，我们经历了一场伟大的战争，而在许多注定要失败的事情中，有一项就是宪法中的肤色恐惧症。"《克利夫兰公报》（Cleveland Gazette）预测说，这一判决将使"数百家"北部的旅馆和娱乐场所对黑人关闭大门。"在南部，如果可能的话，一切都会变得更糟。"[46]

就在几年前，布拉德利在芒恩诉伊利诺伊州案（Munn v. Illinois）的判决意见中提醒他的同事，最高法院裁定企业"披着公共利益的外衣"（在这个案件中指的是一台谷物升运机）可以被各州合法监管。换句话说，各州可以制定自己的公民权利法律。这在南部州和边界州几乎不可能发生,因为这些州现在已经牢牢地处于民主党的控制之下。民主党人已经废除了重建时期的公民权利措施,有时取而代之的是允许客栈老板、剧院老板和其他人排除任何可能让大多数顾客感到"讨厌"的人。(这样的法律直到 1963 年还被写在特拉华州的法规书籍中。)然而,在其他地方,黑人活动家发起了一场声势浩大的要求州进行立法的运动。在 1883 年之后的 10 年里,17 个北部和西部州通过了这样的法律,其中许多州严格遵循现在已经失效的 1875 年全国性法规的语言。事实证明,这些法律实施起来很困难,大多数州法院裁定,包括隔离学校在内的"同等条件"的单独住宿并不违反这些法律。但这些法律的通过表明,曾经是一种边缘理念的平等的公共权利,如今已进入共和党的主流。[47]

面对最高法院的判决的令人沮丧的趋势,黑人领袖们继续推进另一种司法判例,对公民权利和联邦政府实施这些权利的权力进行宽泛的理解。有一位孜孜不倦地倡导对重建宪法修正案持不同观点的人是 T. 托马斯・福琼(T. Thomas Fortune),他的父亲是佛罗里达州的一位重建领袖,在纽约市担任了许多家报纸的编辑。福琼在转向新闻业之前曾学习法律,他对最高法院的大多数法官几乎没有尊重,称他们"缺乏法律敏锐性"。他坚持认为,第二次建国从根本上改变了宪法,在公民个人和国家之间建立了一种直接的关系,并赋予国家保护黑人行使这些新权利的权力。他特别抨击了州的行为/私人行为的两分法。"是什么样的政府,"福琼问道,"公开宣称无权保护公民免受暴徒、恐吓和谋杀?"[48]

民权案例还促使巴尔的摩的自由兄弟会出版了对最高法院裁决的批评意见的著作《司法与司法判例》。这本 600 页的法律、历史和哲学专著直到 1889 年才出版。它的语言华丽,甚至自命不凡。但在这些言辞的背后,隐藏着对"法律虚构"的尖锐批评,正是这种"法律虚构"使"法院的违宪行为和公众情绪偏离第十四条宪法修正案"成为可能。该书探讨了构成合众国公民的特权和豁免权的"公共和私人"权利，第十四条宪法修正案旨在保护这些权利。这些权利不仅包括公共住宿、交通和娱乐场所的平等待遇，而且包括广义上的自由劳动权利。这本书抨击了就业歧视、住房隔离、将黑人排除在工会之外以及缺乏受教育的机会，坚持认为公民资格带来的是经济机会的希望。"一个公民，"它问道，"能每天被排除在工业进步的道路之外……而且还是合众国公民吗？"这本书把重点放在最高法院对第十四条和第十五条宪法修正案权利的区分上。"为什么"，这位作者问道，"存在一种宪法权力"来反对私人对投票权的干涉，而不是反对个体或企业"歧视这个种族的所有其他公民权利、豁免权和特权"的行为？[49]

《巴尔的摩太阳报》谴责《司法与司法判例》的作者们试图"击溃公众对最高法院的信心"。但这本书也受到了恭敬的关注，似乎已经广泛传播。一家报纸甚至指责来自堪萨斯州的参议员约翰·詹姆斯·英格尔斯（John James Ingalls）在关于"南部暴行"的演讲中抄袭了这部著作的内容。《费城问询报》(Philadelphia Inquirer)宣称，《司法与司法判例》证明，法院"实际上推翻了这些宪法修正案"。《底特律老实人报》(Detroit Plaindealer)说，这部论著"注定会成为宪政自由"以及"美国未来的种族问题不可衡量的权威"。律师兼政治哲学家撒迪厄斯·韦克曼（Thaddeus B. Wakeman）在《科学》杂志上撰文，指责这位匿名作者沉迷于"非裔华丽的辞藻"。但韦克曼接受这样的结论，即最高法院关于重建宪法修正案的司法判例是完全错误的。他写道，这些修正案的"明确目的"，是将公民的权利的"整个主题"置于联邦管辖之下。但是，一旦它们抵达"合众国最高法院这个自由的坟墓"，太多的权利就丧失了。[50]

* * *

然而，1889年并不是传播这种另类宪政观点的好时机。在《司法与司法判例》出版的同一年，国会审议了一项确保南部黑人选举权的新提议。1888年的总统大选使共和党人自1875年以来首次同时控制了总统职位和国会。1890年7月，由来自马萨诸塞州的众议员亨利·卡伯特·洛奇（Henry Cabot Lodge）提出的《联邦选举议案》（Federal Elections Bill）在众议院获得通过。它授权联邦法院任命国会选举监督员，并允许这些法院而不是地方官员来证明选举结果。它不适用于州和地方选举。但它激起了民主党的强烈反对。1891年初，就在国会休会之前，该议案成为共和党内部斗争和南部在参议院阻挠议事的牺牲品。（这是第一个得到众议院和参议院的大多数和总统的支持、但却被南部的阻挠议事而扼杀的立法。它不会是最后一个。）乔治·霍尔（George F. Hoar）是这项议案在参议院的负责人，他收到了许多"老派林肯共和党人"的来信，称赞他的努力。但随着洛奇议案的挫败，几十年来国会为保护美国黑人的宪法权利所做的最后一次重大努力宣告失败。1892年大选后，民主党人发现自己控制了总统职位和国会，于是废除了重建时期的三条实施法的大部分内容。[51]

在1890年代，共和党人默许了南部民主党人的要求，即他们的州应该在没有外来干涉的情况下，自由地管理选举、劳资关系和种族制度。1896年，自内战以来，共和党的全国纲领第一次没有直接要求保障黑人的投票权，而是含糊地支持所有公民"自由和不受限制的投票"的权利。两年后，在美西战争中，美国获得了一个海外帝国，这一发展有力地强化了白人有权利和义务统治非白人的观念。1902年，哥伦比亚大学政治学家约翰·伯吉斯写道，由于新的"帝国企业"（imperial enterprises），北部人正在学习南部人和欧洲人已经知道的东西，即"不同种族之间的政治能力存在巨大差异，掌握政治权力……是白人的使命"。伯吉斯、他的同事威廉·邓宁和他们的学生出版了第一批关于重建的学术著作，谴责赋予黑人选举权是一个可怕的错误。邓宁写道，接受种族不平等的现实，必须是南部任何稳定社会秩序的基础。进入 20 世纪，当最高法院的大法官希望提供历史背景来对重建宪法修正案做出判决时，他们引用的是邓宁学派的著作以及《悲剧时代》，后者是克劳德·鲍尔斯在 1920 年代写给大众的一部关于重建的耸人听闻的作品。[52]

美国作为一个海外帝国强权的出现，对公民资格的定义和第十四条宪法修正案所保护的权利范围提出了新的问题。1898 年，遵循该修正案的朴素语言，最高法院确认，在美国出生的华裔是天生的公民，尽管归化法禁止他们的父母享有美国的公民资格。然而，一旦美国获得波多黎各、关岛、萨摩亚和菲律宾，帝国的要求就渗透到最高法院的判决之中，特别是关于美国宪法是否"追随国旗的脚步"，即这些岛屿的居民是否享有与其他美国人同样的宪法权利。在 1901 年的岛屿案件（*Insular Cases*）中，最高法院的结论是，与北美大陆的领土不同的是，国会对这些"岛屿"（insular）领土的"绝对权力"（plenary power）几乎没有宪法限制。隐藏在这些判决背后的是所谓的重建"教训"，即非白人不适合参与美国的民主。[53]

甚至除了帝国冒险之外，1890 年代和 20 世纪初还见证了后来被称为"吉姆·克罗制度"的全面实施。历史学家雷福德·洛根（Rayford Logan）将这些年描述为美国种族关系的"最低点"，其时私刑在南部普遍存在；报纸、杂志和通俗文学充斥着黑人懒惰和暴力倾向的形象；科学话语中与生俱来的种族差异信念根深蒂固；劳动力市场充斥着种族主义。在格罗弗·克利夫兰任命的民主党人、两任首席大法官梅尔维尔·富勒（Melville W. Fuller）和爱德华·怀特的领导下，最高法院在重建问题上的退却达到了高潮。具有讽刺意味的是，最高法院受理的涉及第十四条宪法修正案的案件数量在 1890 年代真正开始上升，但几乎所有这些案件都与公司的"自由"有关，而与前奴隶及其后代的自由无关。（在 1880 年代，最高法院宣布公司为合法的"个人"，有权受到该修正案正当程序条款的保护。这需要对该修正案的文本和 1866 年的国会辩论进行创造性的解读，因为这两者都没有提到公司。）但是最高法院必须决定南部法律——这些法律要求在交通运输方面实行种族隔离，剥夺黑人的投票权——的扩散是否违反了修改后的宪法。在这两种情况下，最高法院都认定它们没有违宪。[54]

1890 年，路易斯安那州颁布了一项法律，要求铁路公司为白人和黑人乘客提供"平等但隔离的车厢设施"。正如挑战这项法案的一个团体的名称——测试《隔离车厢法案》之合宪性公民委员会（Citizens' Committee to Test the Constitutionality of the Separate Car Act）——所表明的那样，黑人认为这项法律最重要的一点是对他们作为美国公民的权利的侮辱。该组织由路易斯·马蒂内（Louis A. Martinet）和鲁道夫·德斯杜尼斯（Rodolphe Desdunes）领导。马蒂内是新奥尔良周报《改革者》（The Crusader）的编辑，他的父亲是法国人，母亲是一名奴隶。德斯杜尼斯长期都是一名政治活动家。重建期间，他们的参与表明，他们与争取公共权利的运动有着直接联系。另一件让人想起重建的事情是，该委员会选择了律师阿尔比恩·图尔热（Albion W. Tourgée）来打这场官司。图尔热曾协助起草 1868 年北卡罗来纳州的进步宪法，曾作为法官与该州的三 K 党作斗争，并于 1891 年在报纸上写了一篇专栏文章，谴责路易斯安那州的《隔离车厢法案》。图尔热得到了当地铁路公司的帮助；许多公司不喜欢隔离车厢产生的额外费用，因为这些车厢里通常很少或没有黑人乘客。

该委员会挑选了浅肤色的霍默·普莱西（Homer A. Plessy）来测试这项法律。他进入了一节白人专用的车厢，当列车员命令他离开时，他拒绝离开，因而被逮捕。图尔热认为，普莱西很容易被误认为是白人，这一事实表明，试图将种族分类写入法律，并授权列车员决定乘客的种族归属的做法是荒谬的。然而，他的核心论点与哈兰在民权案例中的异议意见相呼应——第十四条宪法修正案建立了联邦对一系列新旧权利的保护，使之免于遭受可恶的种族歧视。他希望最高法院能借此机会重新考虑它于 1873 年在屠宰场案判决中对公民资格的特权或豁免权的狭隘定义。他还坚持认为，路易斯安那州法律的目的不仅仅是将两个种族隔离开来，而是侮辱和贬低黑人，他坚持认为，应该根据第十三条宪法修正案将其作为奴隶制的烙印予以废除。图尔热的最高法院申诉书要求大法官们站在黑人的立场上。如果有一天他们醒来时"皮肤黝黑"，不得不忍受被赶出火车车厢的屈辱，他们会有什么感觉？[55]

到 1896 年普莱西案提交至最高法院时，大法官们已经维持了对一家铁路公司的判决，因为该公司没有遵守 1888 年密西西比州要求对乘客实行种族隔离的法律。因此，当它以 7 比 1 的票数对路易斯安那州的法规做出同样的裁决时，也就不足为奇了。这项判决由亨利·布朗（Henry B. Brown）大法官撰写，他是海军法专家，来自马萨诸塞州的社会精英阶层。布朗的判决意见并没有与图尔热的大部分观点相冲突，只是简单地指责黑人过于敏感。布朗坚持认为，只要设施是平等的，隔离就不是"低人一等的标志"，即使"有色人种"选择"对它进行这种解释"。因此，第十四条宪法修正案的平等保护条款并不适用于此类情况。第十三条宪法修正案对此也没有任何影响，因为种族隔离是州对警察权力的"合理"行使，而不是奴役的烙印。

但布朗超越了法律争论，提出了强制性的"社会平等"这一古老的棘手问题，并提出了他对种族"本能"的永恒本质和种族"强制混合"的不可取性的看法。他宣称，重建宪法修正案的目的"不可能是废除基于肤色的差别"。布朗把黑人描绘成想象自己受到不公平对待，但同时把白人称为"占统治地位的种族"，并补充说，"如果一个种族在社会地位上不如另一个种族，合众国宪法就不能把他们放在同一个层面上。"事实上，如果白人乘客被迫与黑人乘客坐在一起，他们的声誉就会受损。布朗写道，白肤色（whiteness）是"财产"的一种形式，铁路公司可以因其贬值而被起诉。然而，尽管普莱西的肤色很浅，但他不是白人，因此没有资格获得"白人的声誉"，白人的声誉显然比黑人的声誉更有价值。[56]

唯一的持异议者约翰·马歇尔·哈兰写了一份意见，后来被公认为是宪法平等主义的经典宣言。当然，哈兰对平等的承诺有其局限性。他分享流行的反华偏见；事实上，他反对路易斯安那州法律的一个原因是，该法律允许华人——归化法禁止他们获得公民资格——旅客与白人坐在同一个车厢，但却排斥黑人公民，而其中一些黑人可能"冒着生命危险来保存联邦"。两年后，他将对最高法院的裁决提出异议，该裁决认为，第十四条宪法修正案的出生地公民资格原则适用于中国移民在美国出生的子女。[57]

然而，在黑人问题上，哈兰无可辩驳地驳斥了布朗的种族主义逻辑。"白人种族，"哈兰写道，毫无疑问，在财富、权力、声望和成就上是"占统治地位的种族"。"但是，从宪法的角度来看，从法律的角度来看，这个国家没有优越的、占统治地位的公民统治阶级……我们的宪法是色盲的宪法。"这里所涉及的不是虚幻的社会平等，而是"个人自由"问题，因此路易斯安那州的法律不仅违反了第十四条宪法修正案，也违反了第十三条宪法修正案。平等设施的"伪装"并不能掩盖这样一个事实，即强制实行的隔离并不是无害的种族隔离，而是根源于奴隶制的种族统治的表现。这项法律假定黑人是"如此低人一等，如此堕落，以至于他们不能坐在白人公民旁边"。"在我看来，"哈兰补充说，"今天做出的判决，最终将证明与本法庭在德雷德·斯科特案中做出的判决一样恶名远扬。"哈兰正确地预测到，这一判决将引发一场法律洪流，南部生活的各个领域都将实施种族隔离。事实上，隔离设施从来就不是"平等的"，无论如何，最高法院很快就放弃了必须平等的想法。1899 年，它允许佐治亚州的一个学校董事会出于经济原因关闭其黑人高中，而白人学生的高中则继续运行。甚至哈兰也同意这种做法——事实上，他在判决书中写道，学校经费的分配是由州和地方当局决定的。[58]

半个多世纪后，布朗诉教育委员会案推翻了有关公共教育领域的"隔离但平等"原则。由于布朗诉教育委员会案的里程碑地位，普莱西诉弗格森案如今是最高法院在19世纪末做出的最广为人知的判决。不过，在当时，它几乎没有引起人们的注意，而且提到它的新闻报道通常将其视为"铁路案件"，而不是关于公民权利的案件。然而，哈兰的异议巩固了他在黑人社区中的声誉。一家黑人报纸评论说："除了深切的尊重和感激，没有什么能与哈兰大法官有关联了。"南部白人则大体上持不同的观点。1911年哈兰去世时，孟菲斯的一家报纸评论说，如果他的观点已经成为法律，"所有重建主义者的旧教条……会被强制执行，这个国家很可能会经历种族战争"。

第二年，普莱西案判决的作者、已退休的大法官亨利·布朗出版了一本关于他的已故同事的回忆录。布朗现在承认，哈兰认为路易斯安那州的法律是出于非法的歧视目的的观点"可能是事实"。他还承认，虽然1883年民权案例中的多数派意见"得到了全国的普遍认可"，但人们仍然怀疑，"这些宪法修正案的精神是否在字里行间有所牺牲"，以及是否如哈兰所坚持的那样，黑人在宪法上有权"在所有与公共利益有关的地方"享有平等待遇。然而，到1912年布朗写作这些话时，哈兰预言普莱西案将掀起一波种族隔离立法浪潮，这一预言已经成为现实，所有这些立法都符合宪法，其依据都是最高法院对第十四条宪法修正案的解释。[59]

至于投票权，到20世纪初，在最高法院的默许下，第十五条宪法修正案在整个南部基本上已被废除。尽管民主党人长期以来一直利用剥夺被控犯罪的人的选举权，以及通过不公正地划分选区、暴力和欺诈等方式来减少黑人选民的数量和影响，但洛奇议案的失败被视为彻底根除黑人选举权的绿灯。密西西比州带头，在1890年采用的新宪法，要求支付人头税，扩大被剥夺了投票权的罪犯的数量（以至于"巧立名目获取钱财和物品"），并禁止那些无法阅读州宪法的一部分或对州宪法做出合理解释的潜在选民投票。"理解宪法"条款使得地方登记员控制了决定谁可以享有投票权的权力，这些登记员通常是民主党的基层官员。密西西比州的制宪大会还呼吁废除第十五条宪法修正案。与此同时，为了避免直面这条修正案，这些要求没有明确提到种族问题。[60]

20世纪初，当剥夺黑人选举权的任务完成时，1870年载入宪法的非裔美国人的选举权在整个旧南部司盟地区以及俄克拉荷马州和特拉华州都已被废除。正如南部历史学家弗朗西斯·西姆金斯（Francis Simkins）后来所指出的，剥夺黑人的选举权"只有一个理由，即对所谓恐怖的重建的记忆"。这一结果本应促使第十四条宪法修正案第二款的实施，这一款内容规定，剥夺男性公民选举权的州的国会代表人数应自动减少。但是国会没有采取任何行动。1901年，前重建立法委员乔治·布特维尔在一篇文章中哀叹第十五条宪法修正案已被"击败"，称南部各州政府已经"篡权"。该修正案的命运是宪法被废除的一个不寻常的例子，也是民主历史上一个不寻常的事件。数百万享有投票权的人突然被剥夺投票权，这种情况不可能有很多。[61]

最高法院拒绝废除各州剥夺黑人公民选举权的措施。第一个案件，即1898年的威廉斯诉密西西比州案，是由亨利·威廉斯（Henry Williams）的上诉引起的。亨利·威廉斯是一名黑人，他被指控犯有谋杀罪，并在全由白人组成的大陪审团和小陪审团面前被定罪。由于陪审员是从密西西比州的选民名册中选出来的，而密西西比州的选民名册现在几乎排除了所有黑人，威廉斯对1890年州宪法的投票规定提出了质疑。这起案件因科尼利厄斯·琼斯（Cornelius Jones）出庭辩护而闻名，这是黑人律师首次在没有白人律师协助的情况下出庭。但是大法官们拒绝干涉密西西比州剥夺黑人公民选举权的政策。

1886年，在益和诉霍普金斯案（*Yick Wo v. Hopkins*）中，最高法院援引第十四条宪法修正案，一致推翻了一项违反旧金山有关洗衣店经营条例的判决。尽管这部法律"表面上是公平和公正的"，没有提到国籍或种族，但大法官们得出的结论是，这部法律是以歧视华人经营生意的方式"实施和管理"的（"一双邪恶的眼睛和一双不平等的手"是斯坦利·马修斯［Stanley Matthews］大法官的标志性语言）。因此，该法令相当于"州实际上否认了"法律平等。然而，当涉及非裔美国人时，最高法院被证明不愿超越法律的措辞。1890年密西西比州制宪会议的成员们直截了当地宣布了他们的目标——正如一位代表所宣称的那样，"将黑人排除在外"——并取得了成功。然而，最高法院一致裁定（哈兰奇怪地加入了这个判决），由于密西西比州宪法"表面上"没有提到种族问题，因此它没有违反第十五条宪法修正案。最高法院宣称，尽管投票限制的实施导致几乎没有任何黑人登记参加投票，但并没有证据表明这些规定是以歧视性的方式实施的。[62]

对黑人投票权同样具有破坏性的是1903年贾尔斯诉哈里斯案（*Giles v. Harris*）的判决，这是另一起由黑人律师在法庭上辩论的案件。这位黑人律师是威尔福德·史密斯（Wilford H. Smith），毕业于波士顿大学法学院。亚拉巴马州黑人选举权协会（Alabama Negro Suffrage Association）主席杰克逊·贾尔斯（Jackson V. Giles）从1871年到1901年参加了投票。他提起诉讼，要求推翻亚拉巴马州的新的投票限制，该限制允许登记员将那些缺乏"良好品格"或不理解"公民资格的责任和义务"的人排除在投票权之外。他的投诉称，该州的整个登记制度都存在种族偏见。最近刚被西奥多·罗斯福任命的奥利弗·温德尔·霍姆斯大法官代表6比3的多数派写下了这份判决意见。实际上，霍姆斯无奈地摊开双手，称最高法院无能为力。他写道，如果"绝大多数白人想要阻止黑人投票"，大法官们就无能为力，除非他们准备让联邦法院监督整个亚拉巴马州的投票。"从巨大的政治错误中解脱出来"只能让"一个州的人民"通过他们选举出来的官员或者让国会来实现。（当然，亚拉巴马州的"人民"的定义正是争论的焦点。）霍姆斯将继续他杰出的大法官生涯。一位学者写道，贾尔斯诉哈里斯案"是——或者应该是——他声誉上最显著的污点"。[63]

自1883年民权案例判决以来，贾尔斯诉哈里斯案在报纸上的报道比任何涉及黑人的案件的报道都要多。民主党媒体称赞这一裁决，认为最高法院不会干涉"一个主权州对其选举的监管"。尽管霍姆斯没有明确支持亚拉巴马州的投票限制，但南部和北部的报纸的头条都暗示他支持这种限制，其中包括两篇题为"最高法院支持亚拉巴马州宪法"和"可以阻止黑人投票"的报道。北部出现了一些不满的迹象。"宪法是不可实施的吗？"《斯普林菲尔德共和党人报》问道。"我们面临着这样一种考虑，即宪法可能被违反而不受惩罚。"[64]

怒不可遏的贾尔斯不仅输掉了官司，还丢掉了邮递员的工作，他誓言要继续战斗。1904年，他提起诉讼要求赔偿，要求最高法院宣布亚拉巴马州的投票规定无效。他的请求再次被驳回。一年后，尼亚加拉运动和全国有色人种协进会开始了复兴重建宪法修正案的斗争。但通往成功的道路将是非常漫长的。到现在为止，对重建的法律遗产的废除仍在继续。在1906年的霍奇斯诉合众国案（*Hodges v. United States*）中，最高法院严重削弱了1866年《民权法案》，该法案禁止干涉黑人的自由劳动权利。该案推翻了联邦法院对三名白人男子的判决，这三名男子在阿肯色州一家锯木厂使用暴力让八名黑人丢掉了工作。哈兰写道："我不能同意对宪法进行这样的解释，即它拒绝为我们广大人民从这个国家获得的权利提供全国性的保护。"

关于这一长串的判决，有一点值得肯定的是，正如新奥尔良公民委员会主席鲁道夫·德斯杜尼斯在谈到普莱西案时所写的那样，"我们的人民对于把美国政府逼上绝路感到满意"，这迫使它表明，这个国家对吉姆·克罗制度的承诺有多深。[65]

结　语

复兴重建宪法修正案的长期斗争的故事被人们津津乐道,这个斗争在 1950 年代和 1960 年代第二次重建期间的沃伦法院的判决中达到高潮。[1] 如今,自由兄弟会、大法官约翰·马歇尔·哈兰和其他一些人对这些宪法修正案提出了另一种基于权利导向的解释,他们的许多目标已被纳入成文法,并得到最高法院的支持。这个国家在实现重建议程方面已经走了很长一段路,尽管严重的不平等问题仍然存在。然而,第二次建国的关键要素,包括出生地公民资格、平等的法律保护和投票权,仍然备受争议。在一个如此严重依赖先例的法律环境中,从重建中撤退的重要判决,以及哈兰所说的法院对第十三条、第十四条和第十五条宪法修正案的"狭隘和武断"理解,仍然泰然自若。

除了少数例外情况,如 20 世纪早期推翻建立奴隶制的州法的案件,很少有关于第十三条宪法修正案的司法判例。事实证明,国会也不愿意根据该修正案的实施条款制定法律。1968 年,在民权革命的高潮时期,最高法院濒临重振第十三条宪法修正案的边缘,然后又后退了。在琼斯诉阿尔弗雷德·迈耶公司案(*Jones v. Alfred H. Mayer Co.*)中,7 比 2 的多数派判决同意根据 1866 年《民权法案》(这项法案就是根据第十三条宪法修正案制定的)对房屋买卖中的种族歧视提起要求损害赔偿的诉讼。多数派认为,这种剥夺黑人和白人一样拥有财产权利的种族歧视是奴隶制带来的耻辱。但最高法院从未对奴役的"烙印和特征"做出更为广泛的界定。因比，第十三条宪法修正案基本上仍然是"一纸空文"，其目的在动产奴隶制销声匿迹时得到了实现。这很不幸，因为该修正案的措辞没有提到任何关于州行为的内容。它的潜在力量几乎从未被用作反对种族主义的武器，而种族主义构成了美国奴隶制中如此强大的一个因素。[2]

与第十三条宪法修正案一样，第十五条宪法修正案在现代宪法法（constitutional law）中只起到了很小的作用。它确实为1965年的《选举权法》——该法案恢复了数百万南部黑人的选举权——以及1957年和1964年的《民权法案》中较为温和的投票条款提供了宪法支持。然而，直到今天，投票权仍然是激烈争论的主题。许多州最近颁布了法律，没有明确提到种族或族裔，但强制实行选举权限制，似乎旨在限制黑人、西班牙裔和土著美国人的投票权。最高法院支持其中一些法律；其他的法律仍然是诉讼的对象。

最近关于第十五条宪法修正案的主要判决是在2013年做出的，这个案件源于亚拉巴马州的谢尔比县。最高法院废除了《选举权法》的一项规定，即在投票中有长期种族歧视历史的某些司法管辖区，在改变投票规则之前，必须事先获得联邦政府的批准。多数派宣称，这项规定"严重背离了"载入原始宪法中的"联邦制的基本原则"。最高法院坚持认为，怀疑过去有歧视倾向的州和地方现在也有这种倾向的做法是不公平的。正如任何一个对美国历史有更为深刻理解的人所预测的那样，亚拉巴马州立即将这一判决视为该州可以制定旨在限制投票人口的法律的绿灯。譬如，该州要求选民在投票时要出示带有照片的身份证，然后关闭了黑人占人口比例最高的县的驾照办公室（在那里可以获得此类证件）。在确认对联邦制的承诺时，关于谢尔比县的判决没有提到第二次建国如何改变了原始的联邦体制。事实上，直到今天，当保守派法学家讨论联邦制时，他们几乎总是把注意力集中在18世纪制宪者的理念上，而忽略了重建的设计师们的理念。[3]

至于第十四条宪法修正案，它经历了惊人的扩展，尽管它是符合1866年为整个国家建立广泛的平等标准的普遍愿望而出台的。该修正案在20世纪的权利革命中发挥了至关重要的作用。吸纳——约翰·宾厄姆要求各州遵守《权利法案》的保护的梦想——基本上已经实现了，不是一次全部实现，而是随着时间的推移一个个实现的。这一过程在2010年麦克唐纳诉芝加哥市案（*McDonald v. City of Chicago*）的判决和2019年蒂姆斯诉印第安纳州案（*Timbs v. Indiana*）的判决中达到高潮，前者要求各州遵守第二条宪法修正案规定的携带武器的权利，后者加入了第八条宪法修正案中关于过度罚款的禁令。然而，与宾厄姆的期望相反，《权利法案》对各州的适用是通过第十四条宪法修正案的正当程序条款实现的，而不是通过禁止各州损害美国公民的特权或豁免权来实现的，后者才是更符合逻辑的。在1873年的屠宰场案判决中，这后一种条款的措辞几乎变得毫无意义。这个判决仍然是"有效法"（good law）。在麦克唐纳案中，大法官塞缪尔·阿利托（Samuel Alito）的多数派意见明确表示："我们拒绝破坏屠宰场案的裁决。"[4]

多亏了吸纳原则，各州现在必须按照《权利法案》所列举的基本权利（liberties）行事，这极大地扩大了所有美国人使自己的公民自由不受州和地方当局侵犯的能力。然而，具有讽刺意味的是，当涉及美国黑人的地位时，第十四条宪法修正案的承诺从未真正实现。当然，20世纪50年代和60年代的沃伦法院系统性地拆除了法律性隔离的大厦，这值得高度称赞。但是，除了否定普莱西诉弗格森案之外，即便是在具有里程碑意义的废除种族隔离的案件中，大法官们也没有直接面对一系列限制国家权力凌驾于公民的基本权利之上的判决。相反，他们选择绕过这一司法判例。即使在民权革命的鼎盛时期，他们也不敢说，在过去的80多年里，最高法院一直都是错误的。[5]

最高法院在支持惩罚个体和企业歧视行为的立法的同时，从未否定过州行为原则。1948年，在一项关于住房合同中的歧视性条款不能在法庭上实施（这将使各州成为同谋）的裁决中，最高法院重申了"我们的宪法中根深蒂固"的原则，即第十四条宪法修正案只禁止"各州采取的行为，而不仅仅是私人行为，无论这种行为多么具有歧视性"。后来，在确认1964年《民权法案》的合宪性时，最高法院没有依据重建宪法修正案，而是依据了宪法的州际商业条款。2009年，当国会通过了一项联邦"仇恨犯罪"法，允许联邦政府起诉由种族、性别、宗教和国籍偏见引发的暴力行为时，它的行动所依据的也是州际商业条款。联邦法院基于这些理由支持该法令，但最高法院尚未就其合宪性做出裁决。（如果出现这种情况，前景绝不明朗。2000年，在合众国诉莫里森案中，最高法院援引了1883年的两项判决，即民权案例和合众国诉哈里斯案，得出结论，认为国会无权在联邦法院就不是由"州支持"的针对妇女的暴力行为提供补救措施。）

将商业条款提升为"人权宪章"(charter of human rights)，以补偿最高法院对重建宪法修正案的狭隘看法，这让人觉得司法部门看起来十分可笑。每个人都知道，保障商品的自由流通并不是那些走上街头要求通过《民权法案》的人的动机，也不是那些投票支持该法案的国会议员的动机。然而，要使用第十四条宪法修正案，就需要否定一种可以追溯到1870年代的司法判例。[5]

首席大法官威廉·伦奎斯特（William Rehnquist）在莫里森案判决中呼应了屠宰场案的多数派意见，他宣称第十四条宪法修正案的目的不是"抹杀制宪者精心设计的各州与联邦政府之间的权力平衡"。伦奎斯特根据民权案例和合众国诉哈里斯案为此案进行辩护，不仅仅是因为"这些判决已被记录在案的时间很长"，还因为发布这些判决的大法官"对围绕第十四条宪法修正案的通过所发生的事件了如指掌"。他完全无视当时同样熟悉这些事件及其历史的人的广泛批评。[7]

今天，尽管许多形式的私人种族歧视行为都是非法的，没有任何州或联邦法律公然歧视黑人或其他少数族裔，但对第十四条宪法修正案的州行为原则的解释可能会削弱其力量。譬如，在不允许在民办学校（voluntary school）废除种族隔离项目中考虑种族因素的裁决中就使用了这一原则，理由是，今天的这种种族隔离不是像过去那样源于法律，而是源于产生种族同质住房模式的"私人选择"。公共行为和私人行为之间的这种明显区别使得联邦、州和地方住房、分区、交通和抵押保险政策之间的众多联系难以处理，银行、房地产公司和个人购房者的"私人"决定，共同造成了住房和教育领域的广泛隔离现象。[8]

第十四条宪法修正案的平等保护条款遵循了类似的模式，其影响远远超出了重建的原始目的，但仅限于非裔美国人。平等保护是最高法院1960年代具有里程碑意义的"一人一票"判决的基础，该判决要求立法机构和国会选区拥有相同数量的人口。从1970年代开始，宝莉·默里（Pauli Murray）和露丝·巴德尔·金斯伯格（Ruth Bader Ginsburg）在开创性的法律辩论中就使用了这一理论，他们说服法院将第十四条宪法修正案适用于基于性别的歧视。它构成了1982年一项禁止各州将非法移民子女排除在公立学校之外的判决的基础。与正当程序条款相一致，它为2015年要求各州允许同性伴侣结婚的裁决奠定了宪法基础。平等保护条款使第十四条宪法修正案成为一种工具，通过它，所有背景的美国人都可以要求更多的权利，并从各种形式的歧视中寻求补偿。

然而，在种族公正方面，最高法院最近证明，它更同情那些抱怨平权行动政策导致逆向歧视的白人原告，而不是那些寻求帮助克服数百年奴隶制和种族隔离制度遗留问题的黑人。约翰·马歇尔·哈兰的名言"我们的宪法是色盲的宪法"，曾在普莱西案中对多数派进行了抨击，他提醒人们要注意第二次建国的平等主义宗旨，最近却被保守派大法官援引，以挑战任何对种族因素的考虑。最高法院似乎把"种族分类",而不是不平等,视为这个国家种族问题的根源。这种观点更多地根植于现代政治,而非重建时期的实际历史,这助长了人们长期以来对促进平等的种族意识努力的撤退。[9] 关于第十四条宪法修正案的第一句话,即确立出生地公民资格的原则,由于它适用于在美国出生的非法移民的子女,最近引起了很大的争议。知名政治人物呼吁彻底废除该修正案的这部分内容。在 2018 年中期选举之前,唐纳德·特朗普总统表示,他计划发布一项推翻该原则的行政命令。认为总统可以单方面废除宪法明文规定的想法令人震惊。人们会猜想下一个可能是哪个条款会被废除。

当然,我们今天所处的法律时代与 19 世纪晚期大不相同。但是,从重建中撤退的阴影仍然笼罩着当代司法判决。然而,如果政治环境发生变化,在重建及其后果中形成的反向解释(counter-interpretation),以及对第二次建国时庄严载入宪法的各项权利的更为有力的主张以及联邦政府实施这些权利的权力,仍然是可行的。没有理由认为第十三条宪法修正案不能重新焕发活力,成为一种反对奴隶制中根深蒂固的不平等的武器,或者认为第十四条宪法修正案中有关公民的特权或豁免权的条款一定是一纸空文,也没有理由认为它一定不能包含被奴隶制所剥夺的权利,以及今天成为美国社会正式成员所必需的权利,譬如获得充分的教育,甚至是"合理的工资"的权利,林肯在《解放奴隶宣言》中说,获得解放的奴隶有权得到这些工资。在 21 世纪,为什么投票权不应该被视为所有成年美国人享有的公民资格的特权?法院没有理由不能合理地考虑"社会种族主义"(societal racism)——最高法院为了为平权行动和学校融合计划进行辩护,傲慢地摈弃了这个概念——也没有理由认为州行为原则必须阻碍联邦政府保护所有美国人的权利不受私人团体侵犯的努力。在追求种族平等的目标时,也没有任何理由依赖不合情理地援引宪法的商业条款。这里的关键问题不在于反向解释是重建宪法修正案的一个真正含义，而在于除了最高法院的实际判例之外，还有其他根植于历史记录的替代选择，这些选择将赋予这些宪法修正案更大的权力。

在亚伯拉罕·林肯的第二次就职演说中，他把奴隶制视为内战的根本原因，并含蓄地要求美国人毫不犹豫地正视奴隶制的遗产，创造性地思考如何实现奴隶制的毁灭所带来的畅想。这三条宪法修正案构成了这个国家对林肯的畅想的部分回应。它们曲折的历史提醒我们，正如詹姆斯·麦迪逊在《联邦主义者文集》中所警告的那样，在某些情况下，宪法保障只能成为侵犯美国人的自由的"羊皮纸屏障"。[10]

权利可以获得，也可以被剥夺。在奴隶制结束一个半世纪之后，平等公民资格的事业仍未完成。无论有何缺陷，内战之后的时代可以鼓舞那些为了实现一个更为平等、更为公正的社会的人努力奋斗。我们每天都生活在重建和重建被推翻的复杂遗产之中。由于自由、平等和民主的理想总是受到质疑，我们对重建宪法修正案的理解将永远是一项正在进行中的工作。只要奴隶制和种族隔离的遗产继续困扰着我们的社会，我们就可以期待美国人回到这个国家的第二次建国时期，并在那里为我们这个动荡不安的时代找到新的意义。

致　　谢

　　任何一部史学作品的写作，都离不开前人的研究成果，《第二次建国》也不例外。我最为感激的是这样一些历史学家的友爱之情，他们在我之前研究了第十三条、第十四条和第十五条宪法修正案的起源、批准和解释，并深刻阐释了这个孕育了美国宪法革命的内战和重建时代。

　　不过，我的确要感谢许多人，他们回答了我就这项研究计划的一些具体方面提出的咨询问题，并与我分享了他们的观点和资料，还以其他方式帮助了这个项目的研究。布伦丹·吉利斯（Brendan Gillis）、戴维·柯尼格（David Konig）、艾伦·泰勒（Alan Taylor）和彼得·奥努夫（Peter Onuf）与我分享了他们关于托马斯·杰斐逊和第十三条宪法修正案中臭名昭著的排除囚犯问题的起源的观点。特拉华大学有色人种代表大会研究项目（Colored Conventions Project）的加布里埃尔·福尔曼（Gabrielle Foreman）指引我去查阅一些鲜为人知的有色人种集会资料，这些资料揭示了非裔美国人对宪法的看法。莱斯利·罗兰（Leslie Rowland）在马里兰大学的"自由民与南部协会项目"（Freedmen and Southern Society Project）的档案中帮助找到了相关文件资料。多年前，在与阿西尔·阿玛（Akhil Amar）、劳拉·爱德华兹（Laura Edwards）、兰德尔·肯尼迪（Randall Kennedy）、凯特·马舒尔（Kate Masur）和艾米·德鲁·斯坦利（Amy Dru

Stanley）的谈话中，他们与我分享了他们对本书所讨论问题的看法。我从他们每个人身上都获益良多。

我要特别感谢玛莎·琼斯（Martha S. Jones）、迈克尔·卡拉曼（Michael Klarman）和克里斯托弗·施密特（Christopher Schmidt）等三位杰出学者，他们慷慨地阅读了整部手稿，并提出了宝贵建议。

我还要感谢过去几年来参加以下各种学术研讨会的人士，他们对我的发言提出了尖锐的评论，帮助我澄清了自己的想法：第十三条宪法修正案讨论会（哥大法学院）；萨蒙·蔡斯讲座与研讨会（乔治城大学宪法中心）；第十四条宪法修正案的多重面相研讨会（迈阿密大学）；第十五条宪法修正案专题讨论会（南部大学）；林肯未竟的事业研讨会（克莱姆森大学）；白宫法律顾问办公室研讨会（戴维营）；以及第二和第十巡回司法会议。

一如既往的是，我要感谢我的文稿代理人、全能顾问和律师桑德拉·迪克斯特拉（Sandra Dijkstra）和她的同事，以及诺顿出版公司的团队，特别是史蒂夫·福尔曼（Steve Forman）——他是一位富有洞察力和能随时提供帮助的编辑——及其同事莉莉·盖尔曼（Lily Gellman）。

我最为感激的是我的妻子琳恩·加拉福拉（Lynn Garafola），她是一位杰出的作家和编辑，她从自己的写作项目中抽出时间来阅读本书的手稿，并在其他许多方面为我提供建议和支持。

这本书的题献是我对女儿达莉亚和她的丈夫谢尔·瓦根斯汀（Kjell Wagensteen）深厚感情的一个小小的象征，谢尔最近刚成为我们家的一员。

纽约市
2018 年 11 月

注　释

注释中使用的缩写

AJLH	*American Journal of Legal History*	《美国法律史杂志》
CG	*Congressional Globe*	《国会议事录》
CR	*Congressional Record*	《国会记录》
CLR	*Columbia Law Review*	《哥大法律评论》
GJLP	*Georgetown Journal of Law and Public Policy*	《乔治城法律和公共政策杂志》
HL	Houghton Library, Harvard University	哈佛大学霍顿图书馆
JAH	*Journal of American History*	《美国史杂志》
JCWE	*Journal of the Civil War Era*	《内战时代杂志》
JSCH	*Journal of Supreme Court History*	《最高法院史杂志》
LC	Library of Congress	国会图书馆
LHR	*Law and History Review*	《法律与历史评论》
NAS	*National Anti-Slavery Standard*	《全国反奴隶制规范》
YLJ	*Yale Law Journal*	《耶鲁法律杂志》

前言

1. *CG*, 41st Congress, 2nd Session, 3607.
2. Eric Foner, *Reconstruction: America's Unfinished Revolution 1863-1877* (New York, 2014 ed.). 有关考察当前关于重建的学术论文集，可参见 John David Smith, ed., *Interpreting American History: Reconstruction* (Kent, 2016)。
3. John David Smith, ed., *The Dunning School: Historians, Race, and the Meaning of Reconstruction* (Lexington, 2013).
4. John W. Burgess, *Reconstruction and the Constitution 1866-1876* (New York, 1902), 217; Claude G. Bowers, *The Tragic Era: The Revolution After Lincoln* (Cambridge, 1929).
5. Marilyn Lake and Henry Reynolds, *Drawing the Global Colour Line: White Men's Countries and the International Challenge of Racial Equality* (New York, 2008), 6-10, 50-65.
6. Jason Morgan Ward, "Causes Lost and Found: Remembering and Refighting Reconstruction in the Roosevelt Era," in Carole Emberton and Bruce E. Baker, ed., *Remembering Reconstruction: Struggles Over the Meaning of America's Most Turbulent Era* (Baton Rouge, 2017), 37-39; Gunnar Myrdal, *An American Dilemma: The Negro Problem and Modern Democracy* (New York, 1944), 446.
7. Eric Foner, "The Supreme Court and the History of Reconstruction—and Vice Versa," *CLR*, 112 (November 2012), 1585-1608; David M. O'Brien, *Justice Robert H. Jackson's Unpublished Opinion in Brown v. Board: Conflict, Compromise, and Constitutional Interpretation* (Lawrence, 2017), 124.
8. W. E. B. Du Bois, *Black Reconstruction in America* (New York, 1935).
9. George S. Boutwell, *Reminiscences of Sixty Years in Public Affairs* (2 vols.: New York, 1902), 2: 42.
10. David E. Kyvig, ed., *Unintended Consequences of Constitutional Amendments* (Athens, 2000).
11. *CG*, 39th Congress, 1st Session, 2466-67; Barry Friedman, "Reconstructing Reconstruction: Some Problems for Originalists (And for Everybody Else, Too)," *University of Pennsylvania Journal of Constitutional Law*, 11 (July 2009), 1707. See also Jamal Greene, "Fourteenth Amendment Originalism," *Maryland Law Review*, 71 (2012), 979-84.
12. Faye E. Dudden, *Fighting Chance: The Struggle over Woman Suffrage and Black Suffrage in Reconstruction America* (New York, 2011), 51.

13. Elizabeth Cady Stanton, *Eighty Years and More (1815-1897)* (New York, 1898), 241; Beaumont, *Civic Constitution*, xv-xvi, 2-4; Laura F. Edwards, *A Legal History of the Civil War and Reconstruction: A Nation of Rights* (New York, 2015), 6; Hendrik Hartog, "The Constitution of Aspiration and 'The Rights that Belong to Us All'" *JAH*, 74 (December, 1987), 354; Catherine A. Jones, "Women, Gender, and the Boundaries of Reconstruction," *JCWE*, 8 (March 2018), 116.
14. *CG*, 41st Congress, 2nd Session, 3607; Foner, *Reconstruction*, 232.
15. David W. Blight, *Frederick Douglass: Prophet of Freedom* (New York, 2018), 743.
16. Michael Vorenberg, *Final Freedom: The Civil War the Abolition of Slavery, and the Thirteenth Amendment* (New York, 2001), 60; *Philadelphia North American and United States Gazette*, June 8, 1866.

导论　第二次建国的起源

1. Michael J. Klarman, *The Framers' Coup: The Making of the United States Constitution* (New York, 2016), 261.
2. Sean Wilentz, *No Property in Man: Slavery and Antislavery at the Nation's Founding* (Cambridge, 2018), 162-63; "Interview: Linda Colley," *British Academy Review*, 28 (Summer, 2016), 26. 我借用了詹姆斯·西德伯里（James Sidbury）在2016年5月于华盛顿特区举行的"非裔美国人历史研究的未来"（the Future of the African-American Past）会议上的一篇演讲中关于"我们人民"的观点。
3. Benedict R. Anderson, *Imagined Communities: Reflections on the Origin and Spread of Nationalism* (London, 1983); J. Hector St. John de Crèvecoeur, *Letters from an American Farmer*, ed. Alfred E. Stone (New York, 1981), 69.
4. Carrie Hyde, *Civic Longing: The Speculative Origins of U. S. Citizenship* (Cambridge, 2018), 10; Rogers M. Smith, *Civic Ideals: Conflicting Visions of Citizenship in U. S. History* (New Haven, 1997), 115-25; Eric Mathiesen, *The Loyal Republic: Traitors, Slaves, and the Remaking of Citizenship in Civil War America* (Chapel Hill, 2018), 13-14; *CG*. 40th Congress, 3rd Session, Appendix, 95-96; William J. Novak, "The Legal Transformation of Citizenship in Nineteenth-Century America," in Meg Jacobs, William J. Novak and Julian

E. Zelizer, ed., *The Democratic Experiment: New Directions in American Political History* (Princeton, 2003), 110.

5. *CG*, 40th Congress, 3rd Session, Appendix, 95-96; William M. Wiecek, "Emancipation and Civil Status: The American Experience, 1865-1915," in Alexander Tsesis, ed., *The Promises of Liberty: The History and Contemporary Relevance of the Thirteenth Amendment* (New York, 2010), 79-83; Smith, *Civic Ideals*, 180; Paul Finkelman, "Prelude to the Fourteenth Amendment: Black Legal Rights in the Antebellum North," *Rutgers Law Journal*, 17 (Spring/Summer 1986), 415-82; James. H. Kettner, *The Development of American Citizenship, 1608-1870* (Chapel Hill, 1978), 311-23.

6. Nathan Perl-Rosenthal, *Citizen Sailors: Becoming American in the Age of Revolution* (Cambridge, 2015), 188-90; Smith, *Civic Ideals*, 175-77, 255-58.

7. Eric Foner, "The Meaning of Freedom in the Age of Emancipation," *Journal of American History*, 81 (September 1994), 443; Noah Webster, *A Dictionary of the English Language* (2 vols.: London, 1852); Laura E. Free, *Suffrage Reconstructed: Gender, Race, and Voting Rights in the Civil War Era* (Ithaca, 2015), 11.

8. J. R. Pole, *The Pursuit of Equality in American History* (rev. ed.: Berkeley, 1993), 38; Linda K. Kerber, "The Meanings of Citizenship," *JAH*, 84 (December 1997), 834-40; Linda A. Tvrdy, "Constitutional Rights in a Common Law World: The Reconstruction of North Carolina Legal Culture, 1865-1874," (Ph. D. diss., Columbia University, 2013); *CG*, 38th Congress, 1st Session, 1488; Novak, "Legal Transformation," 88-97; Laura F. Edwards, *The People and Their Peace: Legal Culture and the Transformation of Inequality in the Post-Revolutionary South* (Chapel Hill, 2009), 5-13.

9. James Oakes, "Natural Rights, Citizenship Rights, States' Rights, and Black Rights: Another Look at Lincoln and Race," in Eric Foner ed., *Our Lincoln: New Perspectives on Lincoln and His World* (New York, 2008),110-14; Laura F. Edwards, "The Reconstruction of Rights: The Fourteenth Amendment and Popular Conceptions of Governance," *JSCH*, 41 (November 2016), 313.

10. Eric Foner, *Free Soil, Free Labor, Free Men: The Ideology of the Republican Party Before the Civil War* (New York, 1995ed.), 290-95; *New York Times*, November 8, 1860.

11. Heather Cox Richardson, "North and West of Reconstruction: Studies in Political Economy," in Thomas J. Brown, ed., *Reconstructions: New Perspectives on the Postbellum United States* (New York, 2006), 69; Kate Masur,

"'The People's Welfare,' Police Powers, and the Rights of Free People of African Descent," *AJLH*, 57 (June 2017), 238-42; Laura F. Edwards, "Reconstruction and the History of Governance," in Gregory P. Downs and Kate Masur, ed., *The World the Civil War Made* (Chapel Hill, 2015) 22-45; William J. Novak, *The People's Welfare: Law and Regulation in Nineteenth-Century America* (Chapel Hill, 1996).

12. Philip S. Foner, ed., *The Life and Writings of Frederick Douglass* (5 vols.: New York, 1950-75), 4: 199; *New York World*, April 5, 1872; Downs and Masur, *World the Civil War Made*, 3-15.

13. Smith, *Civic Ideals*, 247; Randy E. Barnett, "Whence Comes Section One? The Abolitionist Origins of the Fourteenth Amendment," *Journal of Legal Analysis*, 3 (Spring 2011), 165-69; *Liberator*, July 14, 1854; Michael Kammen, *A Machine That Would Go of Itself: The Constitution in American Culture* (New York, 1986), 101; Mark E. Brandon, *Free in the World: American Slavery and Constitutional Failure* (Princeton, 1998), 52-57; C. Peter Ripley et al., ed., *The Black Abolitionist Papers* (5 vols.: Chapel Hill, 1985-92), 2: 202; Frederick Douglass, *The Constitution of the United States: Is It Pro-Slavery or Anti-Slavery* (Halifax, 1860), 12; *Frederick Douglass' Paper*, December 7, 1855.

14. Foner, *Free Soil*, 73-102; James Oakes, *Freedom National: The Destruction of Slavery in the United States, 1861-1865* (New York, 2012), 1-48; James Oakes, *The Scorpion's Sting: Antislavery and the Coming of the Civil War* (New York, 2014).

15. Foner, *Free Soil*, 83; Roy Basler, ed. *The Collected Works of Abraham Lincoln* (8 vols.: New Brunswick, 1953-55), 3: 522-50; Elizabeth Beaumont, *The Civic Constitution: Civic Visions and Struggles in the Path Toward Constitutional Democracy* (New York, 2014), 120-22.

16. Larry Ceplair, ed., *The Public Years of Sarah and Angelina Grimké: Selected Writings 1835-1839* (New York, 1989), 194-95; William Yates, *Rights of Colored Men to Suffrage, Citizenship and Trial by Jury* (Philadelphia, 1838); Manisha Sinha, *The Slave's Cause: A History of Abolition* (New Haven, 2016), 462; *The Constitution of the American Anti-Slavery Society: with the Declaration of the National Anti-Slavery Convention at Philadelphia, 1833* (New York, 1838), 7. Martha S. Jones discusses Yates and his treatise in *Birthright Citizens: A History of Race and Rights in Antebellum America* (New York, 2018), 1-8.

17. *Liberator*, December 29, 1832; *Proceedings of the New England Anti-slavery*

Convention: held in Boston, May 24, 25, 26, 1836 (Boston, 1836), 17; Foner, *Free Soil*, 281-84; Gerard N. Magliocca, *American Founding Son: John Bingham and the Invention of the Fourteenth Amendment* (New York, 2013), 56.

18. Jones, *Birthright Citizens*; Donald G. Nieman, "The Language of Liberation: African Americans and Equalitarian Constitutionalism, 1830-1950," in Nieman, ed., *The Constitution, Law, and American Life: Critical Aspects of the Nineteenth-Century Experience* (Athens, 1992), 69; Martin R. Delany, *The Condition, Elevation, and Destiny of the Colored People of the United States* (Philadelphia, 1852), 48; *Colored American*, May 9, 1840; *Minutes of the National Convention of Colored Citizens; Held at Buffalo* (New York, 1843), 17.

19. Ripley, *Black Abolitionist Papers*, 4: 230, 252; Elizabeth Stordeur Pryor, *Colored Travelers: Mobility and the Fight for Citizenship before the Civil War* (Chapel Hill, 2016), 1-4; Andrew K. Diemer, *The Politics of Black Citizenship: Free African Americans in the Mid-Atlantic Borderland, 1817-1863* (Athens, 2016), 6-7.

20. Eric Slauter, *The State as a Work of Art: The Cultural Origins of the Constitution* (Chicago, 2009), 173-74; Harold M. Hyman and William M. Wiecek, *Equal Justice Under Law: Constitutional Development 1835-1875* (New York, 1982), 400; Eric Foner, "Rights and the Constitution in Black Life During the Civil War and Reconstruction," *JAH*, 74 (December 1987), 213; Philip S. Foner and George E. Walker, ed., *The Proceedings of the Black State Conventions, 1840-1865* (2 vols,: Philadelphia, 1979), 1: 172.

21. Paul Finkelman, *Supreme Injustice: Slavery in the Nation's Highest Court* (Cambridge, 2018), 52; Smith, *Civic Ideals*, 265-68; Robert J. Cottrol, *The Long, Lingering Shadow: Slavery, Race, and Law in the American Hemisphere* (Athens, 2013), 80-81.

22. *Anglo-African Magazine* (May 1859), 144-50; Richard L. Aynes, "Unintended Consequences of the Fourteenth Amendment," in David E. Kyvig, ed., *Unintended Consequences of Constitutional Amendments* (Athens, 2000), 113.

23. James M. McPherson, *The Struggle for Equality: Abolitionists and the Negro in the Civil War and Reconstruction* (Princeton, 1964), 221; William G. Shade, "'Revolutions May go Backwards': The American Civil War and the Problem of Political Development," *Social Science Quarterly*, 55 (December 1974), 760; James M. McPherson, ed., *The Negro's Civil War* (New York, 1965), 251-52.

24. Michael Vorenberg, "Citizenship and the Thirteenth Amendment: Understanding the Deafening Silence," in Tsesis, *Promises of Liberty*, 70; Jones, *Birthright Citizens*, 148; Earl M. Maltz, *Civil Rights, the Constitution, and Congress, 1863-1869* (Lawrence, 1990), 7-8.
25. *Christian Recorder*, July 9, 1864; Christian G. Samito, *Becoming American Under Fire: Irish Americans, African Americans, and the Politics of Citizenship During the Civil War Era* (Ithaca, 2009), 170-71; Foner, *Reconstruction*, 62-65; McPherson, *Negro's Civil War*, 250-54.
26. *CG*, 40th Congress, 3rd Session, Appendix, 294; Charles Sumner to John Bright, May 27, 1867, John Bright Papers, British Library; Foner, *Reconstruction*, 24.
27. Foner, *Douglass*, 3: 394-401; *New York Times*, January 17, 1864; *Journal of Commerce* in *NAS*, May 7, 1864.
28. Foner, *Reconstruction*, 40-66.
29. Colin Kidd, "The Grail of Original Meaning: Uses of the Past in American Constitutional Theory," *Transactions of the Royal Historical Society*, 6 ser., 26, 177-78; *Thomas Paine: Collected Writings* (New York, 1995), 574; Eric Foner, *The Fiery Trial: Abraham Lincoln and American Slavery* (New York, 2010), 171-72, 242; Kammen, *A Machine*, 112.
30. Foner, *Reconstruction*, 232; David Donald, *Charles Sumner and the Rights of Man* (New York, 1970), 352; Gideon Welles, "A Defense of Andrew Johnson's Administration," Manuscript, 1868 Gideon Welles Papers, Huntington Library.
31. E. L. Godkin, "The Constitution and Its Defects," *North American Review*, 99 (July 1864), 120.
32. Wendell Phillips to Charles Sumner, March 24, 1866, Charles Sumner Papers, HL, Harvard University.

第一章　何谓自由？第十三条宪法修正案

1. Roy P. Basler, ed., *The Collected Works of Abraham Lincoln* (8 vols.: New Brunswick, 1953-55) 8: 333; *Chicago Daily Tribune*, May 15, 1858.
2. *New York Times*, December 17, 1864; Gregory P. Downs, *After Appomattox: Military Occupation and the Ends of War* (Cambridge, 2015), 41; Charles Fairman, *Reconstruction and Reunion 1864-88, Part One* (New York, 1971), 1156.

3. Manisha Sinha, *The Slave's Cause: A History of Abolition* (New Haven, 2016), 587; Michael Vorenberg, *Final Freedom: The Civil War, the Abolition of Slavery, and the Thirteenth Amendment* (New York, 2001), 18-22.
4. Basler, *Collected Works*, 2: 492; Eric Foner, *The Fiery Trial: Abraham Lincoln and American Slavery* (New York, 2010).
5. Basler, *Collected Works*, 2: 461; 3: 181; James Oakes, *The Scorpion's Sting: Antislavery and the Coming of the Civil War* (New York, 2014), 16-17.
6. Ira Berlin, *Many Thousands Gone: The First Two Centuries of Slavery in North America* (New York, 1998), 8; Moses I. Finley, *Ancient Slavery and Modern Ideology* (New York, 1980), 79-80; R L Meek et al., ed, *The Glasgow Edition of the Works and Correspondence of Adam Smith*, (8 vols: New York, 1976-83), 5: 173; Eric Foner, "Lincoln and Colonization," in Foner, ed., *Our Lincoln: New Perspectives on Lincoln and His World* (New York, 2008), 135-66.
7. Rebecca J. Scott, "Paper Thin: Freedom and Re-enslavement in the Diaspora of the Haitian Revolution," *LHR*, 29 (November 2011), 1061-87.
8. Foner, *Fiery Trial*, 171-220.
9. Foner, *Fiery Trial*, 230-38.
10. Foner, *Fiery Trial*, 240-47; Philip S. Foner, ed., *The Life and Writings of Frederick Douglass* (5 vols.: New York, 1950-75), 3: 394.
11. Basler, *Collected Works*, 6: 28-29.
12. James Oakes, "Making Freedom National: Salmon P. Chase and the Abolition of Slavery," *GJLP*, 13 (Summer 2015), 407; Basler, *Collected Works*, 7: 1-2, 36-54; Foner, *Fiery Trial*, 305-06, 315; *Wisconsin State Register*, April 16, 1864.
13. *CG*, 38th Congress, 1st Session, 19, 1199; *The Miscellaneous Writings of Francis Lieber* (2 vols.: Philadelphia, 1881), 2: 177-79.
14. Faye E. Dudden, *Fighting Chance: The Struggle over Woman Suffrage and Black Suffrage in Reconstruction America* (New York, 2011), 51-61; Elizabeth Beaumont, *The Civic Constitution: Civic Visions and Struggles in the Path Toward Constitutional Democracy* (New York, 2014), 157; James M. McPherson, "In Pursuit of Constitutional Abolitionism" in Alexander Tsesis, ed., *The Promises of Liberty: The History and Contemporary Relevance of the Thirteenth Amendment* (New York, 2010), 29; *NAS*, February 6, March 19, May 28, 1864; Sinha, *Slave's Cause*, 587.
15. David Donald, *Charles Sumner and the Rights of Man* (New York, 1970), 147-

51; *NAS*, January 9, 1864; *CG*, 38th Congress, 1st Session, 521, 1482.
16. *CG*, 39th Congress, 1st Session, 1118.
17. *CG*, 38th Congress, 1st Session, 1314, 1488.
18. *CG*, 38th Congress, 1st Session, 523, 1320-21.
19. *New York Herald*, January 12, 1866; *Chicago Tribune*, November 14, 1864.
20. 作为《权利法案》核心内容的前八条宪法修正案，几乎普遍被理解为是保护公民自由不受联邦政府侵犯；第九条和第十条宪法修正案保留了各州和人民的其他未明确列举的权利和权力；第十一条宪法修正案限制了联邦的司法权。第十二条宪法修正案修正了总统选举人投票的方式，但没有影响到州和全国性政府之间的权力平衡。
21. Harold M. Hyman and William M. Wiecek, *Equal Justice Under Law: Constitutional Development 1835-1875* (New York, 1982), 386-87; James G. Blaine, *Twenty Years of Congress* (2 vols.: Norwich, 1884), 1: 539.
22. Stephen Sawyer and William J. Novak, "Emancipation and the Creation of Modern Liberal States in America and France," *JCWE*, 3 (December 2016), 471.
23. Foner, *Fiery Trial*, 292-93; *CG*, 38th Congress, 1st Session, 1364-66, 1484, 2941, 2987.
24. *CG*, 38th Congress, 1st Session, 2615, 2981, 2986, 2991.
25. *CG*, 38th Congress, 1st Session, 1864, 2995; *New York Herald*, February 6, April 9, 1864.
26. Isaac N. Arnold to Abraham Lincoln, December 4, 1863, Abraham Lincoln Papers, LC; Foner, *Fiery Trial*, 298-99; *NAS*, July 9, 1864, *New York Times*, February 13, June 13, 1864.
27. Vorenberg, *Final Freedom*, 94; *NAS*, November 5, 1864; Foner, *Fiery Trial*, 312-13.
28. *New York Times*, January 12, 1865; *CG*, 38th Congress, 2nd Session, 122, 260; Leonard L. Richards, *Who Freed the Slaves? The Fight Over the Thirteenth Amendment* (Chicago, 2015), 204-15.
29. *CG*, 38th Congress, 2nd Session, 531; *Chicago Tribune*, February 1, 1865; *Boston Daily Advertiser*, February 1, 4, 1865; "George W. Julian's Journal – the Assassination of Lincoln," *Indiana Magazine of History*, 11 (December 1915), 327; *New York Tribune*, February 1, 1865; *New York Herald*, February 1, 1865; *New York Times*, February 1, 1865.
30. Basler, *Collected Works*, 8:254; David E. Kyvig, *Explicit and Authentic Acts:*

Amending the U. S. Constitution, 1776-1995 (Lawrence, 1996), 162.

31. Foner, *Fiery Trial*, 316; Eric Foner, *Reconstruction: America's Unfinished Revolution 1863-1877* (New York, 1988), 176-77; Bruce Ackerman, *We the People: Transformations* (Cambridge, 1998), 139.

32. M. Audley Couper to Francis P. Corbin, July 28, 1866, Francis P. Corbin Papers, New York Public Library; Samuel L. M. Barlow to Montgomery Blair, November 13, 1865, Samuel L. M. Barlow Papers, Huntington Library; Ackerman, *We the People*, 143; Richards, *Who Freed the Slaves?*, 239.

33. *New York Times*, December 20, 1865; Mitch Kachun, *Festivals of Freedom: Memory and Meaning in African American Emancipation Celebrations, 1808-1915* (Amherst, 2003), 117-20, 176, 183, 258-60; William H. Wiggins, Jr., *O Freedom! Afro-American Emancipation Celebrations* (Knoxville, 1987), 20.

34. *Memoirs of Cornelius Cole* (New York, 1908), 220; Guyora Binder, "Did the Slaves Author the Thirteenth Amendment? An Essay in Redemptive History," *Yale Journal of Law and the Humanities*, 5 (Summer 1993), 471-506; *CG*, 38th Congress, 1st Session, 1203, 1324; 2nd Session, 202.

35. *CG*, 38th Congress, 1st Session, 1465, 2960-62.

36. *CG*, 38th Congress, 1st Session, 1313, 1439-40, 2989.

37. Jacobus tenBroek, "Thirteenth Amendment to the Constitution of the United States: Consummation to Abolition and Key to the Fourteenth Amendment," *California Law Review*, 39 (June 1951), 180-81; *CG*, 38th Congress, 1st Session, 1324, 1424, 2990; 2nd Session, 202; Michael Vorenberg, "Citizenship and the Thirteenth Amendment: Understanding the Deafening Silence," in Tsesis, *Promises of Liberty*, 58-61.

38. Lea S. VanderVelde, "The Labor Vision of the Thirteenth Amendment," *University of Pennsylvania Law Review*, 138 (December 1989), 437-504; Basler, *Collected Works*, 8:332-33; *CG*, 37th Congress, 2nd Session, Appendix, 322; 38th Congress, 1st Session, 2989-90.

39. *CG*, 38th Congress, 1st Session, 2990.

40. Stacey L. Smith, *Freedom's Frontier: California and the Struggle over Unfree Labor, Emancipation, and Reconstruction* (Chapel Hill, 2013), 3-5, 206-17; Stacey L. Smith, "Emancipating Peons, Excluding Coolies," in Gregory P. Downs and Kate Masur, ed., *The World the Civil War Made* (Chapel Hill, 2015), 46-74.

41. Laura F. Edwards, *A Legal History of the Civil War and Reconstruction: A Nation*

of Rights (New York, 2015), 124-27; Thavolia Glymph, "'I'm a Radical Black Girl,': Black Women Unionists and the Politics of Civil War History, *Journal of the Civil War Era*, 8 (September 2018), 364-66; Foner, *Reconstruction*, 85-88, 290-91; Catherine A. Jones, "Women, Gender, and the Boundaries of Reconstruction," *Journal of the Civil War Era*, 8 (March 2018), 113.

42. *CG*, 38th Congress, 2nd Session, 193.
43. Roger Ekirch, *Bound for America: The Transportation of British Convicts to the Colonies, 1718-1775* (New York, 1987), 22-27, 236-37; Rebecca M. McLennan, *The Crisis of Imprisonment: Protest, Politics, and the Making of the American Penal State, 1776-1941* (New York, 2008), 53-55, 63-66; Matthew J. Mancini, *One Dies, Get Another: Convict Leasing in the American South, 1866-1928* (Columbia, 1996), 1-14; Alex Lichtenstein, *Twice the Work of Free Labor: The Political Economy of Convict Labor in the New South* (New York, 1996), 23.
44. David Brion Davis, "Foreword: The Rocky Road to Freedom," in Tsesis, *Promises of Liberty*, xi; Thomas Jefferson, *Notes on the State of Virginia*, ed. William Peden (New York, 1954), 138; Christopher R. Green, "Duly Convicted: The Thirteenth Amendment as Procedural Due Process, *GJLP*, 15 (Winter 2017), 80; McLennan, *Crisis of Imprisonment*, 17. 感谢 David Konig 与我分享他即将出版的关于杰斐逊法律思想的书中的观点。
45. David R. Upham, "The Understanding of 'Neither Slavery Nor Involuntary Servitude Shall Exist,' Before the Thirteenth Amendment," *GJLP*, 15 (Winter 2017), 139; Fairman, *Reconstruction and Reunion*, 1119; Green, "Duly Convicted," 79-80; *CG*, 38th Congress, 1st Session, 1325. 各州宪法的文本可以在这里找到：Francis N. Thorpe ed., *The Federal and State Constitutions* (7 vols.: Washington, 1909)。在写给笔者的电子邮件中，历史学家彼得·奥努夫（Peter Onuf）和艾伦·泰勒（Alan Taylor）都将杰斐逊的排除因犯称为"样板"语言。
46. *Boston Daily Advertiser*, April 14, 1864; *CG*, 38th Congress, 1st Session, 521, 1488; *The Principia*, February 18, 1864; Beverly Wilson Palmer, ed., *The Selected Letters of Charles Sumner* (2 vols.: Boston, 1990), 2:233.
47. Sidney Andrews, *The South Since the War* (Boston, 1866), 324; *Annual Cyclopedia*, 1865, 19; Eric Foner, *Nothing But Freedom: Emancipation and Its Legacy* (Baton Rouge, 1983), 49-52; Hyman and Wiecek, *Equal Justice*, 319-20; Jerrell H. Shofner, *Nor Is It Over Yet: Florida in the Era of Reconstruction,*

1863-1877 (Gainesville, 1974), 50-52; J. W. Blackwell to Andrew Johnson, November 24, 1865, Andrew Johnson Papers, LC; "Official Proceedings of the Colored Convention for the State of Mississippi, Vicksburg, November 22-25, 1865, manuscript, M-82 1866, Letters Received, Ser. 15, Washington Headquarters, RG 105, National Archives.

48. *New Haven Daily Palladium*, December 6, 1865; Daniel R. Goodloe, Manuscript History of Southern Provisional Governments of 1865, Daniel R. Goodloe Papers, Southern Historical Collection, University of North Carolina, Chapel Hill.

49. C. E. Lippincott to Lyman Trumbull, August 29, 1865, Lyman Trumbull Papers, LC; *New York Tribune*, December 25, 1865; Joe M. Richardson, *The Negro in the Reconstruction of Florida, 1865-1877* (Tallahassee, 1965), 44; *Liberator*, December 28, 1865; *CG*, 39th Congress, 1st Session, 153, 332-33, 427; *NAS*, January 19, 1867.

50. *CG*, 39th Congress, 2nd Session, 344-48.

51. *CG*, 39th Congress, 1st Session, 655; Thorpe, *Federal and State Constitutions*, 6: 3281; *New York Times*, July 2, 2017.

52. David M. Oshinsky, "Convict Labor in the Post-Civil War South: Involuntary Servitude After the Thirteenth Amendment," in Tsesis, *Promises of Liberty*, 101-09; Mancini, *One Dies, Get Another*, 20-41; Douglas A. Blackmon, *Slavery by Another Name: The Re-Enslavement of Black People in America from the Civil War to World War II* (New York, 2008), 7; William S. Harris, *The Day of the Carpetbagger: Republican Reconstruction in Mississippi* (Baton Rouge. 1979), 38-39; Foner, *Reconstruction*, 593; *Colored Men, Read! How Your Friends are Treated!*, Broadside, July 1876, R. C. Martin Papers, Louisiana State University; Lichtenstein, *Twice the Work*, 18, 193; McLennan, *Crisis of Imprisonment*, 87-135.

53. Foner, *Reconstruction*, 79; Philip S. Foner and George E. Walker, ed., *Proceedings of the Black National and State Conventions, 1865-1900* (Philadelphia, 1986), 180; Steven Hahn, *A Nation Under Our Feet: Black Political Struggles in the Rural South from Slavery to the Great Migration* (Cambridge, 2003), 118-20; *Proceedings of the National Convention of Colored Men, Held in the City of Syracuse* (Boston, 1864), 42, 47; Vorenberg, *Final Freedom*, 81-87.

54. Foner, *Reconstruction*, 63-65; *New Orleans Tribune*, September 9, 1865; Hugh Davis, Hugh, *"We Will be Satisfied With Nothing Less": The African American*

Struggle for Equal Rights in the North During Reconstruction (Ithaca, 2011), 1-21; Philip S. Foner and George E. Walker, ed., The Proceedings of the Black State Conventions, 1840-1865 (2 vols,: Philadelphia, 1979), 1: 202.

55. Foner, Reconstruction, 114-15; Hahn, A Nation, 119-20; Foner and Walker, Proceedings of Black State Conventions, 2:268; Missouri Democrat, November 29, 1865; "Colored People of Mobile to [General Wager Swayne], 2 Aug. 1865, Miscellaneous Papers, ser. 29, Alabama Assistant Commissioner, RG 105, National Archives; Timothy S. Huebner, Liberty and Union: The Civil War Era and American Constitutionalism (Lawrence, 2016), 323-47; Anglo-African Magazine, December 23, 1865.
56. Liberator, February 3, 10, 17, May 26, 1865; NAS, May 20, June 3, 1865.
57. Foner, Reconstruction, 66-67; NAS, February 3, March 4, 1865; Foner, Douglass, 378-83.
58. New York World in Washington Daily National Intelligencer, January 13, 1865.
59. Edwards, Legal History, 90.
60. The Works of Charles Sumner (15 vols.: Boston, 1870-83), 9: 427.

第二章 走向平等：第十四条宪法修正案

1. Eric Foner, Reconstruction: America's Unfinished Revolution 1863-1877 (New York, 1988), 228-39, CG, 39th Congress, 1st Session, 74.
2. CG, 39th Congress, 1st Session, 2882; 40th Congress, 3rd Session, 1326; 39th Congress, 1st Session, House Report 30. pt. 2, 174
3. Mark M. Krug, Lyman Trumbull, Conservative Radical (New York, 1965); Foner, Reconstruction, 241-42; Thaddeus Stevens to Charles Sumner, August 26, 1865, Charles Sumner Papers, HL; LaWanda Cox and John H, Cox, "Negro Suffrage and Republican Politics: The Problem of Motivation in Reconstruction Historiography," Journal of Southern History, 33 (August 1967), 317-18.
4. CG, 39th Congress, 1st Session110, 256; Appendix, 56-57, 101-02; New York Herald, January 31, 1866.
5. CG, 39th Congress, 1st Session, 5, 297.
6. Beverly Wilson Palmer and Holly Byers Ochoa, ed., The Selected Papers of Thaddeus Stevens (2 vols.: Pittsburgh, 1997-98), 2: 37; CG, 39th Congress, 1st Session, 342, 1025; New York Times, January 14, February 17, 22, 1866; New

Orleans Tribune, December 22, 1865; *Chicago Tribune*, December 29, 1865.

7. Earl Maltz, "Moving Beyond Race: The Joint Committee on Reconstruction and the Drafting of the Fourteenth Amendment," *Hastings Constitutional Law Quarterly*, 42 (Winter 2015), 291; Eric Mathiesen, *The Loyal Republic: Traitors, Slaves, and the Remaking of Citizenship in Civil War America* (Chapel Hill, 2018), 140-41; 39th Congress, 1st Session, House Report 30; *CG*, 39th Congress, 2nd Session, 782; Benjamin B. Kendrick, *The Journal of the Joint Committee of Fifteen on Reconstruction* (New York, 1914).

8. *CG*, 39th Congress, 1st Session, 1307.

9. Laura E. Free, *Suffrage Reconstructed: Gender, Race, and Voting Rights in the Civil War Era* (Ithaca, 2015), 114-15; *CG*, 39th Congress, 1st Session, 141.

10. D. Michael Bottoms, *An Aristocracy of Color: Race and Reconstruction in California and the West, 1850-1890* (Norman, 2013), 68; George W. Julian, *Political Recollections 1840 to 1872* (Chicago, 1884), 272; *CG*, 39th Congress, 1st Session, 383, 407; 39th Congress, 1st Session, House Report 30, pt. 2, 158.

11. Garrett Epps, *Democracy Reborn: The Fourteenth Amendment and the Fight for Equal Rights in Post-Civil War America* (New York, 2006), 107-18; *CG*, 39th Congress, 1st Session, 673, 1228, 1288, 2459; *Boston Daily Advertiser*, February 16, 1866; *NAS*, February 3, 1866; James G. Blaine, *Twenty Years of Congress* (2 vols.: Norwich, 1884), 2: 196-98.

12. *U. S. Statutes at Large*, 14: 27-28; *CG*, 39th Congress, 1st Session, 42.

13. *CG*, 39th Congress, 1st Session, 476, 1757-60.

14. *CG*, 39th Congress, 1st Session, 298, 1291; *New York Tribune*, November 17, 1865. On Bingham's career, see Gerard N. Magliocca, *American Founding Son: John Bingham and the Invention of the Fourteenth Amendment* (New York, 2013).

15. *CG*, 39th Congress, 1st Session, 1151; William McWillie to Benjamin S. Humphreys, December 31, 1866, Mississippi Governor's Papers, Mississippi Department of Archives and History.

16. *CG*, 39th Congress, 1st Session, 474-75, 500, 599, 1833; Darrell A. H. Miller, "The Thirteenth Amendment and the Regulation of Custom," *Columbia Law Review*, 112 (December, 2012), 1811-54; Richard A. Gerber, "Civil Rights for Freed Persons: The Issue of Private Discrimination Revisited," *Connecticut Review*, 15 (Fall 1993), 25-33.

17. *CG*, 39th Congress, 1st Session, 319, 322, 476, 504, 606, 1117, 1156, 1294;

Blaine, *Twenty Years*, 2: 179.

18. Harold M. Hyman and William M. Wiecek, *Equal Justice Under Law: Constitutional Development 1835-1875* (New York, 1982), 412-13; George Rutherglen, *Civil Rights in the Shadow of Slavery: The Constitution, Common Law, and the Civil Rights Act of 1866* (New York, 2013), 57-60; *CG*, 39th Congress, 1st Session, 1117-18.

19. *St. Louis Republican* in *New York Evening Post*, April 3, 1866; James D. Richardson, ed., *A Compilation of the Messages and Papers of the Presidents 1789-1897* (10 vols: Washington, 1896-99), 6: 399-405.

20. Kendrick, *Journal of Joint Committee*, 46; *CG*, 39th Congress, 1st Session, 157-58.

21. *CG*, 39th Congress, 1st Session, 1034, 1063-65, 1095.

22. Robert Dale Owen, "Political Results from the Varioloid," *Atlantic Monthly*, 35 (June 1875), 660-70; James O. Hollister, *Life of Schuyler Colfax* (New York, 1886), 284; *New York Times*, May 21, 1866; David E. Kyvig, *Explicit and Authentic Acts: Amending the U. S. Constitution, 1776-1995* (Lawrence, 1996), 167.

23. *CG*, 39th Congress, 1st Session, 2459, 2768, 2890-91.

24. Rogers M. Smith, *Civic Ideals: Conflicting Visions of Citizenship in U. S. History* (New Haven, 1997), 309-11; Blaine, *Twenty Years*, 2: 207; Robert J. Kaczorowski, "To Begin the Nation Anew: Congress, Citizenship, and Civil Rights After the Civil War," *American Historical Review*, 92 (February 1987), 53; *CG*, 39th Congress, 1st Session, 2890-96; Earl M. Maltz, Earl M., "The Fourteenth Amendment and Native American Citizenship," *Constitutional Commentary*, 17 (Winter 2000), 555-74; Catherine A. Jones, "Women, Gender, and the Boundaries of Reconstruction," *JCWE*, 8 (March 2018), 121.

25. *CR*, 43rd Congress, 2nd Session, 1379; *CG*, 42nd Congress, 1st Session, Appendix, 84.

26. Joseph B. James, *The Framing of the Fourteenth Amendment* (Urbana, 1956), 30; *CG*, 39th Congress, 1st Session, 3041; Kurt T. Lash, *The Fourteenth Amendment and the Privileges and Immunities of American Citizenship* (New York, 2014), 26-28.

27. *CG*, 39th Congress, 1st Session, 2765, 2961.

28. Elizabeth Reilly, "The Union as It Wasn't and the Constitution as It Isn't:

Section 5 and Altering the Balance of Power," in Elizabeth Reilly, ed., *Infinite Hope and Finite Disappointment: The Story of the First Interpreters of the Fourteenth Amendment* (Akron, 2011), 79-80; *CG*, 39th Congress, 1st Session, 156-59, 1065, 1090.

29. Akhil Reed Amar, *The Bill of Rights: Creation and Reconstruction* (New Haven, 1998), 284; *CG*, 39th Congress, 204, 1088-94, 1151, 1833; 42nd Congress, 1st Session, Appendix, 84; Michael Kent Curtis, *No State Shall Abridge: The Fourteenth Amendment and the Bill of Rights* (Durham, 1986), 138-49; Richard L. Aynes, "On Misreading John Bingham and the Fourteenth Amendment," *YLJ*, 103 (October 1993), 61-60; Foner, *Reconstruction*, 533.

30. John Harrison, "Reconstructing the Privileges or Immunities Clause," *YLJ*, 101 (May 1992), 1387; *CG*, 39th Congress, 1st Session, 156-59. Linda Bosniak 批评了她所称的"公民资格浪漫主义"（citizenship romanticism），这种浪漫主义在最近的法学研究中颇为流行，它掩盖了在某些情况下，公民资格本身可以成为他人的一种从属模式。Linda Bosniak, *The Citizen and the Alien: Dilemmas of Contemporary Membership* (Princeton, 2006), 1.

31. *CG*, 35th Congress, 2nd Session, 985; Philip S. Foner and George Walker, ed., *The Proceedings of the Black State Conventions, 1840-1865* (2 vols,: Philadelphia, 1979), 2: 263.

32. *CG*, 39th Congress, 1st Session, 256, 1159, 2766; 42nd Congress, 1st Session, Appendix, 156; William E. Nelson, *The Fourteenth Amendment: From Political Principle to Judicial Doctrine* (Cambridge, 1988), 76.

33. *NAS*, August 29, 1863; *CG*, 39th Congress, 1st Session, Appendix, 57.

34. Laura F. Edwards, *A Legal History of the Civil War and Reconstruction: A Nation of Rights* (New York, 2015), 105; Charles Eliot Norton, ed., *Orations and Addresses of George William Curtis* (3 vols.: New York, 1894), 1: 172.

35. William J. Novak, "The Legal Transformation of Citizenship in Nineteenth-Century America," in Meg Jacobs, William J. Novak and Julian E. Zelizer, ed., *The Democratic Experiment: New Directions in American Political History* (Princeton, 2003), 93-106.

36. Faye E. Dudden, *Fighting Chance: The Struggle over Woman Suffrage and Black Suffrage in Reconstruction America* (New York, 2011), 70-81, 82; Ellen C. Du Bois, *Feminism and Suffrage: The Emergence of an Independent Women's Movement in America 1848-1869* (Ithaca, 1978), 61; *NAS*, May 13, 1865.

37. Free, *Suffrage Reconstructed*, 6, 105-06, 133-34; Dudden, *Fighting Chance*, 70-

71; Martha S. Jones, *All Bound Up Together: The Woman Question in African American Public Culture, 1830-1900* (Chapel Hill, 2007), 135-36; *Proceedings of the Eleventh National Women's Rights Convention* (New York, 1866); Theodore Stanton and Harriot Stanton Blatch. ed., *Elizabeth Cady Stanton as Revealed in Her Letters, Diary and Reminiscences* (2 vols.: New York, 1922), 1: 190-10, 202-03; Epps, *Democracy Reborn*, 216-18.

38. *CG*, 39th Congress, 1st Session, 685, 832, 2882; Appendix, 102; 39th Congress, 2nd Session, 40.

39. Foner, *Reconstruction*, 255-56; *CG*, 39th Congress, 1st Session, 829, 1227, 1321; Blaine, *Twenty Years*, 2: 201; George S. Boutwell, *Reminiscences of Sixty Years in Public Affairs* (2 vols.: New York, 1902), 2: 42; Henry L. Dawes to Ella Dawes, March 16, 1866, Henry L. Dawes Papers, LC; Beverly Wilson Palmer, ed., *The Selected Letters of Charles Sumner* (2 vols.: Boston, 1990), 2: 316.

40. Novak, "Legal Transformation," 109; *Chicago Tribune*, December 12, 1868; *CG*, 39th Congress, 1st Session, 1115-20, 2460; Appendix, 228; Frederic Bancroft, ed., *Speeches, Correspondence, and Political Papers of Carl Schurz* (6 vols.: New York, 1913), 1: 413; Richard H. Abbott, *The Republican Party and the South, 1855-1877* (Chapel Hill, 1986), 216-18; James A. Padgett, ed., "Reconstruction Letters from North Carolina: Part I: Letters to Thaddeus Stevens," *North Carolina Historical Review*, 18 (April, 1941),181-82; Krug, *Trumbull*, 246-47; Christopher W. Schmidt," Section 5's Forgotten Years: Congressional Power to Enforce The Fourteenth Amendment Before Katzenbach v. Morgan," *Northwestern University Law Review*, 113 (Issue 1 2018), CHECK PP. 关于共和党人仍然固守传统的联邦制的观点，参见 Michael Les Benedict, *Preserving the Constitution: Essays on Politics and the Constitution in the Reconstruction Era* (New York, 2006), 4-9.

41. *CG*, 39th Congress, 1st Session, 1034, 2940; *New York Herald*, September 18, 1866.

42. *CG*, 39th Congress, 1st Session, 523, 529, 2500, 2538, 2929, 3213.

43. *CG*, 39th Congress, 1st Session, 2459, 3148. ("The baseless fabric of a vision" is from Shakespeare's *The Tempest*.)

44. *CG*, 39th Congress, 1st Session, 2332, 2462, 2766.

45. Wendell Phillips to Thaddeus Stevens, April 30, 1866, Thaddeus Stevens Papers, LC; *NAS*, July 14, 1866; Timothy Huebner, *The Civil War Era and*

American Constitutionalism (Lawrence, 2016), 360; New Orleans Tribune, October 23, 1866; Stephen Kantrowitz, More than Freedom: Fighting for Black Citizenship in a White Republican, 1829-1889 (New York, 2012), 319-25.

46. CG, 39th Congress, 1st Session, 2545, 3042, 3148; Foner, Reconstruction, 260-69; James E. Bond, No Easy Walk to Freedom: Reconstruction and the Ratification of the Fourteenth Amendment (Westport, 1997), 37, 87-88, 192, 216; Brooks D. Simpson, ed., Reconstruction: Voices from America's First Great Struggle for Racial Equality (New York, 2018), 314.
47. Wisconsin State Register, June 16, 1866; New York Times, October 11, 1866.
48. CG, 39th Congress, 2nd Session, 159-60; Foner, Reconstruction, 276-77; Robert M. Goldman, Reconstruction and Black Suffrage: Losing the Vote in Reese and Cruikshank (Lawrence, 2001), 12.
49. Francis N. Thorpe, ed., The Federal and State Constitutions (7 vols.: Washington, 1909), 2: 822; 3: 1449-50, 1461, 1467; 5: 2800; 6: 3593; William M. Wiecek, "The Reconstruction of Federal Judicial Power, 1863-1875," AJLH, 13 (October 1969), 333-36.
50. Joseph B. James, The Ratification of the Fourteenth Amendment (Macon, 1984); Foner, Reconstruction, 277.
51. New York Journal of Commerce, June 16, 1866; Springfield Republican, June 9, 1866.

第三章　投票权：第十五条宪法修正案

1. Eric Foner, Reconstruction: America's Unfinished Revolution 1863-1877 (New York, 1988), 281-91; Francis B. Simkins and Robert H. Woody, South Carolina During Reconstruction (Chapel Hill, 1932), 81; Steve Hahn, A Nation Under Our Feet: Black Political Struggles in the Rural South from Slavery to the Great Migration (Cambridge, 2003), 184; Samuel S. Gardner to O. D. Kinsman, July 23, 1867, Wager Swayne Papers, Alabama State Department of Archives and History; Joseph H. Catchings to Benjamin G. Humphreys, August 24, 1866, Mississippi Governor's Papers, Mississippi Department of Archives and History; Sydney Nathans, A Mind to Stay: White Plantation, Black Homeland (Cambridge, 2017), 116.
2. 41st Congress, 2nd Session, House Miscellaneous Document 154, 1: 637;

Mobile Nationalist, April 25, May 16, 1867; Laura F. Edwards, *A Legal History of the Civil War and Reconstruction: A Nation of Rights* (New York, 2015), 130-36; Kate Masur, *An Example for All the Land: Emancipation and the Struggle Over Equality in Washington, D. C.* (Chapel Hill, 2010), 7-9; William Crely to Adelbert Ames, October 9, 1875, Mississippi Governor's Papers.

3. Eric Foner, "Rights and the Constitution in Black Life During the Civil War and Reconstruction," *JAH*, 74 (December 1987), 203; Anne C. Bailey, *The Weeping Time: Memory and the Largest Slave Auction in American History* (New York, 2017), 123; *Washington Daily Morning Chronicle*, January 11, 1867; W. E. B. Du Bois, *The Souls of Black Folk* (Chicago, 1903), 4; *CG*, 40th Congress, 3rd Session, 555.

4. *Boston Daily Advertiser*, January 25, 1869; *CG*, 39th Congress, 2nd Session, 63, 76.

5. Leslie H. Fishel, Jr., "Northern Prejudice and Negro Suffrage 1865-1870," *Journal of Negro History*, 39 (January 1954), 19-22; LaWanda Cox and John H. Cox, "Negro Suffrage and Republican Politics: The Problem of Motivation in Reconstruction Historiography," *Journal of Southern History*, 33 (August 1967), 317-19; Schuyler Colfax to Theodore Tilton, January 4, 1868, Schuyler Colfax Papers, New York Public Library; Phyllis F. Field, "Republicans and Black Suffrage in New York State: The Grass-Roots Response," *Civil War History*, 21 (June 1975), 141-46.

6. *CG*, 40th Congress, 3rd Session, 672, 708.

7. Henry D. Moore to Elihu B. Washburne, December 7, 1867, Elihu B. Washburne Papers, LC; James Mack Henry Frederick, *National Party Platforms of the United States* (Akron, 1896), 34; *CG*, 40th Congress, 3rd Session, 1006; 1966; Thaddeus Stevens to Charles Pence, June 24, 1868, Thaddeus Stevens Papers, LC.

8. Alexander C. Flick, *Samuel Jones Tilden, A Study in Political Sagacity* (New York, 1939), 176; *Official Proceedings of the Democratic National Convention* (New York, 1868), 180; *New York World*, September 13, 1868.

9. *Address of the Colored Men's Border State Convention to the People of the United States* (Broadside: Baltimore, 1868); James G. Blaine, *Twenty Years of Congress* (2 vols.: Norwich, 1884), 2:412; James M. McPherson, *The Struggle for Equality: Abolitionists and the Negro in the Civil War and Reconstruction* (Princeton, 1964), 424; *Philadelphia Press*, November 6, 1868.

10. *CG*, 40th Congress, 3rd Session, 6-9; *Hartford Daily Courant*, December 17, 1868.
11. Alexander Keyssar, *The Right to Vote: The Contested History of Democracy in the United States* (New York, 2000), 94; *CG*, 40th Congress, 3rd Session, 709, 982-83.
12. *CG.*, 40th Congress, 3rd Session, 728, 990; *Proceedings of the National Convention of the Colored Men of America* (Washington, 1869), 1, 20.
13. *CG*, 40th Congress, 3rd Session, 560; Appendix, 294.
14. *New York Journal of Commerce*, February 2, 1869; *CG*, 40th Congress, 3rd Session, 668.
15. *CG*, 40th Congress, 3rd Session, 901, 939; 41st Congress, 2nd Session, Appendix, 411.
16. *Cincinnati Daily Gazette*, March 21, 1866; *Springfield Weekly Republican*, February 6, 1869; Foner, *Reconstruction*, 447; *CG*, 40th Congress, 3rd Session, 1037; Keyssar, *Right to Vote*, 97; *Chicago Tribune*, February 1, 1869.
17. *Milwaukee Daily Sentinel*, January 27, 1869; *Hartford Daily Courant*, February 6, 1869; *CG*, 40th Congress, 3rd Session, 1013, 1037.
18. *Chicago Tribune*, February 10, 25, 1869; *CG*, 40th Congress, 3rd Session, 668-69.
19. *Boston Daily Advertiser*, February 10, 1869; Blaine, *Twenty Years*, 2:416; Keyssar, *Right to Vote*, 100-01; Hans L. Trefousse, *The Radical Republicans: Lincoln's Vanguard for Racial Justice* (New York, 1969), 416-18.
20. *NAS*, February 20, 1869; George S. Boutwell, *Reminiscences of Sixty Years in Public Affairs* (2 vols.: New York, 1902), 2: 44-52.
21. *CG*, 40th Congress, 3rd Session, 1623; Georges Clemenceau, *American Reconstruction 1865-1870*, ed. Fernand Baldensperger, trans. Margaret MacVeagh (New York, 1928), 278-79.
22. *CG*, 40th Congress, 3rd Session, 862-63; Appendix, 97-99.
23. Henry Adams, "The Session," *North American Review*, 108 (April 1869), 613; *CG*, 40th Congress, 3rd Session, 863.
24. *CG*, 40th Congress, 3rd Session, 722, 1009, 1626-27; William Dudley Foulke, *Life of Oliver P. Morton* (2 vols.: Indianapolis, 1899), 2: 106-09.
25. *Boston Daily Advertiser*, March 1, 1869; *CG*, 40th Congress, 3rd Session, 727, 1010.
26. Foner, *Reconstruction*, 446; *CG*, 40th Congress, 3rd Session, 706, 909, 990;

Appendix, 151, 205.

27. James D. Richardson, ed., *A Compilation of the Messages and Papers of the Presidents 1789-1897* (10 vols: Washington, 1896-99), 7: 8; Foner, *Reconstruction*, 452.

28. William Gillette, *The Right to Vote: Politics and the Passage of the Fifteenth Amendment* (Baltimore, 1965), 150-54; David E. Kyvig, *Explicit and Authentic Acts: Amending the U. S. Constitution, 1776-1995* (Lawrence, 1996), 180-81. 在第十五条宪法修正案通过之前，黑人男性并不享有与白人男性相同的投票权的州有：加利福尼亚、康涅狄格、特拉华、伊利诺伊、印第安纳、堪萨斯、肯塔基、马里兰、密苏里、俄勒冈、内华达、新泽西、纽约、宾夕法尼亚、田纳西和西弗吉尼亚等。

29. Akhil Reed Amar, *America's Constitution: A Biography* (New York, 2005), 401; McPherson, *Struggle for Equality*, 424-25.

30. Richard M. Re and Christopher M. Re, "Voting and Vice: Criminal Disenfranchisement and the Reconstruction Amendments," *YLJ*, 121 (May 2012), 1583-85, 1624-33; *CG*, 39th Congress, 2nd Session, 324; 40th Congress, 3rd Session, 361, 828.

31. *CG*, 40th Congress, 3d Session, 862; *New York Times*, October 7, 2016.

32. Richardson, *Messages and Papers*, 7:56; William Gillette, *Retreat from Reconstruction 1869-1879* (Baton Rouge, 1979), 22-23; *New National Era*, August 31, 1871; *Christian Recorder*, April 9, 1870.

33. *Jackson Weekly Mississippi Pilot*, April 9, 1870; *New York Times*, April 9, 1870; Mitch Kachun, *Festivals of Freedom: Memory and Meaning in African American Emancipation Celebrations, 1808-1915* (Amherst, 2003), 132-33.

34. Foner, *Reconstruction*, 448; Timothy S. Huebner, *Liberty and Union: The Civil War Era and American Constitutionalism* (Lawrence, 2016), 391; *NAS*, May 15, June 5, 1869; *New York Times*, April 10, 1870.

35. Sarah Pugh to Mary Estlin, January 31, 1869, Estlin Papers, Dr. Williams's Library, London; Martha S. Jones, *All Bound Up Together: The Woman Question in African American Public Culture* (Chapel Hill, 2007), 146-47, 197; *Proceedings of the National Convention of the Colored Men of America* (Washington, 1869), 6, 12.

36. Faye E. Dudden, *Fighting Chance: The Struggle over Woman Suffrage and Black Suffrage in Reconstruction America* (New York, 2011), 80; Susan B. Anthony to Charles Sumner, February 8, 1870, Charles Sumner Papers, HL; *The*

Revolution, February 11, March 11, June 10, 1869.

37. *The Revolution,* January 20, 1868, March 11, 1869.
38. *The Revolution*, December 24, 1868, March 18, May 20, 27, 1869; Alison M. Parker, *Articulating Rights: Nineteenth-Century American Women on Race, Reform, and the State* (DeKalb, 2010), 119-20; Rosalyn Terborg-Penn, *African American Women in the Struggle for the Vote, 1850-1920* (Bloomington, 1998), 27-42; Ellen C. Du Bois, *Feminism and Suffrage: The Emergence of an Independent Women's Movement in America 1848-1869* (Ithaca, 1978), 71-72.
39. Free, *Suffrage*, 162-64; *The Revolution*, December 17, 1868; *CG*, 39th Congress, 2nd Session, 40; 40th Congress, 3rd Session, 710, 727, 1039; *New York Times*, March 11, 1869; *Springfield Republican* in *NAS*, January 30, 1869.
40. Foner, *Reconstruction*, 425-35.
41. Hannah Rosen, *Terror in the Heart of Dixie: Citizenship, Sexual Violence, and the Meaning of Race in the Postemancipation South* (Chapel Hill, 2009), 9, 117, 180; J. W. Bailey to DeWitt Senter, May 15, 1869, Tennessee Governor's Papers, Tennessee State Library and Archives; Kidada E. Williams, *They Left Great Marks on Me: African American Testimonies of Racial Violence from Emancipation to World War I* (New York, 2012), 25; Herbert Aptheker, *A Documentary History of the Negro People in the United States* (New York, 1969), 594-99; *Proceedings of the State Convention of the Colored Citizens of Tennessee* (Nashville, 1871), 4-7, 15; Adam Palmer to Rufus Bullock, August 24, 1869, Georgia Governor's Papers, University of Georgia; *New National Era*, March 21, 1872; 42nd Congress, 2nd Session, House Report 22 [Ku Klux Klan Hearings], Georgia, 611.
42. Shannon M. Smith, "They Mustered a Whole Company of Ku Klux as Militia': State Violence and Black Freedoms in Kentucky's Readjustment," (Paper Delivered at Conference: Freedoms Gained and Lost: Reinterpreting Reconstruction in the Atlantic World, College of Charleston, 2018).
43. Foner, *Reconstruction*, 342, 431; *U. S. Statutes at Large* 16: 140-46, 433-40; 17: 13-15; *CG*, 41st Congress, 2nd Session, 3111-13.
44. Pamela Brandwein, *Rethinking the Judicial Settlement of Reconstruction* (New York, 2011), 30-51; Richard M. Vallely, *The Two Reconstructions: The Struggle for Black Enfranchisement* (Chicago, 2004), 107-08; *CG*, 42nd Congress, 1st Session, 375, 501; Appendix, 69-70, 78-79.
45. *CG*, 42nd Congress, 1st Session, 391, 394-95; 2d Session, 1987.

46. *CG*, 42nd Congress, 1st Session, 448; Appendix, 153-54.
47. *CG*, 41st Congress, 3rd Session, 1271; 42nd Congress, 1st Session, 477, 575-77, 709, 1871; Appendix, 153, 414-15.
48. Gregory P. Downs, *After Appomattox: Military Occupation and the Ends of War* (Cambridge, 2015), 6-9, 40-41; Robert W. Coakley, *The Role of Federal Military Forces in Domestic Disorders 1789-1878* (Washington, 1988), 311-12; Mark L. Bradley, *Bluecoats and Tar Heels: Soldiers and Civilians in Reconstruction North Carolina* (Lexington, 2009), 5-6; Lou Falkner Williams, *The Great South Carolina Ku Klux Klan Trials, 1871-1872* (Athens, 1996); Wang Xi, *The Trial of Democracy: Black Suffrage and Northern Republicans, 1860-1910* (Athens, 1997), 300-301.
49. Wang Xi, *The Trial of Democracy*, 300-301; August Belmont to G. W. McCrook, June 5, 1871, in Manton Marble Papers, LC; Frederick, *Platforms*, 39; Foner, *Reconstruction*, 508.
50. Clemenceau, *Reconstruction*, 299; *New York Tribune*, February 27, 1869; *New National Era*, March 21, 1872; James A. Garfield to Robert Folger, April 16, 1870, Letterbook, James A. Garfield Papers, LC.
51. Gillette, *Retreat*, 364.

第四章　司法与司法判例

1. William M. Alexander, *The Brotherhood of Liberty, or Our Day in Court* (Baltimore, 1891), 6-12; *Indianapolis Freeman*, February 15, 1890; J. Clay Smith Jr., *Emancipation: The Making of the Black Lawyer, 1844-1944* (Philadelphia, 1993), 143-44, 178; Susan D. Carle, *Defining the Struggle: National Racial Justice Organizing, 1880-1915* (New York, 2013), 35-36.
2. *New York Freeman*, December 4, 1886; *Indianapolis Freeman*, April 6, 1889; Alexander, *Brotherhood*, 18.
3. Melissa Milewski, *Litigating Across the Color Line: Civil Cases Between Black and White Southerners from the End of Slavery to Civil Rights* (New York, 2018); Carle, *Defining*, 1-5, 54-56, 195.
4. Brotherhood of Liberty, *Justice and Jurisprudence: An Inquiry Concerning the Constitutional Limitations of the Thirteenth, Fourteenth, and Fifteenth Amendments* (Philadelphia, 1889), v, 423, 428, 451; Jon-Christian Suggs, "Romanticism,

Law, and the Suppression of African-American Citizenship," in Reynolds J. Scott-Childress, ed., *Race and the Production of Modern American Nationalism* (New York, 1999), 67.

5. William E. Nelson, *The Fourteenth Amendment: From Political Principle to Judicial Doctrine* (Cambridge, 1988), 1; Richard L. Aynes, "Unintended Consequences of the Fourteenth Amendment," in David E. Kyvig, ed., *Unintended Consequences of Constitutional Amendments* (Athens, 2000), 120; Pamela Brandwein, *Rethinking the Judicial Settlement of Reconstruction* (New York, 2011), 1-3; G. Edmund White, "The Origins of Civil Rights in America," *Case Western Reserve Law Review*, 64 (Issue 3, 2014), 756.

6. *New York Times*, October 16, 1883.

7. John Niven, ed., *The Salmon P. Chase Papers* (5 vols.: Kent, 1993-98), 5:xx.

8. Pamela Brandwein, *Reconstructing Reconstruction: The Supreme Court and the Production of Historical Truth* (Durham, 1999), 85.

9. 大法官们的简短传记可以在这里找到：Kermit L. Hall, ed., *The Oxford Companion to the Supreme Court of the United States* (2nd ed.: New York, 2005); Andrew Kent, "The Rebel Soldier Who Became Chief Justice of the United States: The Civil War and its Legacy for Edward Douglass White of Louisiana," *AJLH*, 56 (June 2016), 255.

10. Brotherhood of Liberty, *Justice and Jurisprudence*, 192; John G. Sproat, *The "Best Men": Liberal Reformers in the Gilded Age* (New York, 1968).

11. *New York Tribune*, March 3, 1880; John Sherman, *Selected Speeches and Reports on Finance and Taxation* (New York, 1879), 454; *CR*, 44th Congress, 1st Session, 5585; James G. Blaine, *Twenty Years of Congress* (2 vols.: Norwich, 1884), 2: 419-20; Rebecca J. Scott, "Public Rights, Social Equality, and the Conceptual Roots of the Plessy Challenge," *Michigan Law Review*, 106 (March 2008), 780.

12. *Blyew v. United States*, 80 U. S. 581, 591-93, 595-601 (1872).

13. *Milwaukee Daily Sentinel*, April 22, 1873; Ronald M. Labbé and Jonathan Lurie, *The Slaughterhouse Cases: Regulation, Reconstruction, and the Fourteenth Amendment* (Lawrence, 2003), 6, 75; Michael A. Ross, "Justice Miller's Reconstruction: The *Slaughter-House Cases*, Health Codes, and Civil Rights in New Orleans, 1861-1873," in Elizabeth Reilly, ed., *Infinite Hope and Finite Disappointment: The Story of the First Interpreters of the Fourteenth Amendment* (Akron, 2011), 99-114; Randy E. Barnett, "The Three Narratives of the

Slaughter-House Cases," *JSCH*, 41 (November 2016), 298-304.
14. *Slaughterhouse Cases*, 83 U. S. 36 (1873) 62, 66, 68, 71, 78-80.
15. *Slaughterhouse Cases*, 83 U. S. 36 (1873), 68; William E. Nelson, *The Fourteenth Amendment: From Political Principle to Judicial Doctrine* (Cambridge, 1988), 163; *CR*, 43rd Congress, 1st Session, 4148; 2nd Session, 1379; Charles W. Calhoun, *Conceiving a New Republic: The Republican Party and the Southern Question, 1869-1900* (Lawrence, 2006), 52.
16. Michael A. Ross, *Justice of Shattered Dreams: Samuel Freeman Miller and the Supreme Court During the Civil War Era* (Baton Rouge, 2003), 204-05; Paul Kens, *The Supreme Court Under Morrison R. Waite, 1874-1888* (Columbia, 2010), 4-5, 25; William J. Novak, *The People's Welfare: Law and Regulation in Nineteenth-Century America* (Chapel Hill, 1996), 230-32.
17. *Slaughterhouse Cases*, 92, 96, 113, 123, 125, 129.
18. Timothy S. Huebner, *Liberty and Union: The Civil War Era and American Constitutionalism* (Lawrence, 2016), 397-98; Ross, *Miller*, xvi, 27, 201-08; Ross, "Miller's Reconstruction," 97-98; *Louisville Courier-Journal*, April 15, 1873; David S. Bogen, "Rebuilding the Slaughter-House: The Cases' Support for Civil Rights," in Reilly, *Infinite Hope*, 119-23; Richard L. Aynes, "Constricting the Law of Freedom: Justice Miller, The Fourteenth Amendment, and the *Slaughter-House Cases*," *Chicago-Kent Law Review*, 70 (1994), 627-89; Barnett, "Three Narratives," 295; Labbé and Lurie, *Slaughterhouse Cases*, 2; *New Orleans Daily Picayune* April 15, 1873.
19. Norma Basch, "Reconstructing Female Citizenship: *Minor v. Happersett*," in Donald G. Nieman, ed., *The Constitution, Law, and American Life: Critical Aspects of the Nineteenth-Century Experience* (Athens, 1992), 53; Catherine A. Jones "Women, Gender, and the Boundaries of Reconstruction," *JCWH*, 8 (March 2018), 116.
20. Gwen Hoerr Jordan, "'Horror of a Woman': Myra Bradwell, the 14th Amendment, and the Gendered Origin of Sociological Jurisprudence," in Reilly, *Infinite Hope*, 191-202; Niven, *Chase Papers*, 3: 367-69.
21. *Bradwell v. Illinois*, 83 U. S. 130 (1873), 139, 141-42; Amy Dru Stanley, "The Sovereign Market and Sex Difference: Human Rights in America," in Christine Desan and Sven Beckert, ed., *American Capitalism: New Histories* (New York, 2018), 147.
22. *Cleveland Plain Dealer*, April 17, 1873; Peter W. Bardaglio, *Reconstructing the*

Household: Families, Sex, and the Law in the Nineteenth-Century South (Chapel Hill, 1995), 131-35; Nancy W. Bercaw, *Gendered Freedoms: Race, Rights, and the Politics of Household in the Delta, 1861-1875* (Gainesville, 2003), 171-73; Jordan, "'Horror of a Woman,'" 190; Peggy Cooper Davis, *Neglected Stories: The Constitution and Family Values* (New York, 1997), 23.

23. Ellen Carol DuBois, "Taking the Law Into Our Own Hands: *Bradwell, Minor*, and Suffrage Militance in the 1870s," in Marjorie Spruill Wheeler, ed., *One Woman, One Vote: Rediscovering the Woman Suffrage Movement* (Troutdale, 1995), 81-87; Basch, "Reconstructing Citizenship," 55-71; *Minor v. Happersett*, 88 U. S. 162 (1875), 177.

24. Laura F. Edwards, "The Reconstruction of Rights: The Fourteenth Amendment and Popular Conceptions of Governance," *JSCH*, 41 (November 2016), 323-24; Jones, "Women, Gender, Reconstruction," 119-20; *New York Evening Post*, April 15, 1873.

25. Amy Dru Stanley, "Slave Emancipation and the Revolutionizing of Human Rights," in *The World the Civil War Made*, ed. Gregory P. Downs and Kate Masur (Chapel Hill, 2015), 269-73; Scott, "Public Rights," 783-90; *David Donald, Charles Sumner and the Rights of Man* (New York, 1970), 532-34; W. G. Eliot to Benjamin F. Butler, May 28, 1874, Benjamin F. Butler Papers, LC; James Mack Henry Frederick, *National Party Platforms of the United States* (Akron, 1896), 40, 44; Eric Foner, *Reconstruction: America's Unfinished Revolution 1863-1877* (New York, 2004 ed.), 532.

26. Stanley, "Slave Emancipation," 278-88; James W. White to Charles Sumner, January 27, 1872, Albert T. Morgan to Sumner, April 6, 1872, Charles Sumner Papers, HL; *CG*, 42nd Congress, 2nd Session, 429-31; *CR*, 43rd Congress, 1st Session, 50; *New National Era*, December 5, 1872; Barbara Y. Welke, "When All the Women Were White, and All the Blacks Were Men: Gender, Class, Race, and the Road to *Plessy*, 1855-1914," *LHR*, 13 (Fall 1995), 261-76; Jane Dailey, *Before Jim Crow: The Politics of Race and Emancipation in Postemancipation Virginia* (Chapel Hill, 2000), 106-09.

27. Foner, *Reconstruction*, 368-71; William S. Harris, *The Day of the Carpetbagger: Republican Reconstruction in Mississippi* (Baton Rouge, 1979), 440-46; *New Orleans Tribune*, January 7, 1869; H. S. McComb to Henry C. Warmoth, June 28, July 17, 1871, Henry C. Warmoth Papers, Southern Historical Collection, University of North Carolina.

28. Hugh Davis, *"We Will be Satisfied with Nothing Less": The African American Struggle for Equal Rights in the North During Reconstruction* (Ithaca, 2011), 103-06; *CG*, 42nd Congress, 2nd Session, Appendix, 4.
29. *CG*, 42nd Congress, 2nd Session, 919; *CR*, 43rd Congress, 1st Session, 416; Calhoun, *Conceiving*, 70; Foner, *Reconstruction*, 533-35.
30. *CR*, 43rd Congress, 1st Session, 337, 412, 3451-54, 4148; 2nd Session, 242, 642-44, 727-29; Donald, *Sumner*, 532.
31. *CR*, 43rd Congress, 1st Session, 407-10; Charles Fairman, *Reconstruction and Reunion 1864-88, Part Two* (New York, 1987), 174.
32. Stanley, "Slave Emancipation," 292; Alfred Avins, "The Civil Rights Act of 1875: Some Reflected Light on the Fourteenth Amendment and Public Accommodations," *CLR*, 66 (May 1966), 875.
33. Benjamin H. Bristow to G. C. Wharton, January 14, 1875, Benjamin H. Bristow Papers, LC; Carole Emberton, *Beyond Redemption: Race, Violence, and the American South After the Civil War* (Chicago, 2013).
34. LeeAnna Keith, *The Colfax Massacre: The Untold Story of Black Power, White Terror, and the Death of Reconstruction* (New York, 2008); Robert M. Goldman, *Reconstruction and Black Suffrage: Losing the Vote in Reese and Cruikshank* (Lawrence, 2001), 51-57; Brandwein, *Rethinking*, 15-17, 91-113; *United States v. Cruikshank*, 92. U. S. 542 (1875), 542, 551, 556.
35. *United States v. Reese*, 92 U. S. 214 (1875), 217-18
36. *Strauder v. West Virginia*, 100 U. S. 303 (1880), 306; *Ex Parte Virginia*, 100 U. S. 339 (1880).
37. *Wheeling Register*, March 3, 1880; *New York Times*, March 19, 1880; *Virginia v. Rives*, 100 U. S. 313 (1880), 318; *Strauder v. West Virginia*, 310; Michael J. Klarman, *From Jim Crow to Civil Rights: The Supreme Court and the Struggle for Racial Equality* (New York, 2004), 40-41; Benno C. Schmidt Jr., "Juries, Jurisdiction, and Race Discrimination: The Lost Promise of *Strauder v. West Virginia*," *Texas Law Review*, 61 (May 1983), 1406-07.
38. *New York Tribune*, March 3, 1880.
39. Calhoun, *Conceiving*, 148-64; Wang Xi, *The Trial of Democracy: Black Suffrage and Northern Republicans, 1860-1910* (Athens, 1997), 330.
40. *Ex Parte Siebold*, 100 U. S. 371 (1880), 386, 394; *Ex Parte Yarbrough*, 110 U. S. 651 (1884), 652, 661, 663; Richard M. Valelly, *The Two Reconstructions: The Struggle for Black Enfranchisement* (Chicago, 2004), 69; *New York Times*, March

9, 1880; *Washington Post,* March 9, 1880.
41. *United States v. Harris,* 106 U. S. 629 (1883); Brandwein, *Rethinking,* 154-57.
42. Christopher Waldrep, *Jury Discrimination: The Supreme Court, Public Opinion, and a Grassroots Fight for Racial Equality in Mississippi* (Athens, 2010), 166; *Hall v. DuCuir,* 95 U. S. 485 (1878), 491, 502-04; *New Orleans Times-Picayune,* June 15, 1873; Brotherhood of Liberty, *Justice and Jurisprudence,* 191.
43. Stanley, "Slave Emancipation," 292; Fairman, *Reconstruction and Reunion,* 288-89, 564, 570; *Civil Rights Cases,* 109 U. S. 3 (1883), 11, 17, 20, 22, 24.
44. Linda Przybyszewski, *The Republic According to John Marshall Harlan* (Chapel Hill, 1999), 14-43, 83; Malvina Shanklin Harlan, *Some Memories of a Long Life* (New York, 2002), 112-14; *Civil Rights Cases,* 20, 26, 36, 42, 45, 53, 57, 61; *Pace v. Alabama,* 106 U. S. 583 (1883).
45. *Baltimore Sun,* October 17, 1883; *Hartford Daily Courant,* October 19, 1883; *Chicago Tribune,* October 17, 18, 1883; *Harrisburg Telegraph* in *Harrisburg Patriot,* October 17, 1883; *Milwaukee Daily Journal,* October 16, 1883; *Cincinnati Commercial Gazette,* October 27, 1883; William E. Read and William C. Berman, "Papers of the First Justice Harlan at the University of Louisville," *AJLH,* 11 (January 1967), 59n.
46. White, "Origins," 807; *Cleveland Gazette,* October 20, 1883; *New York Globe,* October 20, November 24, 1883; Steve Luxenberg, *Separate: The Story of Plessy v. Ferguson, and America's Journey from Slavery to Segregation* (New York, 2019), 356; Henry M. Turner, *The Black Man's Doom: Two Barbarous and Cruel Decisions of the United States Supreme Court* (Philadelphia 1896), 48-58.
47. *Civil Rights Cases,* 37; John H. Gauger, "A Delaware Experiment with Reconstruction Nullification," *Delaware History,* 21 (Spring-Summer 1985), 183-85; Donald G. Nieman, "The Language of Liberation: African Americans and Equalitarian Constitutionalism, 1830-1950," in Nieman, *Constitution, Law, and American Life,* 82; Davis, *We Will Be Satisfied,* 146-47; Foner, *Reconstruction,* 471; Stephen J. Riegel, "Persistent Career of Jim Crow: Lower Federal Courts and the Separate But Equal Doctrine, 1865-1896," *AJLH,* 28 (January 1984), 28-29.
48. Marianne L. Engelman Lado, "A Question of Justice: African-American Legal Perspectives on the 1883 Civil Rights Cases," *Chicago-Kent Law Review,*70 (Issue 3, 1995), 1123-95; Carle, *Defining the Struggle,* 37-45; *New York Globe,* October 20, 1883.

49. Brotherhood of Liberty, *Justice and Jurisprudence*, 1, 13-14, 38, 76-77, 156-61, 244.
50. *Baltimore Sun*, December 30, 1889; *Kansas City Times*, May 11, 1890; *Philadelphia Inquirer*, January 9, 1890; *Detroit Plaindealer*, December 20, 1889; *Science: A Weekly Newspaper of All the Arts and Sciences*, 15 (January 10, 1890), 26-27.
51. Richard E. Welch Jr., "The Federal Elections Bill of 1890: Postscripts and Prelude," *JAH*, 52 (December, 1965), 511-26; Valelly, *Two Reconstructions*, 121; Calhoun, *Conceiving*, 234-58.
52. David A. Bateman, Ira Katznelson, and John S. Lapinski, *Southern Nation: Congress and White Supremacy after Reconstruction* (Princeton, 2018), 77; Patrick J. Kelly, "The Election of 1896 and the Restructuring of Civil War Memory," in Alice Fahs and Joan Waugh, ed., *The Memory of the Civil War in American Culture* (Chapel Hill, 2004), 180-81; Robert Cook, "The Quarrel Forgotten? Toward a Clearer Understanding of Sectional Reconciliation," *JCWE*, 6 (September 2016), 426-27; John W. Burgess, *Reconstruction and the Constitution 1866-1876* (New York, 1902), vii, 217; William A. Dunning, *Essays on the Civil War and Reconstruction* (New York, 1904), 384-85; Eric Foner, "The Supreme Court and the History of Reconstruction—and Vice Versa," *CLR*, 112 (November 2012), 1585-1608.
53. *United States v. Wong Kim Ark* (1898), 169 U. S. 649; T. Alexander Aleinikoff, *Semblances of Sovereignty: The Constitution, the State, and American Citizenship* (Cambridge, 2002), 5-31; Mark Elliott, "The Lessons of Reconstruction: Debating Race and Imperialism in the 1890s," in Carole Emberton and Bruce W. Baker, *Remembering Reconstruction: Struggles Over the Meaning of America's Most Turbulent Era* (Baton Rouge, 2017), 165-66.
54. Rayford W. Logan, *The Negro in American Life and Thought: The Nadir, 1877-1901* (New York, 1954); Michael J. Horan, "Political Economy and Sociological Theory as Influences Upon Judicial Policy – Making the *Civil Rights Cases* of 1883," *AJLH*, 16 (January 1972), 82-86; Adam Winkler, *We the Corporations: How American Businesses Won Their Civil Rights* (New York, 2018); Joseph B. James, *The Framing of the Fourteenth Amendment* (Urbana, 1956), 105, 159, 179.
55. Mark Elliott, *Color-Blind Justice: Albion Tourgée and the Quest for Racial Equality from the Civil War to Plessy v. Ferguson* (New York, 2006), 249-87;

Charles A. Lofgren, *The Plessy Case: A Legal-Historical Interpretation* (New York, 1987), 32, 48-52, 173; Scott, "Public Rights," 797-802; Rodolphe Lucien Desdunes, *Our People and Our History: Fifty Creole Portraits*, ed. and trans. Dorothea Olga McCants (Baton Rouge, 1973), 141-44; Luxenberg, *Separate*, 471.

56. *Louisville, New Orleans, and Texas Railway v. Mississippi*, 133 U. S. 587 (1890); *Plessy v. Ferguson*, 163 U. S. 537 (1896), 544, 549, 550, 551.

57. *Plessy v. Ferguson*, 163 U. S. 537 (1896), 561; *United States v. Wong Kim Ark* (1898), 169 U. S. 705; Gabriel J. Chin, "The First Justice Harlan by the Numbers: Just How Great was 'the Great Dissenter,'" *Akron Law Review*, 32 (Issue 3, 1992), 629-55.

58. *Plessy v. Ferguson*, 163 U. S. 537 (1896), 555, 559, 560, 562; *Cumming v. Richmond County Board of Education*, 175 U. S. 528 (1899).

59. Riegel, "Persistent Career," 17-20; *Dallas Morning News*, May 19, 1896; *San Francisco Chronicle*, May 19, 1896; *Enterprise* (Omaha), May 30, 1896; *Memphis Commercial Appeal*, October 18, 1911; Henry Billings Brown, "The Dissenting Opinions of Mr. Justice Harlan," *American Law Review*, 46 (May-June 1912), 336-38.

60. Foner, *Reconstruction*, 590-91; Francis N. Thorpe, ed., *The Federal and State Constitutions* (7 vols.: Washington, 1909), 4: 2120; Michael Perman, *Struggle for Mastery: Disfranchisement in the South, 1888-1908* (Chapel Hill, 2001), 13-28; Paul E. Herron, *Framing the Solid South: The State Constitutional Conventions of Secession, Reconstruction, and Redemption, 1860-1902* (Lawrence, 2017), 220-23.

61. Vallely, *Two Reconstructions*, 2, 123-26; Francis B. Simkins, "New Viewpoints on Southern Reconstruction," *Journal of Southern History*, 5 (February 1939), 50; George S. Boutwell, *Reminiscences of Sixty Years in Public Affairs* (2 vols.: New York, 1902), 2:48. 法国在1793年实行了男性普选权，1799年放弃了这种做法，1848年重新引入男性普选权，但几年后又放弃了这一做法。

62. *Williams v. Mississippi*, 170 U. S. 213, 225; Jack Bass, *Justice Abandoned*, forthcoming; *Yick Wo v. Hopkins*, 118 U. S. 356, 373; Perman, *Struggle for Mastery*, 70.

63. Smith, *Emancipation*, 273; *Springfield Sunday Republican*, May 3, 1903; *Giles v. Harris*, 189 U. S. 475 (1903), 483, 488; Jamal Greene, "The Anticanon,"

Harvard Law Review, 125 (December 2011), 429.

64. *Charlotte Daily Observer*, April 29, 1903; *New Orleans Daily Picayune*, April 28, 1903; *Baltimore Sun*, April 28, 1903; *Springfield Daily Republican*, May 2, 1903.

65. *Montgomery Advertiser*, May 6, 1903; *Springfield Sunday Republican*, May 3, 1903; *Giles v. Teasley*, 193 U. S. 146 (1904); *James v. Bowman*, 190 U. S. 127 (1903); *Hodges v. United States*, 203 U. S. 1 (1906), 37. 在法语原文中，德斯杜尼斯使用了"la satisfaction de pousser au pied de mure le gouvernement"这个习语，很难将其准确地翻译成英语。它的含义是指强迫政府做它不希望做的事情。Rodolphe Lucien Desdunes, *Nos Hommes et Notre Histoire* (Montreal, 1911), 194.

结语

1. For example, Richard Kluger, *Simple Justice: The History of Brown v. Board of Education and Black America's Struggle for Equality* (New York, 1976); Michael J. Klarman, *From Jim Crow to Civil Rights: The Supreme Court and the Struggle for Racial Equality* (New York, 2004).

2. *Bailey v. Alabama*, 219 U. S. 219 (1911); *Jones v. Alfred H. Mayer Co.*, 392 U. S. 409 (1968); Alexander Tsesis, *The Thirteenth Amendment and American Freedom: A Legal History* (New York, 2004), 83-84; William M. Carter Jr., "Race, Rights, and the Thirteenth Amendment: Defining the Badges and Incidents of Slavery," *UC Davis Law Review*, 40 (April 2007), 1311-22; Jack M. Balkin and Sanford Levinson, "The Dangerous Thirteenth Amendment," *CLR*, 112 (November 2012), 1460-70.

3. Ari Berman, *Give Us the Ballot: The Modern Struggle for Voting Rights in America* (New York, 2015); *Shelby County v. Holder*, 570 U. S. 529 (2013), 535; *New York Times*, June 25, 2018; Jamal Greene, "Fourteenth Amendment Originalism," *Maryland Law Review*, 71 (Issue 4, 2012), 978-79.

4. *McDonald v. City of Chicago*, 561 U. S. 742 (2010), 758; *Timbs v. Indiana*, 586 U.S. __ (2019).

5. Paul Finkelman, "The Historical Context of the 14th Amendment," in Elizabeth Reilly, ed., *Infinite Hope and Finite Disappointment: The Story of the First Interpreters of the Fourteenth Amendment* (Akron, 2011), 35; Christopher W.

Schmidt, *The Sit-Ins: Protest and Legal Change in the Civil Rights Era* (Chicago, 2018), 6-7; Pamela Brandwein, *Reconstructing Reconstruction: The Supreme Court and the Production of Historical Truth* (Durham, 1999), 176; Peggy Cooper Davis et al., "The Persistence of the Confederate Narrative," *Tennessee Law Review*, 84 (Winter 2017), 306-7, 341-43.

6. Martha Minow, "Alternatives to the State Action Doctrine in the Era of Privatization, Mandatory Arbitration, and the Internet: Directing Law to Serve Human Needs," *Harvard Civil Rights-Civil Liberties Law Review*, 52 (Winter 2017), 145-50; *Shelly v. Kraemer*, 334 U. S. 1 (1948); George Rutherglen, "The Thirteenth Amendment, the Power of Congress, and the Shifting Sources of Civil Rights Law," *CLR*, 112 (November 2012), 1561-63; Amy Dru Stanley, "The Sovereign Market and Sex Difference: Human Rights in America," in Christine Desan and Sven Beckert, ed., *American Capitalism: New Histories* (New York, 2018), 146-61.
7. *United States v. Morrison*, 529 U. S. 598 (2000), 602, 620-22.
8. Richard Rothstein, *The Color of Law: A Forgotten History of How Our Government Segregated America* (New York, 2017), xii-xv and *passim*.
9. *Adarand Constructors, Inc. v. Peña*, 515 U.S. 200 (1995).
10. Roy P. Basler, ed., *The Collected Works of Abraham Lincoln* (8 vols.: New Brunswick, 1953), 8:332-33; Clinton Rossiter, ed., *The Federalist Papers* (New York, 1961), 276.

索　引

（索引条目的页码为英文原书页码，即本书边码）

abolition 废奴：
- Douglass's speech on 道格拉斯的演讲 17-18
- effects of 影响 132
- emancipation vs. 解放奴隶与 26-27, 31
- process of 过程 21-27, 32
- radical form of 激进形式的 32
- and suffrage 与选举权 41, 58, 101

abolitionist movement 废奴运动：
- and citizenship 与公民资格 11
- divided opinions within 内部的意见分歧 9
- on equal rights 论平等权利 11-12, 77-78
- and Fifteenth Amendment 与第十五条宪法修正案 112
- and Fourteenth Amendment 与第十四条宪法修正案 88
- and Thirteenth Amendment 与第十三条宪法修正案 xxvii, 28-29, 43-45, 52-53, 81
- and women's rights 与妇女的权利 81-82, 114-115

accommodations, public 公共设施：
- equal access to 平等进入 11, 65, 79, 94, 128, 140, 141, 151-152, 153, 157
- separate 隔离 156, 160-163

Adams, Henry 亨利·亚当斯 105

affirmative action 平权行动（肯定性行动）xxiv, 174, 175

African-Americans 非裔美国人：
- alternative jurisprudence advanced by 推动的其他司法判例 156-158
- barred from certain states 被某些州禁止 13
- and Civil Rights Cases 与民权案例 151-157, 161, 164, 166
- colonization to other nations 殖民到其他国家 12, 24, 25-27, 32, 42, 71
- "Colored Conventions" "有色人种代表大会" 9, 12, 14, 52, 77-78, 94, 100, 113, 140
- criticized for seeking civil rights 批评寻求公民权利 152, 154, 161
- elected public officials 选举担任公职 51, 88, 103-104, 105, 109, 119, 126, 133, 136,

142

Fifteenth Amendment celebrated by 庆祝第十五条宪法修正案 111-112

free, see free blacks 自由的，参见自由黑人

and gender differences 与性别差异 81-88

Great Migration 大移民运动 xxviii, 109

and interracial relationships 与跨种族关系 7, 66, 67, 141, 142, 152, 153

invisibility of 不为人知 3

jury service for 陪审团服务 65, 88, 142, 146-147, 165

lynching of 私刑 117, 160, 173

mob violence against 针对非裔美国人的暴徒暴力 79, 84, 116-118, 130, 143, 146, 149, 156, 160, 173

practice of law denied to 拒绝从事律师行业 125-126

rights of 权利 4, 6, 16, 67, 126, 135, 156, 164

status at outset of Civil War 内战初期的身份 1, 3

stereotypes of 刻板印象 xxii, 33, 160

and Union army 与联邦军队 16, 22, 25, 27-28, 36, 44, 82, 133, 162

voting rights of, see voting rights 选举权，参见选举权

Afro-American Council 非裔美国人委员会 126

Alabama Negro Suffrage Association 亚拉巴马州黑人选举权协会 166-167

Alcorn, James L. 詹姆斯·奥尔康 141

Alito, Samuel 塞缪尔·阿利托 171

American Anti-Slavery Society 美国反奴隶制协会 52, 53, 62, 112

American Colonization Society 美国海外殖民协会 12

American Dilemma, An (Myrdal) 缪尔达尔的《美国的困境》xxiii

American Equal Rights Association 美国平等权利协会 82, 114

American Revolution 美国革命 2, 24, 78

Anderson, Benedict 本尼迪克特·安德森 3

Anthony, Susan B. 苏珊·B. 安东尼 xxvii, 29, 81, 82, 113-114, 138

Anti-Peonage Act (1867) 1867年《反劳役偿债法案》43

antislavery movement, see abolition; abolitionist movement 反奴隶制运动，参见废奴；废奴运动

apprenticeship laws 学徒法 48, 128

Arnold, Isaac N. 艾萨克·阿诺德 34, 41

Arthur, Chester A. 切斯特·阿瑟 148

Ashley, James M. 詹姆斯·阿什利 12, 28

Bailey, Anne C. 安妮·贝利 94

Baltimore, campaign for black equality in 巴尔的摩争取黑人平等权利运动 125-126

Baltimore Sun《巴尔的摩太阳报》154, 157

Bank of the United States 合众国银行 77

"bargain of 1877" "1877年选举交易" 126, 150

Barlow, Samuel L. M. 塞缪尔·巴洛 39

Barron v. Baltimore (1833) 1833年巴伦诉巴尔的摩案 75

Bates, Edward 爱德华·贝茨 15-16

Belmont, August 奥古斯特·贝尔蒙特 121

Bennett, James Gordon 詹姆斯·贝内特 34, 58-59

Berlin, Ira 艾拉·伯林 23

Bill of Rights《权利法案》:

  effects of 的影响 56

  expanded by Reconstruction amendments 被重建宪法修正案扩充 xx-xxi, 74-76, 85, 134

  incorporation of 吸纳 171

  no reference to gender in 没有提及性别 80

  rights enumerated in 列举的权利 171

Bingham, John A. 约翰·宾厄姆 xxvi

  and Bill of Rights 与《权利法案》75, 134, 136, 171

  on citizenship of free blacks 论自由黑人的公民资格 77

  and Civil Rights Act (1866) 与 1866 年《民权法案》68

  and congressional powers 与国会的权力 64, 68

  drafting Reconstruction amendments 起草重建宪法修正案 12, 68-69, 73, 106

  on equality as cardinal principle 论作为根本原则的平等 68, 69, 77

  and Fifteenth Amendment 与第十五条宪法修正案 106, 115

  and Fourteenth Amendment 与第十四条宪法修正案 64, 68-69, 73, 75, 76-77, 85, 171

  and Thirteenth Amendment 与第十三条宪法修正案 64

Binney, Horace 霍勒斯·宾尼 3

Birth of a Nation, The (film) 影片《一个国家的诞生》xxii

birthright citizenship 出生地公民资格 4, 11, 12, 14-15, 52, 63, 70, 71-73, 88, 159, 162, 169, 174

Black Codes《黑人法典》47-49, 53, 64, 65-66, 84, 133

Black Laws (1849) 1849 年《黑人法律》13

Blaine, James G. 詹姆斯·布莱恩 32, 61, 62, 98, 104

  Twenty Years of Congress《国会 20 年》130

Blair, Francis Preston Jr. 小弗朗西斯·布莱尔 97

Blair, Montgomery 蒙哥马利·布莱尔 97

Blyew v. United States (1872) 1872 年布莱耶诉合众国案 131-132

Booth, Edwin 埃德温·布斯 151

Boston Commonwealth《波士顿共和报》109

Boston Daily Advertiser《波士顿广告日报》36, 95

Boutwell, George S. 乔治·布特维尔 xxv, 73, 95, 100, 106, 165

Bowers, Claude, *The Tragic Era* 克劳德·鲍尔斯,《悲剧时代》xxii, 159

Bradley, Joseph P. 约瑟夫·布拉德利 129, 132, 135, 137, 144-146, 151-152, 153-155

Bradwell, Myra 迈拉·布拉德韦尔 137-138

Bradwell v. Illinois (1873) 1873 年布拉德韦尔诉伊利诺伊州案 137-139

Bristow, Benjamin H. 本杰明·布里斯托 131, 134, 144

索引　209

Broomall, John M. 约翰·布鲁莫尔 83
Brotherhood of Liberty 自由兄弟会 125-126, 151, 169
    Justice and Jurisprudence《司法与司法判例》126, 130, 156-158
Brown, Henry B. 亨利·布朗 161-162, 163-164
Brown v. Board of Education (1954) 1954 年布朗诉教育委员会案 xxi, 163
Buchanan, James, Supreme Court appointees of 詹姆斯·布坎南，任命最高法院大法官 150
Burgess, John W. 约翰·伯吉斯 xxii, 159
Butler, Benjamin F. 本杰明·巴特勒 119-120

Cameron, Simon 西蒙·卡梅伦 102
Campbell, Bishop Jabez 主教杰贝兹·坎贝尔 111
Campbell, John A. 约翰·坎贝尔 133
Chase, Salmon P. 萨蒙·蔡斯 10, 15, 38, 128, 129, 131, 135-136, 137
Chicago Legal News《芝加哥法律新闻》137
Chicago Tribune《芝加哥论坛报》103, 154
Chinese immigrants 中国移民 86
    and birthright citizenship 与出生地公民资格 73, 159, 162
    businesses run by 经营的生意 165
    exclusion act (1882) 1882 年《排华法案》43
    and voting rights 与选举权 101, 105, 108
Cincinnati Commercial Gazette《辛辛那提商业公报》154

Cincinnati Gazette《辛辛那提公报》102
Citizens' Committee 公民委员会 126
Citizenship 公民资格：
    and "affirmative rights" 与"肯定性的权利" 155
    birthright 出生地 4, 11, 12, 14-15, 52, 63, 70, 71-73, 88, 159, 162, 169, 174
    definitions of 界定 2-3, 4, 56, 63, 70, 71, 134-135
    equal protection as right of 作为平等保护的权利 4, 11, 77, 79-80, 94, 126, 153
    judicial interpretation of 司法解释 126-131
    and naturalization 与归化 4, 72-73, 108
    as ongoing struggle 作为持续的斗争 175-176
    and promise of economic opportunity 经济机会的承诺 157
    second class 二等公民 6
    and slavery debates 与奴隶制辩论 11, 41-42
    state vs. national 州与全国性的 72, 80, 85, 120, 134, 135
    as symbolic category 作为象征性的范畴 16
    and U.S. imperialism 与美国的帝国主义 159
    and voting rights 与投票权 5, 98, 100, 175
citizens' rights 公民的权利：
    in Comity Clause 在礼让条款中 3-5
    and equality 与平等 94
    safety and security 安全与保障 118
    transferred from state to national jurisdiction 从州移交给国家管辖 xx,

xxviii, 8, 33, 79-80, 135

see also rights 也可参见权利

Civil Rights Act (1866) 1866 年《民权法案》63-68

 and birthright citizenship 与出生地公民资格 63, 70

 and *Bylew* 与布莱耶案 131

 citizenship defined in 界定的公民资格 63

 citizens' rights enumerated in 列举的公民的权利 63-64, 73, 74, 118, 134

 constitutionality of 合宪性 68

 criminal convictions exempted in 免除的刑事犯罪 49-50, 64, 65

 and Enforcement Acts 与《实施法》118

 federal power enhanced in 增强的联邦权力 67, 131-132, 144

 and Fugitive Slave Act 与《逃奴法》67

 Johnson's Veto of 约翰逊的否决 67-68, 152

 and *Jones v. Alfred H. Mayer Co.* 与琼斯诉阿尔弗雷德·迈耶公司案 169

 and patriarchal rights of men 与男性的父权地位 82, 115

 precise legal meaning of "civil rights" in "公民权利"的准确法律含义 63

 and racial violence 与种族暴力 117, 118, 131, 144

 and states' powers 与州的权力 66, 93, 117

 and Thirteenth Amendment 与第十三条宪法修正案 65, 132

 unanswered questions in 悬而未决的问题 65-66

Civil Rights Act (1875) 1875 年《民权法案》20, 141-143, 150, 151-157, 156

Civil Rights Act (1957) 1957 年《民权法案》170

Civil Rights Act (1964) 1964 年《民权法案》170, 172

Civil Rights Cases (1883) 1883 年民权案例 132, 151-157, 161, 164, 166, 172

civil rights revolution (1960s) 1960 年代的民权革命 xxiv, xxix, 32, 109, 169, 171

Civil War 内战：

 and abolition 与废奴 24-25, 27

 effects of 影响 xix, xxi, 8, 15, 17, 31, 32, 35, 96, 119, 175

 and nation-building 与国族构建 56, 89, 99

 and Reconstruction 与重建 xxi

 slavery as a cause of 奴隶制作为起因 8, 10, 31, 133, 175

 states' rights as a cause of 州权作为起因 8

Clay, Henry 亨利·克莱 12

Clemenceau, Georges 乔治·克列孟梭 104, 122

Cleveland, Grover, Supreme Court appointees of 格罗弗·克利夫兰，任命最高法院大法官 160

Cleveland Gazette《克利夫兰公报》155

Cleveland Plain Dealer《克利夫兰老实人报》138

Clifford, Nathan 南森·克利福德 150

Coburn, John 约翰·科伯恩 119

Cole, Cornelius 科尼利厄斯·科尔 40

Colfax, Schuyler 斯凯勒·科尔法克斯

35, 59, 96

Colfax Massacre (1873) 1873年科尔法克斯大屠杀 144

Colley, Linda 琳达·科利 2

Colored American《有色人种美国人》12

"Colored Conventions" "有色人种代表大会" 9, 12, 14, 52, 77-78, 94, 100, 113, 140

common law 普通法 8, 80, 140

   of coverture 代理权原则 6, 44-45, 81, 115, 137

   and criminal exemption 与刑事豁免 110

   of master and servant 主仆法 6

Congress, U.S. 合众国国会：

   and Bill of Rights 与《权利法案》74-76

   and Fifteenth Amendment 与第十五条宪法修正案 105-108, 128

   and Fourteenth Amendment 与第十四条宪法修正案 55-66, 68-71, 73-75, 79-91, 100, 130-131, 160

   and Johnson, see Johnson, Andrew 与约翰逊，参见安德鲁·约翰逊

   Joint Committee on Reconstruction 重建联合委员会 60-63, 68-70, 73, 79, 82, 84, 88

   laws enacted to enforce amendments 颁布实施宪法修正案的法律 127-128, 131

   patriarchal rights of men supported by 所支持的男性的父权 82, 115

   powers of 权力 19, 29, 30, 31, 37, 39, 41, 64-65, 68-69, 75, 79, 85, 97, 117, 120, 130-131, 143, 148, 149, 169, 172

   representation in 代表 61, 62, 165

   slaves freed by 释放的奴隶 25

   and Thirteenth Amendment 与第十三条宪法修正案 28-31, 33-36, 40-43, 48-49, 51, 53-54, 63, 128, 153, 169

   and U.S. imperial power 与合众国的帝国强权 159

   "womanly qualities" "protected" by "保护的女性特质" 82-83

   and writing of Reconstruction amendments 与重建宪法修正案的写作 xxv-xxvi, 55, 59-60

Congressional Globe《国会议事录》99

Constitution, U.S. 合众国宪法：

   amendments as rewriting of 重写宪法修正案 12, 18-19, 22, 32, 77, 135, 147-148, 156

   on balance of power 关于权力平衡 173

   as basis for social justice 作为社会正义的根基 xxviii, 120, 143, 163, 174

   and Bill of Rights, see Bill of Rights 与《权利法案》，参见《权利法案》

   black attitudes toward 黑人的态度 52

   color-blindness of 色盲的宪法 163, 174

   Comity Clause of 礼让条款 3-5

   and equality 与平等 11-12, 68, 162-163

   and executive powers 与行政权力 174

   and federalism 与联邦制 170-171

   gender omitted from 忽视了性别 80-83, 136

   interpretation of 解释 147-148, 167

   Interstate Commerce Clause 州际贸易条款 172, 175

   language of 措辞 58, 68, 73, 76, 94, 136

and "originalism" 与"原旨主义" xxiv, 18

Preamble to 序言 10

and slavery 与奴隶制 1-2, 10, 14, 30

Constitutional Convention 制宪大会 1-2

"constitutionalism, popular" "大众宪政主义" xxviii, 19

Corbett, Henry W. 亨利·科比特 101

corporations, as legal "persons" 作为法律"人格"的公司 160

Corwin, Thomas 托马斯·柯温 22

Corwin Amendment 柯温修正案 22, 23

coverture, common law of 普通法的代理权原则 6, 44-45, 81, 115, 137

Cowan, Edgar 埃德加·考恩 60

Cragin, Aaron H. 亚伦·克拉金 98, 99

Creswell, John A. 约翰·克雷斯韦尔 36

Crèvecoeur, J. Hector St. John de 埃克托尔·圣约翰·克雷弗克 3

criminal exemption 刑事豁免 45-46, 47-51, 64, 65, 80

Crusader, The《改革者》160

Cullom, Shelby 谢尔比·卡洛姆 110

Curtis, George William 乔治·柯蒂斯 80

Davis, Garrett 加勒特·戴维斯 86

Dawes, Henry L. 亨利·道斯 120

Declaration of Independence《独立宣言》19, 77, 84, 90

and Civil Rights Act (1875) 与 1875 年《民权法案》143

ideals of 的理想 111

preamble of 的序言 13-14

unalienable rights enumerated in 列举的不可剥夺的权利 6, 74, 75, 95

Declaration of Rights of Man and of the Citizen (France) 法国《人权与公民权宣言》29, 30

DeCuir, Josephine 约瑟芬·德古尔 150

Delany, Martin R. 马丁·德拉尼 12, 111

democracy 民主:

biracial 跨种族的 xxiii, 133, 136, 140

effects of Reconstruction on 重建的影响 xxiv, 164-165, 174

equality in 平等 6

ideal of 的理念 176

worldwide spread of 世界范围内的传播 111

Democratic party 民主党:

and "bargain of 1877" 与 "1877 年选举交易" 126, 150

and Civil Rights Act 与《民权法案》143

and election campaign (1868) 与 1868 年大选 97-98

and election campaign (1872) 与 1872 年大选 121-122

and election results (1892) 与 1892 年选举结果 158

and Enforcement Acts 与《实施法》120

and Fifteenth Amendment 与第十五条宪法修正案 107

and Fourteenth Amendment 与第十四条宪法修正案 86, 88

in the North 在北部 118

"rifle clubs" of "步枪俱乐部" 94, 143-144

in the South xxiii 在南部 109, 126, 155-156

and state powers 与州的权力 158

and Thirteenth Amendment 与第十三条宪法修正案 32-34, 35, 40

white supremacists in 白人至上主义者 50

Desdunes, Rodolphe 鲁道夫·德斯杜尼斯 160, 167

Detroit Plaindealer《底特律老实人报》157

divorce, legalization of 离婚的合法化 138

Dixon, James 詹姆斯·狄克逊 107

Doolittle, James R. 詹姆斯·杜立特尔 72

Douglass, Frederick 弗雷德里克·道格拉斯：

    on abolition 论废奴 17-18

    on access to public transportation 论进入公共交通设施 140, 155

    and Brotherhood of Liberty 与自由兄弟会 125

    on *Civil Rights Cases* 论民权案例 155

    on Emancipation Proclamation 论《解放奴隶宣言》26-27

    on Fourteenth Amendment 论第十四条宪法修正案 62

    "Mission of War" speech by "战争的使命"演讲 17

    on racial equality 论种族平等 17-18, 140

    on states' powers 论州的权力 8

    on strict construction 论宪法的严格解释 9

    on Supreme Court decisions 论最高法院的判决 xxix, 155

    on Thirteenth Amendment 论第十三条宪法修正案 53

    on voting rights 论选举权 81, 82, 112

Dred Scott decision 德雷德·斯科特案判决 14, 15, 28, 63, 71, 86, 133, 134, 152, 154, 163

Du Bois, W. E. B. W. E. B. 杜波依斯 xxiv, 95

Due Process Clause 正当程序条款 76-77, 80, 129, 160, 171, 174

due process of law, essential language of 正当法律程序的根本性措辞 11

Dunning, William A. 威廉·邓宁 xxi, 159

Dunning School 邓宁学派 xxi-xxiv, xxvi, 159

education 教育：

    Brown v. Board of Education 布朗诉教育委员会案 xxi, 163

    free access to 自由进入 11, 20, 42, 51, 65, 66, 90, 142, 157, 175

    integration in Boston (1855) 1855年波士顿的种族融合 13

    segregation in 种族隔离 150-151, 156, 173

    state and local authority over 州和地方的管辖权威 163

Eighth Amendment 第八条宪法修正案 171

Electoral College 总统选举人团 2, 61, 103, 105

Elliott, Robert B. 罗伯特·艾略特 143

Emancipation Proclamation《解放奴隶宣言》15, 18, 22-23, 26-28, 30, 32, 36-39, 175

employers, authority of 雇主的权威 6

Enforcements Acts (1870-1871) 1870-1871年的《实施法》118-121, 144-145,

146, 148

equality 平等：

    before the law, see equal protection of the law 法律面前，参见平等的法律保护

    definitions of 定义 13, 57, 66, 94, 127-128

    equal but separate 隔离但平等 160-163

    modern challenges to 现代挑战 110-111, 169, 173-175

    as national ideal 作为全国性的理念 xxvi, 69, 176

    obstacles to 障碍 7-8, 111, 151; see also racism 也可参见种族主义

    and Radical Republicanism 与激进派共和党人的思想 57

equal protection of the law 平等的法律保护：

    and abolitionist movement 与废奴运动 11-12, 17-18, 51, 77

    and Civil Rights acts 与《民权法案》49, 65-66, 131, 132, 137-140

    as cornerstone of liberty 作为自由的基石 41

    and Enforcement Acts 与《实施法》119, 121, 144

    federal v. state enforcement of 联邦和州的实施 84-85, 119, 137, 149

    and Fourteenth Amendment 与第十四条宪法修正案 xv, xix, 11, 17, 55, 68, 71, 77-80, 81, 119, 127, 137, 142, 144, 149, 161, 173-174

    and gender discrimination 与性别歧视 137-138, 173

    grass-roots demands for 基层的要求 51

    and "one man, one vote" 与"一人一票"制度 173

    and Thirteenth Amendment 与第十三条宪法修正案 29, 34, 51, 53, 64

Equal Rights Amendment 平等权利修正案 81

Ex Parte Siebold (1880) 1880 年的西博尔德案 148

Ex Parte Virginia (1880) 1880 年的弗吉尼亚州案 147

Ex Parte Yarbrough (1884) 1884 年的亚布拉案 148-149

Farnsworth, John F. 约翰·法恩斯沃思 40

"federal consensus" "联邦共识" 2

Federal Elections Bill [Lodge Bill] (1890) 1890 年《联邦选举议案》(《洛奇议案》) 158, 164

federal government 联邦政府：

    empowered to protect civil rights 授权保护公民权利 147, 149, 154, 156

    empowered to punish violent acts 授权惩罚暴力行为 144-145

    need for national law 需要全国性的法律 141

    roles of 作用 17, 67, 77, 91

    as white man's government 作为白人的政府 47, 57, 71, 80, 86, 154

federalism 联邦制：

    and judicial process 与司法程序 127, 129-132, 133, 145, 153, 154, 170-171

    "mistaken notions" of "错误观念" 148

    redefinition of 重新界定 32, 85, 140

    and U.S. Constitution 与美国宪法 170-

171

Federalist, The《联邦主义者文集》175

Fessenden, William Pitt 威廉·费森登 57, 60, 62-63, 70, 83

Field, Stephen J. 斯蒂芬·菲尔德 129, 135

Fifteenth Amendment 第十五条宪法修正案 xvii, xix, 93-123
  conference committee on 会议委员会 104
  and Congress 与国会 105-108, 128
  debates on 辩论 16, 99-104, 107, 112, 115
  effects of 影响 109, 111, 122, 170-171
  enforcement clause of 实施条款 xvii, 119-121
  and feminism 与女权主义 83, 112-115
  and immigration 与移民 101
  language of 措辞 xxv, 107, 113
  multiple versions of 多个不同的版本 98-99, 103, 110
  purpose of 目的 95, 105
  questions raised by 提出的问题 128
  ratification of 批准 xxviii, 91, 103, 106, 107-108, 111-112, 115, 116, 117, 122
  southern nullification of 南部废除 164-167
  Supreme Court interpretation of 最高法院的解释 148, 157, 166
  and voting rights 与选举权 93-115, 118, 129, 145, 146, 148-149, 157, 164-166, 170-171
  see also Reconstruction amendments 也可参见重建宪法修正案

Fifth Amendment 第五条宪法修正案 9, 76

Finley, Moses I. 摩西·芬利 23

First Amendment 第一条宪法修正案 75, 106

Fish, Hamilton 汉密尔顿·菲什 108

Fitch, Thomas 托马斯·费奇 101

Fortune, T. Thomas 托马斯·福琼 156

Fourteenth Amendment 第十四条宪法修正案 xv-xvi, xix, 31, 55-92
  and Bill of Rights 与《权利法案》74-76
  citizenship clause 公民资格条款 138, 159, 162, 174
  and Civil Rights Act 与《民权法案》63-68, 73, 74
  and *Civil Rights Cases* 与民权案例 151, 153, 157, 161
  and Congress 与国会 55-66, 68-71, 73-75, 79-91, 100, 130-131, 160
  and Democratic party 与民主党 86, 88
  Due Process Clause 正当程序条款 76-77, 80, 129, 160, 171, 174
  enforcement clause of 实施条款 xvi, 68, 85, 86, 97
  Equal Protection Clause, *see* equal protection of the law 平等保护条款，参见平等的法律保护
  expansion of 扩大 171-174
  first sentence of 第一句话 70-72, 174
  first version of 第一个版本 61-63
  five sections of 五个条款 70-71
  and "freedom of contract" 与"自由契约" 129, 135
  gender distinction introduced in 引入的性别区分 80-83, 113, 136-139
  impact of 影响 56, 91, 139, 171-174

language of 措辞 xxv, 11, 55, 63, 69, 73-81, 86, 91, 100, 105, 106, 113, 120, 127-128, 151, 153

Privileges or Immunities Clause, see Privileges or Immunities Clause 特权或豁免权条款，参见特权或豁免权条款

purposes of 目的 55-56, 76, 89, 136

questions raised by 提出的问题 66, 127-128

ratification of 批准 xxvii, 88, 90, 91, 108, 116

and Republican party 共和党 56, 60, 86-88

Section I 第一款 xxv, 11, 17, 68, 73-81, 83, 84, 85, 90, 91, 100, 134

Section II 第二款 80-83, 87, 100, 110, 165

Section III 第三款 83-84

Section IV 第四款 85-86

Section V 第五款 85

and *Slaughterhouse Cases* 与屠宰场案 133-136, 142-143, 147, 161, 171, 172-173

and state action doctrine 与州行为原则 149, 172, 173

Supreme Court interpretation of 最高法院的解释 xxi, 76, 79, 85, 120, 127, 128-129, 133-139, 142, 145-148, 156-157, 160, 163, 164, 165, 172-173

unanticipated outcomes of 出乎意料的结果 xxvi, 67, 173

writing of 写作 60-63, 70, 106

see also Reconstruction amendments 也可参见重建宪法修正案

France, Declaration of Rights of Man and of the Citizen 法国《人权与公民权宣言》29, 30

Frankfurter, Felix 菲利克斯·法兰克福特 xxiii

free blacks 自由黑人：
citizenship of 公民资格 15, 77
in legal limbo 在法律的边缘地带 71
populations of 人口 1
rights of 权利 4-5, 11-13, 16, 18, 23, 39, 51-52, 77, 93, 95, 125, 175

Freedmen's Bureau 自由民局 50, 63, 69, 93

freedom, meaning of 自由的含义 41-43, 176

"freedom national" "自由是全国性的原则" 9-10

Freedom's Journal《自由杂志》12, 22

Free Soil Party 自由土地党 10

Frelinghuysen, Frederick J. 弗雷德里克·弗里林海森 119, 142

Frémont, John C. 约翰·弗里蒙特 34

Fugitive Slave Act (1850) 1850 年《逃奴法》9, 11, 67, 153

Fuller, Melville W. 梅尔维尔·富勒 160

Garfield, James A. 詹姆斯·加菲尔德 78, 79, 87, 119, 120, 122, 148

Garnet, Rev. Henry Highland 亨利·加内特牧师 112

Garrison, William Lloyd 威廉·劳埃德·加里森 9, 11, 12, 29, 52, 53, 112, 114

gay rights 同性恋者的权利 xxi, xxvi, 174

Giles, Jackson V. 贾尔斯·霍奇基斯 166-167

Giles v. Harris (1903) 1903 年贾尔斯诉哈里斯案 166-167

Ginsburg, Ruth Bader 露丝·巴德尔·金斯伯格 173

Godkin, E. L. 戈德金 19

Goodloe, Daniel R. 丹尼尔·古德洛 48

Granger, Gordon 戈登·格兰杰 39

Granger movement 格兰其运动 135

Grant, Ulysses S. 尤利西斯·格兰特 96, 98, 107, 111, 122

 administration of 政府 120, 138

 and Enforcement Acts 与《实施法》121

 second inaugural address 第二次就职演说 140

 Supreme Court appointees of 任命最高法院大法官 131, 132

Great Migration 大移民运动 xxviii, 109

Greeley, Horace 霍勒斯·格里利 121, 122

Green, John P. 约翰·格林 155

Grimké, Angelina 安杰莉娜·格里姆克 11

Guam, U.S. acquisition of 美国获得关岛 159

gun ownership 枪支拥有权 xxvi-xxvii, 93

Hale, Robert 罗伯特·黑尔 69

Hall v. DeCuir (1878) 1878 年霍尔诉德古尔案 150-151

Harlan, James 詹姆斯·哈兰 41, 42

Harlan, John Marshall 约翰·马歇尔·哈兰 129, 169

 and *Civil Rights Cases* 与民权案例 152-155, 161, 164

 death of 去世 163

 and *Hodges v. United States* 与霍奇斯诉合众国案 167

 and *Plessy v. Ferguson* 与普莱西诉弗格森案 161, 162-164, 174

 and *Yick Wo v. Hopkins* 与益和诉霍普金斯案 166

Harper, Frances Ellen Watkins 弗朗西丝·哈珀 82, 114

Harrisburg Telegraph《哈里斯堡电讯报》154

"hate crimes" law (2009) 2009 年"仇恨犯罪"法 172

Hayes, Rutherford B. 拉瑟福德·海斯 126, 148, 152, 154

 Supreme Court appointees of 任命最高法院大法官 149

Henderson, John 约翰·亨德森 41

Herrick, Anton 安东·赫里克 33

Higby, William 威廉·海格比 49, 100

history, interpretation of 历史的解释 xxi-xxii, xxiii-xxv, xxvi, 73, 126-131, 133-134

Hoar, George F. 乔治·霍尔 158

Hodges v. United States (1906) 1906 年的霍奇斯诉合众国案 167

Holman, William 威廉·霍尔曼 41

Holmes, Oliver Wendell 奥利弗·温德尔·霍姆斯 166-167

Hood, Rev. James 詹姆斯·胡德牧师 13-14

Hotchkiss, Giles 贾尔斯·霍奇基斯 69

housing 住房 173

Howard, Jacob M. 雅各布·霍华德 6, 30, 66-67, 70, 72, 74-75, 78, 87, 103, 106

Howard University Law School 霍华德

大学法学院 125
Howe, Timothy 蒂莫西·豪 134
Hugo, Victor 维克多·雨果 151

immigration 移民:
   and birthright citizenship 与出生地公民资格 71, 73, 159, 162, 174
   children of immigrants 移民的后代 174
   and Fifteenth Amendment 与第十五条宪法修正案 101
   and involuntary servitude 与强制劳役 43
   limitations to 限制 72-73
   and nativism 与本土主义 102
   and U.S. imperial power 与美国的帝国强权 159
   and voting rights 与选举权 101-102, 105, 108
Ingalls, John James 约翰·詹姆斯·英格尔斯 157
Ingersoll, Ebon C. 伊波恩·英格索尔 42
Ingersoll, Robert G. 罗伯特·英格索尔 155
Insular Cases (1901) 1901年的岛屿案件 159
involuntary servitude 强制劳役 43-46, 48, 50
Irish immigrants 爱尔兰移民 105, 108

Jackson, Andrew 安德鲁·杰克逊 12, 77, 97
Jackson, Robert H. 罗伯特·杰克逊 xxiii-xxiv
Japanese-Americans, internship of 拘禁日裔美国人 71
Jefferson, Thomas 托马斯·杰斐逊 6, 12, 71, 74
   and Land Ordinance 与《土地法令》46
   Notes on the State of Virginia《弗吉尼亚纪事》46
Jenckes, Thomas 托马斯·詹克斯 100
Jim Crow 吉姆·克罗 xxii, 71, 126, 160, 167, 174, 176
Johnson, Andrew 安德鲁·约翰逊:
   administration of 政府 19, 61, 110
   Civil Rights Bill vetoed by 被否决的《民权议案》67-68, 152
   congressional conflicts with 与国会的冲突 32, 55, 57, 59
   and Fourteenth Amendment 与第十四条宪法修正案 55, 56, 57, 59, 63, 72, 88, 89
   impeachment trial of 弹劾审判 99
   racism of 种族主义 38, 58
   and Radical Reconstruction 与激进重建 90
   Reconstruction program of 重建方案 38-39, 47, 56, 72, 75, 89
   and Tennessee's exemption from Emancipation Proclamation 与《解放奴隶宣言》豁免田纳西州 26, 38
   and Thirteenth Amendment 与第十三条宪法修正案 38-39
Johnson, Harriet C. 哈里亚特·约翰逊 113
Johnson, Rev. Harvey 哈维·约翰逊牧师 125, 126
Johnson, Reverdy 雷弗迪·约翰逊 73

Joint Committee on Reconstruction 重建联合委员会 60-63, 68-70, 73, 79, 82, 84, 88
Jones, Cornelius 科尼利厄斯·琼斯 165
Jones v. Alfred H. Mayer Co. (1968) 1968年琼斯诉阿尔弗雷德·迈耶公司案 169-170
Julian, George W. 乔治·朱利安 36, 58, 62, 115
"Juneteenth" "六月庆典" 39
jury service 陪审团服务 65, 88, 142, 146-147, 165
jury trial 陪审团审判 75
Justice and Jurisprudence (Brotherhood of Liberty) 自由兄弟会的《司法与司法判例》126, 130, 156-158
Justice Department 司法部 121

Kasson, John A. 约翰·卡森 49
Kelley, Abby 艾比·凯利 114-115
Kelley, William D. 威廉·凯利 98, 99
Ku Klux Klan 三K党 116, 117, 118, 121, 143, 161
Ku Klux Klan Act (1871) 1871年《三K党法案》118-119, 120-121, 149, 173

Land Ordinance (1874) 1784年《土地法令》46
Langston, John Mercer 约翰·默瑟·兰斯顿 94, 125
Lawrence, William 威廉·劳伦斯 142-143
Lee, Robert E. 罗伯特·E. 李 22
Liberal Republican movement 自由派共和党人运动 120, 121, 154
Liberator《解放者》11
Lieber, Francis 弗朗西斯·利伯 18, 28

Lincoln, Abraham 亚伯拉罕·林肯 7, 16
  administration of 政府 15, 97
  and colonization of blacks 与将黑人殖民海外 12, 71
  as commander in chief 作为总司令 26
  Cooper Union speech (1860) 1860年库珀学院演说 10
  death of 去世 32, 38
  Emancipation Proclamation by 发布的《解放奴隶宣言》15, 18, 36-37, 175
  and executive branch 与行政分支 18
  Gettysburg Address of 葛底斯堡演说 77
  Proclamation of Amnesty and Reconstruction《大赦与重建宣言》27
  reelection of 再次当选 35, 37
  and Republican party 与共和党 23, 35
  second inaugural address 第二次就职演说 21, 42, 175
  on slavery 论奴隶制 22-28, 31, 34-37, 175
  Supreme Court appointees of 任命最高法院大法官 132, 133, 135
  and Thirteenth Amendment 与第十三条宪法修正案 40, 42
Lodge, Henry Cabot 亨利·卡伯特·洛奇 158, 164
Lost Cause ideology "失败的事业"意识形态 xxii-xxiii
Louisiana 路易斯安那州:
  abolition in 废奴 37
  biracial legislature in 跨种族的立法机构 130, 133, 136
  constitution of 宪法 18
  and Fourteenth Amendment 与第

十四条宪法修正案 88, 90, 133, 161, 163

mob violence in 暴徒暴力 144

Separate Car Act in《隔离车厢法案》160-164

and *Slaughterhouse Cases* 与屠宰场案 132-136

Louisiana Territory 路易斯安那领地 4

Lynch, James 詹姆斯·林奇 111

lynching 私刑 117, 160, 173

Madison, James 詹姆斯·麦迪逊 12, 175

Maine, voting rights in 缅因州的投票权 5

Mallory, Robert 罗伯特·马洛里 33

Marshall, John 约翰·马歇尔 30, 75

Martinet, Louis A. 路易斯·马蒂内 160

master and servant, common law of 普通法中的主人和仆人 6

Matthews, Stanley 斯坦利·马修斯 165

McClellan, George B. 乔治·麦克莱伦 37

McCulloch v. Maryland (1819) 1819 年的麦卡洛克诉马里兰州案 30

McDonald v. City of Chicago (2010) 2010 年麦克唐纳诉芝加哥市案 171

McLean, John 约翰·麦克莱恩 14

Mexican-American war 美墨战争 4, 46

Miller, Samuel J. 塞缪尔·米勒 129, 133-134, 135, 136, 137, 149

Minor, Virginia 吉尼亚·迈纳 138, 139

Minor v. Happersett (1875) 1875 年迈纳诉哈珀塞特案 138

Mississippi 密西西比州：

Black Code in《黑人法典》47-48, 66

mob violence in 暴徒暴力 144

public v. private rights in 公共与私人权利 119, 140, 141

segregation laws in 种族隔离法律 161, 165-166

and Thirteenth Amendment 与第十三条宪法修正案 39

voting rights in 选举权 94, 108, 164, 166

white "rifle clubs" in 白人"步枪俱乐部" 94

women's rights in 妇女的权利 138

Missouri, statehood of 密苏里建州 5, 9

Missouri Compromise《密苏里妥协案》5

mob violence 暴徒暴力：

and Enforcement Acts 与《实施法》120-121

equal protection against 平等保护 79, 84, 116-118, 149

federal government as powerless to prevent 联邦政府无力阻止 156

and Fourteenth Amendment 与第十四条宪法修正案 130-131

"hate crimes" law (2009) 2009 年"仇恨犯罪"法 172

Ku Klux Klan 三K党 116, 117, 118

lynching 私刑 117, 160, 173

by paramilitary "rifle clubs" 通过准军事"步枪俱乐部" 94, 142-144

and voting rights 与选举权 146, 149

Moore, Henry D. 亨利·摩尔 96

Morgan, Edwin D. 埃德温·摩根 34

Morgan, John T. 约翰·摩根 47

Morrill, Justin 贾斯汀·莫里尔 73, 122

Morrill, Lot 洛特·莫里尔 115

Morton, Oliver P. 奥利弗·莫顿 100, 105, 106, 107 130

Munn v. Illinois (1877) 1877 年芒恩诉伊利

诺伊州案 155

Murray, Pauli 宝莉·默里 173

Myrdal, Gunnar, *An American Dilemma* 冈纳尔·缪尔达尔,《美国的困境》xxiii

National Afro-American League 全美非裔美国人联盟 126

National Anti-Slavery Standard《全国反奴隶制规范》49, 53, 79, 104

National Association for the Advancement of Colored People (NAACP) 全国有色人种协进会 126, 167

National Equal Rights League 全国平等权利联盟 52, 94

National Freedom Day "全国自由日" 40

nationalism 民族主义 99-100, 133, 134-135

National Woman Suffrage Association 全国妇女选举权协会 114

Native Americans 土著美国人 63, 72, 86, 170

nativism 本土主义 102

Naturalization Act (1790) 1790 年《归化法》4, 72

Nevada, statehood of 内华达建州 37

New England, voting rights in 新英格兰地区的选举权 5

New Orleans Citizens' Committee 新奥尔良公民委员会 167

New Orleans Tribune《新奥尔良论坛报》51

New York City Draft Riots (1863) 1863 年纽约市征兵骚乱 17, 79

New York Commercial Advertiser《纽约商业广告者报》78

New York Evening Post《纽约晚邮报》139

New York Globe《纽约环球报》155

New York Herald《纽约先驱报》31, 34, 36, 58, 85

New York Journal of Commerce《纽约商业杂志》91, 100

New York Times《纽约时报》17, 22, 35, 36, 39, 60, 115, 128, 149

New York Tribune《纽约论坛报》122, 130, 147-148

New York World《纽约世界报》53, 98

Niagara Movement 尼亚加拉运动 126, 167

Niblack, William 威廉·尼布拉克 86

Northwest Ordinance (1787) 1787 年《西北土地法令》29-30, 43, 45, 47

Obergefell v. Hodges (2015) 2015 年的奥贝尔格费尔诉霍奇斯案 xxi

Owen, Robert Dale 罗伯特·欧文 69-70

Paine, Tom 汤姆·潘恩 18

Patterson, James W. 詹姆斯·帕特森 102

peonage 劳役偿债制度 43, 169

Philadelphia Inquirer《费城问询报》157

Philadelphia Press《费城新闻》98

Philippines, U.S. acquisition of 美国获得菲律宾 159

Phillips, Wendell 温德尔·菲利普斯 19-20, 29, 35, 53, 81, 82, 88, 104, 108, 112

Pinchback, P. B. S. 平奇贝克 141

Plessy, Homer A. 霍默·普莱西 161, 162

Plessy v. Ferguson (1896) 1896 年普莱西诉弗格森案 126, 161-164, 167, 171, 174

Poland, Luke P. 卢克·波兰德 74

Pomeroy, Samuel C. 塞缪尔·波默罗伊 96, 99, 104
Pool, John 约翰·普尔 118
Powell, Lazarus 拉扎勒斯·鲍威尔 33
president 总统：
  executive powers of 行政权力 174
  as "natural-born Citizen" 作为"本土出生的公民" 4, 13
Principia, The《原理》杂志 47
Privileges and Immunities Clause (original Constitution) 原始宪法中的特权和豁免权条款 3, 5, 73-74, 75, 76-77
Privileges and Immunities Clause (Fourteenth Amendment) 第十四条宪法修正案中的特权和豁免权条款：
  and citizenship 与公民资格 79, 94, 135
  congressional debate on 国会的辩论 74, 75, 76-77
  language of 措辞 80-81, 127-128, 135, 142
  scope of 范围 80-81, 94, 100, 127-128, 135, 175
  states restricted by 州被限制 70
  Supreme Court interpretation of 最高法院的解释 134, 136, 161
Puerto Rico, U.S. acquisition of 美国获得波多黎各 159
Purvis, Robert 罗伯特·珀维斯 113

"racial classifications" "种族分类" 161, 174
racial equality, retreat from 从种族平等的立场退却 xxix, 159, 161-164, 174
racism 种族主义：
  and election campaign (1868) 与1868年大选 97-98
  embedded in law 根植于法律 8, 66-67, 110-111, 162-163
  and enforced segregation 与强制性种族隔离 162-163
  Jim Crow 吉姆·克罗 xxii, 71, 126, 160, 167, 174, 176
  in North and South 在北部和南部 17
  as obstacle to equality 作为走向平等的障碍 7-8, 18, 68, 80, 98, 101, 107, 132, 142, 159, 162, 165-166, 169-170, 176
  "societal" "社会种族主义" 175
  in Supreme Court decisions 在最高法院的判决中 130-131, 174
  white supremacy 白人至上 xxii-xxiii, 86, 89, 116, 148, 159, 162-163, 174
  see also mob violence 也可参见暴徒暴力
Radical Reconstruction 激进重建 50, 90, 93
Radical Republicans 激进派共和党人：
  on congressional powers 论国会的权力 19, 29, 30, 97
  equality as watchword of 作为口号的平等 57
  and Fifteenth Amendment 与第十五条宪法修正案 104
  and Fourteenth Amendment 与第十四条宪法修正案 56-57, 59, 63, 88-89, 97
  nationalism of 民族主义 99
  and Reconstruction 与重建 56-57
  and Thirteenth Amendment 与第十三条宪法修正案 34, 97
  on voting rights 论选举权 97, 99, 103
Rainey, Joseph H. 约瑟夫·雷尼 119, 142

Randall, Samuel J. 塞缪尔·兰德尔 34
Rapier, James T. 詹姆斯·拉皮尔 142
Raymond, Henry J. 亨利·J. 雷蒙德 17
Reconstruction 重建：
 abandonment of 放弃 126, 127, 130, 136
 Black Codes in《黑人法典》47-49
 Congress split with Johnson over 国会与约翰逊分裂 55
 dating of 日期 xx, 89
 effects on democracy of 对民主的影响 xxiv, 164-165, 174
 historical interpretation of 历史解释 xxiv
 imposed by outsiders on states 由外部强加于各州 xxiii
 Johnson's program of 约翰逊的方案 38-39, 47, 56, 72, 75, 89
 lessons of 教训 xxii-xxiii
 northern retreat from 北部的撤退 122
 as ongoing process 作为持续的进程 xx-xxi, 101, 122, 154, 176
 questions debated during 辩论的问题 xxi, xxvii, 101, 127-128
 Radical 激进 50, 90, 93
 Second Reconstruction (1950s-1960s) 1950 年代和 1960 年代的第二次重建 xxix, 169
 and *Slaughterhouse Cases* 与屠宰场案 132-136
 Supreme Court's retreat from 最高法院的撤退 160
 violence in 暴力 116-118, 143
Reconstruction Act (1867) 1867 年《重建法案》90, 92, 95, 110
Reconstruction amendments 重建宪法修正案：
 Bill of Rights expanded by 扩大了的《权利议案》xx-xxi, 74-76, 85, 134
 Congressional debates about 国会的辩论 xxvii-xxviii, 81
 counterinterpretation of 反向解释 175-176
 drafting of 起草 12, 47
 enforcement of 实施 117-122, 127-128, 131
 in historical context 在历史语境中 xxv, 169-176
 key concepts of 关键概念 xxiv
 language of 措辞 11-13, 139, 154
 "original intent" of "原始意图" xxiv-xxv, xxvii, 122-123, 130, 134
 and "popular constitutionalism" 与"大众宪政主义" xxviii, 19
 purposes of 目的 xx
 as rewriting of Constitution 作为被修改的宪法 12, 18-19, 22, 32, 77, 135, 147-148, 156
 Supreme Court interpretation of 最高法院的解释 xxv, xxvi-xxvii, 123, 126-139, 143, 148, 155, 157, 160, 163, 166, 169
 unanticipated outcomes of 出乎意料的结果 xxv-xxvi, 123
 see also specific amendments 也可参见具体的宪法修正案
Redeemers, White supremacy restored by 被救赎者恢复的白人至上 xxii
Rehnquist, William 威廉·伦奎斯特 173
Republican party 共和党：
 anti-Johnson 反对约翰逊 88

antislavery politics of 反对奴隶制的政治 10, 45

and "bargain of 1877" 与"1877年选举交易" 126

and Civil Rights Act 与《民权法案》68

and election campaign (1868) 与1868年大选 97-98

and election results (1888) 与1888年选举结果 158

and Enforcement Acts 与《实施法》120

and equal public rights 与平等的公共权利 156

and Fifteenth Amendment 与第十五条宪法修正案 106-107

and Fourteenth Amendment 与第十四条宪法修正案 56, 60, 86-88

and free labor 与自由劳动 42

Liberal Republican movement 自由派共和党人运动 120, 121, 154

and Lincoln 与林肯 23, 35

as northern sectional organization 作为北部的区域组织 7, 57

and the presidency 与总统任职 129, 158

Radicals in, see Radical Republicans 激进派，参见激进派共和党人

Reconstruction supported by 支持重建 xxiii, 59, 130

retreat from Reconstruction 从重建撤退 122

and Supreme Court membership 与最高法院的成员 129-130

and Thirteenth Amendment 第十三条宪法修正案 31, 34-35, 45, 64-65

and voting rights 与选举权 57-58, 90, 95-99, 101, 102-105, 114

Revels, Hiram 海勒姆·雷维尔斯 119

reverse discrimination 逆向歧视 67-68, 174

rights 权利：

"affirmative" "肯定性的" 155

to bear arms 携带武器 93

categories of 范畴 6-7, 75-76, 128, 136

changing definitions of 不断变化的定义 140, 175

of citizens 公民的 3-5, 8, 16, 33, 63-64, 69, 88, 94, 118, 135

civil 公民的 6, 13, 19, 27, 40, 41, 51, 58, 63-68, 127, 128, 140-141, 147, 151-153

corporate 公司的 128, 129, 135, 160

expansion of 扩展 91

of free labor 自由劳动 16, 18, 41, 42, 59, 64, 67, 90, 134, 157, 167

fundamental 根本性的 16, 40, 75, 120, 171

natural 自然 xxvii, 6, 13, 41, 75, 95

patriarchal 家长式的 82, 115

political 政治 6-7, 13, 19, 27, 41, 51, 58, 64, 66, 127, 140-141, 151

of property 财产 135, 138, 162, 169-170

public 公共 13, 19, 94, 128, 140-142, 156

social 社会 7, 13, 41, 66, 127, 128, 140, 151-152, 153

"unalienable" "不可剥夺的" 6, 41, 74, 75, 94, 95

voting, see voting rights 选举，参见选举权

of women, see women 妇女的，参见

妇女

Roberts, Owen 罗伯特·欧文 xxiii

Robertson, Thomas J. 托马斯·罗伯逊 142

Rock, John 约翰·罗克 126

Rollins, James S. 詹姆斯·罗林斯 36

Roosevelt, Theodore, Supreme Court appointees of 西奥多·罗斯福，任命最高法院大法官 166

Ross, Edmund G. 埃德蒙·罗斯 99

Russwurm, John 约翰·鲁斯沃姆 12

Samoa, U.S. acquisition of 美国获得萨摩亚 159

Saulsbury, Willard 威拉德·沙斯贝里 33

"scalawags" "无用的牲口" 116

Schurz, Carl 卡尔·舒尔茨 xx, xxviii, 120

Science《科学》杂志 157

Second Amendment 第二条宪法修正案 171

second founding 第二次建国：
　beginnings of 开始 17
　effects of 影响 7, 135, 139, 156, 174
　meaning of 含义 xxviii, 174, 176
　origins of 起源 1-20
　and "regime change" 与"政权更替" xxvi

Second Reconstruction 第二次重建 xxix, 169

Sermon on the Mount《登山宝训》143

Seward, William H. 威廉·西沃德 39, 91

Seymour, Horatio 霍雷肖·西摩 97, 98

Shellabarger, Samuel 塞缪尔·谢拉巴格 105

Sherman, John 约翰·谢尔曼 103, 115, 130, 142

Sinha, Manisha 玛尼莎·辛哈 11

Slaughterhouse Cases 屠宰场案 132-136, 137, 138
　and Fourteenth Amendment 与第十四条宪法修正案 133-136, 142-143, 147, 161, 171, 172-173
　and national v. state citizenship 与全国性的和州的公民资格 120, 145, 172-173

Slave Power 奴隶主权势 31, 61, 84

slavery 奴隶制：
　abolition processes 废奴进程 23-25
　"badges and incidents" of "烙印和特征" 127-128, 135, 151, 170
　Civil War caused by 内战的起因 8, 10, 31, 133, 175
　and criminal convictions 刑事犯罪 45-46, 48, 50
　crusades against 反对 10-11; see also abolition; abolitionist movement 也可参见废奴；废奴运动
　economic effects of 经济影响 1-2, 40
　and Emancipation Proclamation 与《解放奴隶宣言》15, 18, 22, 26-28, 30, 32, 36-37, 38, 39, 42, 175
　end of, celebrations of 庆祝终结 39-40
　"federal consensus" on "联邦共识" 2
　governed by state law 受州法管理 2, 23
　influence of 影响 21, 132
　as involuntary servitude 作为强制劳役 43-46, 48, 50
　military emancipation 军事解放奴隶

24, 25, 26, 27

overcoming the legacy of 克服遗产 174, 176

and Thirteenth Amendment 与第十三条宪法修正案 17, 22, 39, 58, 127, 151, 161, 170, 175

westward expansion of 向西部扩张 7, 10, 23, 61

slaves 奴隶：

children born to 所生孩子 43, 48, 72

and common law of master and servant 与普通法中的主人和仆人 6

compensation for freedom of 对获得自由的补偿 25, 85

freed by Congress 被国会解放 25

fugitive 逃亡 2, 9, 11, 67, 121, 153

imported from abroad 从海外进口 2

manumission of 奴隶解放 23

populations of 人口 1, 21, 22

as property 作为财产 14, 15, 40, 72, 85

as three-fifths of a person 相当于一个人的五分之三 2, 61

slave societies 奴隶社会 23-24, 61

Smith, Adam 亚当·斯密 24

Smith, James McCune 詹姆斯·麦丘恩·史密斯 14

Smith, Wilford H. 威尔福德·史密斯 166

South 南部：

biracial legislatures in 跨种族立法机关 133, 136, 140, 146

black suffrage in 黑人选举权 xxvii, 95-96, 98, 105-108

congressional filibuster of 国会的阻挠议事 158

Democratic party in 民主党 xxiii, 109, 126, 155-156

Jim Crow in 吉姆·克罗 xxii, 126, 160

Ku Klux Klan in 三K党 116, 117, 118

Lost Cause ideology in "失败的事业"意识形态 xxii-xxiii

lynching in 私刑 117, 160

mob violence in, see mob violence 暴徒暴力，参见暴徒暴力

political effect of emancipation on 解放奴隶的政治影响 80, 84, 108

poor whites in 贫穷白人 107

Republican party in 共和党 117

seceded states in 退出联邦的州 56, 97, 100

as slave society 作为奴隶社会 24, 61

states restored to the Union 回归联邦的州 91, 108

white supremacy in 白人至上 xxii-xxiii, 89, 116, 148, 159

Spanish-American War 美西战争 158-159

Spooner, Lysander 莱桑德·斯波纳 9

Springfield Republican《斯普林菲尔德共和党人报》62, 102, 115, 167

Stanton, Elizabeth Cady 伊丽莎白·斯坦顿 xxvii, 29, 81, 82, 113-114

state action doctrine 州行为原则 128, 149, 151-153, 172, 173, 175

state neglect, doctrine of 州忽视的原则 66

states 各州：

and business law 与商业法 143

and Fourteenth Amendment 与第十四条宪法修正案 70-71, 78-79, 91

and judicial processes 与司法程序 127

sovereignty of 主权 7, 18, 53-54, 58-59,

62, 65-67, 69, 70-71, 75, 83, 86, 89, 100, 101, 106, 109, 119, 134, 135, 138, 142, 145-147, 158

Stevens, Thaddeus 撒迪厄斯·斯蒂文斯：
 death of 去世 97
 drafting Reconstruction amendments 起草重建宪法修正案 12, 47
 and Fourteenth Amendment 与第十四条宪法修正案 61, 62, 69-71, 84, 86-87, 110
 and Joint Committee on Reconstruction 与重建联合委员会 60, 61, 70
 political creed of 政治信条 87
 as Radical Republican 作为激进派共和党人 19, 56-57, 97
 on voting rights 论选举权 84, 86-87
 on "white man's government" 论"白人的政府" 57

Stewart, Alvan 阿尔万·斯图尔特 9
Stewart, William M. 威廉·斯图尔特 59, 65, 101
Stone, Lucy 露西·斯通 114
Strauder v. West Virginia (1880) 1880 年的斯特拉德诉西弗吉尼亚州案 146-147
Strong, William 威廉·斯特朗 131-132, 147
suffrage, see voting rights 选举权，参见选举权
Sumner, Charles 查尔斯·萨姆纳 xxviii
 on congressional powers 论国会的权力 30, 97
 death of 去世 141
 on Declaration of Independence 论《独立宣言》19
 and Fifteenth Amendment 与第十五条宪法修正案 104
 and Fourteenth Amendment 与第十四条宪法修正案 62-63, 83, 87-88, 97
 as Radical Republican 作为激进派共和党人 29, 30, 56, 63, 97
 speeches by 演说 57, 62
 on state powers 论州的权力 62, 142, 151
 Supplementary Civil Rights Bill of《补充民权议案》139-140, 141, 152
 and Thirteenth Amendment 与第十三条宪法修正案 xxix, 29, 30, 31, 47, 54, 97
 on voting rights 论选举权 17, 57, 83
 on women's rights 论妇女的权利 83

Supplementary Civil Rights Bill《补充民权议案》139-143, 152; see also Civil Rights Act (1875) 也可参见 1875 年《民权法案》

Supreme Court 最高法院：
 and Civil Rights Acts 与《民权法案》131-132, 143, 151-157, 169
 and corporate rights 与公司的权利 129, 135, 160
 deemed "impotent" 认为"无能" 166
 Democratic majority in 民主党多数派 28
 and Dunning School 与邓宁学派 xxiii, xxvi, 159
 and Emancipation Proclamation 与《解放奴隶宣言》38
 federalism preserved in 保存的联邦制 130
 first black attorney appearing solo before 第一个独自出庭的黑人律师

165

Fourteenth Amendment interpreted by 解释第十四条宪法修正案 xxi, 76, 79, 120, 128-129, 133-139, 142, 145-148, 156-157, 160, 163, 164, 165, 172-173

    on gender discrimination 论性别歧视 136-139, 173

    Justice and Jurisprudence critique of 《司法与司法判例》的批评 126, 130, 156-158

    members of 成员 129-130

    on national vs. state jurisdiction 论全国性的和各州的管辖权 144-146

    precedence as basic principle of 作为基本原则的先例 169

    racism in decisions of 判决中的种族主义 130-131, 174

    Reconstruction amendments interpreted by 解释重建宪法修正案 xxv, xxvi-xxvii, 123, 126-139, 143, 148, 155, 157, 160, 163, 166, 169

    and Republican party 与共和党 129-130

    and Second Reconstruction 与第二次重建 169

    and slavery 与奴隶制 14, 38, 153

    state governments supported by 支持的州政府 xxix, 8, 79, 139

    unintended consequences of rulings by 裁决的意外后果 xxvi, 71, 127

    and voting rights 与选举权 109, 138-139, 160, 173

    and "woman question" 与"妇女问题" 137-139

    see also specific cases 也可参见具体案件

Swayne, Noah H. 诺亚·斯韦恩 132, 135, 154

Taney, Roger B. 罗杰·坦尼 12, 14, 15, 28, 86, 152

Tennessee 田纳西州：

    abolition in 废奴 37

    and Fifteenth Amendment 与第十五条宪法修正案 108, 117

    and Fourteenth Amendment 与第十四条宪法修正案 88, 90, 95

    political exemption from Emancipation Proclamation 被《解放奴隶宣言》政治豁免 26, 38, 90

    and Reconstruction Act 与《重建法案》90, 95

    violence in 暴力 54, 116, 117, 149

    and voting rights 与选举权 102, 108

theater, right to attend 进入剧院的权利 140, 151

13th (documentary) 纪录片《第十三条宪法修正案》45

Thirteenth Amendment 第十三条宪法修正案 xiv, xix, 21-54

    and abolitionist movement 与废奴运动 xxvii, 28-29, 43-45, 52-53, 81

    and Civil Rights Act (1866) 与1866年《民权法案》65, 132

    and Congress 与国会 28-31, 33-36, 40-43, 48-49, 51, 53-54, 63, 128, 153, 169

    criminal exemption in 刑事豁免 45-46, 47-51, 64, 65, 80

    as "dead letter" 作为"一纸空文" 170

    and Democratic party 与民主党 32-34, 35, 40

enforcement clause (second section) of 第二款的实施条款 xiv, 30, 31, 39, 41, 48-49, 53-54, 86, 97, 169

federalism redefined in 被重新界定的联邦制 32

and gender differences 与性别差异 82

and involuntary servitude 与强制劳役 43-46, 48, 50, 128

language of 措辞 xxv, 29-30, 40-41, 43-51, 65, 153

necessity for 必要性 26-27

and *Plessy* 与普莱西案 162

purpose of 目的 xxix

questions raised by 提出的问题 40-41, 127

ratification of 批准 22, 36, 37-39, 47, 91, 108, 112

and Republican party 与共和党 31, 34-35, 45, 64-65

and *Slaughterhouse Cases* 与屠宰场案 133-134

slavery abolished by 奴隶制被废除 17, 36-37, 40, 58, 151, 153, 161, 170, 175

Supreme Court interpretation of 最高法院的解释 132, 163

unanticipated outcomes of 出乎意料的结果 xxvi, 128

see also Reconstruction amendments 也可参见重建宪法修正案

Timbs v. Indiana (2019) 2019年的蒂姆斯诉印第安纳州案 171

Tocqueville, Alexis de 亚历克西·德·托克维尔 5

Tourgée, Albion W. 阿尔比恩·图尔热 160-161

Tragic Era, The (Bowers) 鲍尔斯的《悲剧时代》xxii, 159

Train, George Francis 乔治·弗朗西斯·特雷恩 114

transportation 交通：

equal access to 平等进入 11, 16, 51, 65, 79, 94, 128, 140-141, 150, 151, 153, 157

and interstate commerce 与州际商业 150

and *Plessy* 与普莱西案 161-164

segregation in 种族隔离 150-151, 160, 161-164

Separate Car Act (Louisiana) 路易斯安那州的《隔离车厢法案》160-164

Truman, Harry S. 哈里·杜鲁门 40

Trumbull, Lyman 莱曼·特朗布尔 29-30, 41, 57, 63, 64, 66, 89, 120

Trump, Donald 唐纳德·特朗普 174

Twenty Years of Congress (Blaine) 布莱恩的《国会20年》130

United States, overseas empire of 合众国，海外帝国 158-159

United States v. Cruikshank (1876) 1876年合众国诉克鲁克香克案 144-146, 148

United States v. Harris (1883) 1883年的合众国诉哈里斯案 149, 172, 173

United States v. Morrison (2000) 2000年的合众国诉莫里森案 172-173

United States v. Reese (1876) 1876年合众国诉里斯案 146, 148

vagrancy laws 流浪法 48, 49

Vickers, George 乔治·维克斯 107

voting rights 选举权：

for black men 黑人 xxiii, xxvii, xxviii, 11, 18, 19, 40, 51-53, 57-59, 61-63, 66, 67, 70, 80, 81-83, 87-88, 90, 91-92, 94-101, 103-111, 126, 128, 129, 139, 142, 145, 146, 149, 158, 164-165, 170

in border states 在边界州 95, 108

changing attitudes toward 不断变化的态度 20, 95-96, 99, 101

for Chinese 华人 101, 105, 108

and citizenship 与公民资格 5, 98, 100, 175

and criminal justice systems 与刑事司法系统 109-110, 164

current-day challenges to 当今的挑战 169, 170, 175

for eighteen-year-olds 18 岁的 106

and election campaign (1868) 与 1868 年大选 96, 97-98

and Enforcement Acts 与《实施法》118

for ex-Confederates 前南部同盟分子 84, 90, 102, 110

federal enforcement of 联邦实施 148-149

and Fifteenth Amendment 与第十五条宪法修正案 93-115, 118, 129, 145, 146, 148-149, 157, 164-166, 170-171

as franchise vs. right 作为特许权和权利 6-7

for immigrants 移民 101-102, 105, 108

literacy tests for 识字测试 62, 80, 102, 105, 164

and manhood 与男性气概 82, 87, 105

for men vs. women 男人和妇女 81-83

"one man one vote" (1960s) 1960 年代的"一人一票"制度 173

and poll taxes 与人头税 105, 106, 109, 164

property qualification for 财产资格限制 62, 80, 102, 105, 108

registration requirements 登记要求 109

and religion 与宗教 102

and Republican party 与共和党 57-58, 90, 95-99, 101, 102-1-5, 114

southern nullification of 南部废除 164-167

state and local restrictions on 州和地方的限制 xxix, 5, 83, 97, 101, 109, 166, 169, 170-171

Supreme Court on 最高法院 109, 138-139, 160, 173

universal 普遍的 81, 82, 99-100, 103, 105, 115

for white men 白人的 7, 84, 101, 106, 107, 108, 109

white "rifle clubs" against 白人的"步枪俱乐部" 94, 143-144

for women 妇女 5, 16, 80, 96, 106, 112-115, 136, 138

Voting Rights Act (1965) 1965 年《选举权法》170

Waite, Morrison Remick 莫里斯·韦特 145-146, 150

Wakeman, Thaddeus B. 撒迪厄斯·韦克曼 157

Walker, David 戴维·沃克 88

Walker, Edwin G. 埃德温·沃克 88

Waring, Everett J. 埃弗雷特·韦林 125-126

Warmoth, Henry C. 亨利·沃姆斯 141
Warner, Willard 威拉德·沃纳 105, 106, 110
War of 1812 1812 年战争 24
War of Independence 独立战争 2, 24, 78
Warren Court 沃伦法院 169, 171
Washburne, Elihu 伊莱休·沃什伯恩 96
Washington, Bushrod 布什罗德·华盛顿 74
Washington, George 乔治·华盛顿 1
Washington Post《华盛顿邮报》149
Webster, Noah, *American Dictionary* 诺亚·韦伯斯特,《美国英语词典》5
Welles, Gideon 吉迪恩·韦尔斯 19
White, Edward D. 爱德华·怀特 130, 160
White Supremacy 白人至上 xxii-xxiii, 50, 57, 86, 89, 116, 148, 159, 162-163, 174
Williams, George H. 乔治·威廉斯 101
Williams, Henry 亨利·威廉斯 165
Williams v. Mississippi (1898) 1898 年的威廉斯诉密西西比州案 165
Wilmot Proviso 威尔默特附文 46
Wilson, Henry 亨利·威尔逊 12, 31, 40, 57, 96, 103, 104, 106
Wilson, James F. 詹姆斯·威尔逊 30, 40, 67
Windom, William 威廉·温德姆 78
Wisconsin State Register《威斯康星州纪事报》89
Women 妇女:
    activism of 能动性 29, 43-45, 81-82, 136, 138
    barred from practice of law 禁止从事律师职业 137-139
    black 黑人 72, 82
    emancipation of 解放 45

excluded from Constitution wording 未包含在宪法的语言中 80-83
feminism 女权主义 43-45, 81-83, 137
and Fifteenth Amendment 与第十五条宪法修正案 112-115
and Fourteenth Amendment 与第十四条宪法修正案 80-83, 113, 136-139
and law of coverture 与法律的代理权原则 6, 44, 45, 81, 115, 137
promise of equality for 争取平等的承诺 128
property rights of 财产权 138
Supreme Court on gender discrimination 最高法院关于性别歧视 136-139, 173
traditional roles of 传统角色 137
violence against 暴力 172
voting rights allowed to 准许选举的权利 138
voting rights denied to 拒绝选举权 5, 16, 80, 96, 112-115, 136, 138
wages of 工资 138
"womanly qualities" "protected" by Congress 被国会"保护的女性特质" 82-83
Women's Loyal National League 全国妇女忠诚联盟 xxvii, 29, 81
Wood, Fernando 费尔南多·伍德 33
Woods, William B. 威廉·伍兹 144-145, 149, 151
Wright, Henry C. 亨利·赖特 54

Yates, Richard 理查德·耶茨 58, 82, 97
Yates, William 威廉·耶茨 11
Yick Wo v. Hopkins (1886) 1886 年的益和诉霍普金斯案 165-166

译后记

熟悉方纳的读者都知道，方纳是美国内战与重建史研究领域的权威学者，他于1988年出版的《重建：美利坚未完成的革命（1863—1877）》（以下简称《重建》）体大精思，自问世起就成为重建史研究无法绕开的丰碑，至今仍是该领域最重要的综合性著作，对最近三十多年来的美国重建史研究产生了深远影响。在《重建》中，方纳对主导美国重建史研究长达四分之三世纪的"邓宁学派"的重建史观进行了彻底的批判，对重建进行了积极的评价和肯定，认为重建是美国内战后进行的一场激进的、具有革命意义的变革。然而，尽管方纳的著作及其他历史学家对重建的研究已经非常深入，但方纳发现，近年来联邦最高法院在涉及美国种族问题上的一系列判决所依赖的理念仍然是旧的邓宁学派的重建史观。这种情况令方纳感到气馁，于是他决定写作一部新的著作，探究重建宪法修正案的起源、颁布及其多重目标。

在其最新出版的《第二次建国：美国内战与重建如何重铸了美国宪法》（以下简称《第二次建国》）一书中，方纳再次对邓宁学派的重建史观进行了批判，并详细考察了制定重建宪法修正案的复杂动机及其重大意义，以详实的史料和缜密的论证指出19世纪末以来联邦最高法院是如何对这些宪法修正案进行狭隘解释从而限制了"第二次建国"的范围的。但与《重建》一书表达出来的情绪不同的是，方纳在《第二次建国》中对重建的积极影响似乎抱有更加乐观的态度。如果说《重建》讲述的是"一个希望和承诺遭到背叛、自由的梦想被打碎的故事",*那么《第二次建国》则表明,重建宪法修正案所蕴含的复杂含义,完全可以在不同的政治环境下成为用来推动美国的种族正义的工具。

方纳常说,"历史学家有责任将当代学术研究的成果与学术界之外的听众和读者分享,将历史与当代备受争议的话题联系起来"。**所以,他的大多数著作不只是枯燥的专业研究,而是同时拥有专业学者之外的大量读者群体,《第二次建国》也不例外。本书秉持了方纳一贯的写作风格:篇章构思精巧,材料组织精湛,分析鞭辟入里,叙事清晰流畅,既是一部严谨的专业历史学术论著,也适合普通读者阅读。所以,能再次翻译方纳教授的学术著作,我感到非常荣幸。在这里,我要特别感谢本书的责编、商务印书馆的张艳丽女士,北京大学历史学系王希教授以及本书作者方纳教授的信任、支持、帮助和鼓励。尤其是张艳丽女士在该书的引进、版权洽谈等方面所做的大量前期工作,使我得以在该书英文版正式出版前几个月读到书稿,并因而能提前进行翻译。

完成初稿翻译之后,我对译文做了多次校对和修改。随后我将译稿交给张艳丽女士,她又做了极为细致的校对,并提出了诸多极有见地的修改意见。可以说,该书从引进、版权洽谈、修改和校对译文到图书的装帧设计等各个方面,张艳丽女士都做了大量细致周到的安排,并始终保持精益求精的专业态度,为此书的出版倾注了大量心血。但该书译文存在的所有问题,概由我本人负责,而且由于译者能力有限,译文肯定存在诸多不足,恳请方家读者批评指正,我对此不

---

* 〔美〕埃里克·方纳著、王希编译:《19 世纪美国的政治遗产》,北京大学出版社,2020 年版,第 163 页。

** 方纳:《19 世纪美国的政治遗产》,第 160 页。

胜感激。

最后需要特别指出的是，在该书中译本即将出版之际，方纳教授百忙之中仍应邀，专门为本书撰写了短小精悍的"中文版序"。在这篇序言中，方纳对《第二次建国》的主要内容做了言简意赅的介绍，并对该书的写作缘由和目的进行了简明扼要的解释。此外，他还特别指出，中美两个主要世界大国之间的人民应当深入了解彼此的历史，以增进两国之间的"理解和互相尊重而不是敌视"。作为一名具有深刻历史洞察力和充满社会责任感的优秀历史学家，方纳的建议无疑是对当前中美关系的一种警醒。另外，方纳在这篇序言中虽然强调他写作本书的想法远早于当前美国面临的危机，但该书所讨论的主题与今年 5 月美国黑人乔治·弗洛伊德之死所引发的抗议浪潮和激烈讨论非常相关。中国知识界对美国当前的种族问题也极为关注，并参与了广泛的讨论。该书的出版无疑也有助于人们了解美国当代问题的历史根源。

于留振

2020 年 7 月于西安

图书在版编目（CIP）数据

第二次建国：内战与重建如何重铸了美国宪法 /（美）埃里克·方纳著；于留振译. — 北京：商务印书馆，2020

书名原文：The Second Founding: How the Givil War and Reconstruction Remade the Constitution

ISBN 978-7-100-18634-6

Ⅰ.①第…　Ⅱ.①埃…②于…　Ⅲ.①宪法—研究—美国　Ⅳ.①D971.21

中国版本图书馆 CIP 数据核字（2020）第 104699 号

权利保留，侵权必究。

第二次建国
内战与重建如何重铸了美国宪法

〔美〕埃里克·方纳　著
于留振　译

商 务 印 书 馆 出 版
（北京王府井大街36号　邮政编码100710）
商 务 印 书 馆 发 行
北京顶佳世纪印刷有限公司印刷
ISBN 978-7-100-18634-6

2020年9月第1版　　开本 787×960　1/16
2020年9月北京第1次印刷　印张 16¼

定价：58.00元